Contemporary Japan

认识日本

[英] Duncan McCargo / 著　胡 克 / 译

中国发展出版社
CHINA DEVELOPMENT PRESS

图书在版编目（CIP）数据

认识日本/（英）邓肯·麦卡戈（Duncan McCargo）著；胡克译.
北京：中国发展出版社，2015.1
ISBN 978-7-5177-0298-6

Ⅰ.①认… Ⅱ.①邓… ②胡… Ⅲ.①日本—概况 Ⅳ.①K931.3

中国版本图书馆 CIP 数据核字（2014）第 307084 号

著作权合同登记号：图字 01-2015-0812

First published in English by Palgrave Macmillan, a division of Macmillan Publishers Limited under the title Contemporary Japan, 3rd edition by Duncan McCargo. This edition has been translated and published under licence from Palgrave Macmillan. The author has asserted his right to be identified as the author of this Work.

书　　　名： 认识日本
著作责任者： （英）邓肯·麦卡戈
译　　　者： 胡　克
出 版 发 行： 中国发展出版社
（北京市西城区百万庄大街 16 号 8 层　100037）
标 准 书 号： ISBN 978-7-5177-0298-6
经　销　者： 各地新华书店
印　刷　者： 三河市东方印刷有限公司
开　　　本： 880mm×1230mm　1/32
印　　　张： 9.5
字　　　数： 209 千字
版　　　次： 2015 年 1 月第 1 版
印　　　次： 2015 年 1 月第 1 次印刷
定　　　价： 45.00 元

联 系 电 话： （010）68990630　68990692
购 书 热 线： （010）68990682　68990686
网 络 订 购： http://zgfzcbs.tmall.com//
网 购 电 话： （010）88333349　68990639
本 社 网 址： http://www.develpress.com.cn
电 子 邮 件： bianjibu16@vip.sohu.com

Preface to the Chinese edition

I am really delighted that Contemporary Japan is appearing in Chinese. This is the third edition of a very popular textbook, which has been assigned for courses at many leading universities around the world, including Oxford University, National University of Singapore, and Waseda University in Tokyo. The book has already been translated into Malaysian, and a Korean translation is now also forthcoming.

In some ways it might be surprising that I ended up writing this book. My main academic work has been in the field of Southeast Asian politics, especially on Thailand, and apart from this book I have only published four articles specifically on Japan. But when I began teaching at the University of Leeds in 1993, I was asked to offer a course on Japanese politics – and at the time I was unable to find a suitable introductory textbook that gave students a critical overview of the country. I needed more than a factual summary: in my lectures, I tried to explain some of the major academic debates about Japan. To do this, I came up with the idea of dividing all the literature on modern Japan into three broad camps: mainstream (conservative), revisionist (progressive/critical) and culturalist. It is easy to argue that these distinctions are too simplistic, but they are a great way to help students understand that there is not just one way of interpreting what is happening in a complex country such as Japan (or, for that matter, in Britain, China or the United States).

Early in 1996, Steven Kennedy, a publisher from Macmillan Press (which later became Palgrave Macmillan) visited me in my office in Leeds, and asked me if I was aware of any important topics for which there was no really good undergraduate textbook available. That conversation led to an invitation to write the first edition of this book, which I did while teaching at a university in Kobe during 1998. It was helpful that I was living in Japan at the time of writing, since I was able to access a lot of books and research materials very easily. I drafted a chapter a week for eight weeks, using my Leeds lecture notes as a primary source. Rather to my surprise, the book has been a great success, received very positive reviews, and Steven kept asking me to update it.

At a time when relations between China and Japan have become rather strained for a variety of reasons, it is very timely that the book will appear in Chinese. It is my real hope that people in China will find the book interesting, and that it will help them to understand the complexities of Japan's history, politics, economy and society. For many decades after 1945 the two great nations of China and Japan enjoyed rather good relations, and there is every reason to believe that with enhanced mutual understanding this situation can be restored. If the publication of this translation can help in any small way to create such conditions, I would be really delighted.

I am most grateful to my very enthusiastic translator Ke Hu, as well as to the China Development Press, for making it possible for this book to be published.

Duncan McCargo

Columbia University in the City of New York

November 2014

中文版序言

我非常高兴《认识日本》被翻译成中文，这是一本广受欢迎的教科书，已经出到第三版。在世界上的许多一流大学里，不少课程都将此书作为教科书或参考书，例如牛津大学、新加坡国立大学和日本早稻田大学。这本书已经被翻译成了马来语，朝鲜语版本也即将面世。

一定程度上，我写完这本书是有些令人惊讶的。我的主要学术领域是东南亚政治，尤其是泰国。除了本书，我仅仅发表过四篇关于日本的文章。但是，当我于1993年开始在利兹大学任教的时候，我被委托开设一门日本政治课，可我却找不到一本合适的入门教材可以让学生用批判的眼光大致了解这个国家。我需要的不只是一个现实的总结，在我的课上，我努力解释关于日本的一些主要学术争论。为此，我想到把所有关于现代日本的文献归纳为三个主要阵营：主流派（保守），修正派（进步或批评）和文化主义。当然，这种分法过于简单。但这是一个不错的方法，帮助学生了解并不只有一种途径可以解析像日本（或英国、中国和美国）这么复杂的国家所发生的事。

1996年初，麦克米伦出版社（即后来的帕尔格雷夫·麦克米伦出版社）的发行人史蒂芬·肯尼迪来到了我在利兹的办公室。他问我有没有哪些重要专题是缺乏合适的本科生教材的，这场谈话最后以他邀请我来写这本书为结束。1998 年，当我在日本神户的一所大学任教时，我写完了这本书。写书的时候正好居于日本，这对我很有帮助，因为我可以很容易地获得相关文献资料。以我在利兹的讲义为基础，我每周写完一章，持续了八周。令我惊讶的是，这本书非常成功，得到了很正面的评价，史蒂芬也要求我不断修订它。

现在，中日关系正因为多种因素变得相当紧张。在这种时候，本书可以在中国出版实在是很及时。我真心希望中国读者会觉得这本书有意思，可以帮助他们了解日本历史、政治、经济和社会的复杂性。1945 年后，中日两国经历了几十年的友好关系，我们有理由相信只要彼此更加了解，这种局面就可以恢复。如果这本书的中文版可以对此有哪怕一点点贡献，我会感到非常高兴。

我对本书的中文译者胡克和中国发展出版社表示万分感谢，感谢他们可以让本书得以出版。

邓肯·麦卡戈

2014 年 11 月于纽约哥伦比亚大学

译者序

接触到《认识日本》这本书还是在我上大学的时候。2008 年，我去香港岭南大学做交换生，选修了一门关于日本的课。老师是英国人，他推荐了这本书给我们当课本用。当时我买书的时候并不情愿，因为原版书很贵，本想着复印就好，可是翻了几页，越看越有滋味，觉得这书挺有价值，可以买一本看看。

和市面上许多介绍日本的书一样，这本书包含了日本的方方面面。从政治、历史到社会、文化，应有尽有。可它还有个独到之处，即阅读此书，你可以了解当代所有著名的研究日本的外国学者对日本的看法。作为中国人，我们对日本的感情复杂又纠结，那么外国人呢？欧美学者是如何看待日本的呢？他们对日本的研究成果有哪些呢？

我们研究日本，不光要阅读国内大家的著作，更要重视国外同行的观点。这本书站在一个非常客观的角度，没有任何偏颇地呈现了当代日本的真实模样。它的大部分内容都是由无数国外学者的观点构成。与其说它是一本书，不如说它是个集子，集合了 20 世纪 70 年代以来国外日本学者的主要观点。大家几乎可以在每句话的后面找到出处，并翻阅末尾的附录了解其具体的作者和书名。汇集各家观点，了解国外所想，若有兴趣，还可以在原有的知识基础上无限延伸，这无疑是本书的可贵之处。

观点太多，未免眼花缭乱。作者从一开始便对各位学者的观点进行了认真梳理，总结为三个不同视角，即主流派、修正派和文化主义。全书的所有内容都从这三个视角出发，每一个关于日本的议题都可以得到来自这三个视角的不同解释和看法。每章末尾都有小结，便于大家记忆。同时，大量的照片和图表会让读者对日本有更直观的了解。

麦卡戈教授于2000年完成出版了《认识日本》的第一版，由于政局瞬息万变，麦卡戈教授也对此书进行了不断修订，并且于2013年发行了第三版，内容更加贴近现实。本书正是按照第三版翻译而成。然而计划赶不上变化，部分信息可能仍有所延迟，例如第八章谈到的日本自卫队。日本因为二战期间犯下的累累罪行，战败后被迫通过和平宪法，规定日本不能拥有进攻性的军队，只能组建自卫队。根据日本宪法，日本自卫队要遵循“专守防卫”，即受到攻击时才能对对方行使军事打击。日本右翼分子一直对宪法不满，日本的国防政策向来暧昧不清。2007年，日本防卫厅升级为防卫省，名字上只有一个字的变化，背后却藏着很大心机。日本一直在默默地扩大自卫队的规模和力量，企图有朝一日能实现军事“正常化”。今年7月1日，日本首相安倍晋三在记者会上谈到了修改宪法解释、解禁集体自卫权的内阁决议案。当天，日本政府召开临时内阁会议，通过了修改宪法解释、解禁集体自卫权的内阁决议案，这意味着日本战后以专守防卫为主的安保政策将发生重大变化。修改宪法解释和解禁集体自卫权的根本内容就是行使武力的三大条件，这三大条件具体为：与日本关系密切的国家遭到第三国的武力攻击，日本的存亡明显受到威胁；为了日本的存续、保护国民，没有其他适当的手段；只在必要的最低限度内行使武力。

根据报道，11月2日，为了使自卫队能够参加使用武力的集体安全行动，日本政府已着手完善法律。日本政府认为，如果符合7月内阁会议决定的行使武力的三大条件，参与集体安全行动在日本宪法上是被允许的。日本政府将修改《武力攻击事态法》等，对出动自卫队重新做出规定，并最快将于11月下旬向执政党出示方针。但是，由于日本执政党内部围绕自卫队可参加的具体活动存在分歧，预计磋商不会进展顺利。而且，日本国民对政府的相关决定并不赞同，甚至举行了各种抗议活动，反对安倍政府决定行使集体自卫权。

我和麦卡戈教授的主要研究领域虽然都不是日本，但是长久以来，我们对日本都保持着深切关注。麦卡戈教授曾经在日本的大学任教，我在大学期间的二外也是日语，种种契机造就了我们今天就这本书的合作。我也曾阅读过不少关于日本的学术著作、畅销绘本和文学作品，据我观察，市面上仍然缺乏可以系统阐述当代日本状况的图书，尤其缺乏一本可以让我们完整了解国外学者观点的图书，而这本书则无疑补了这个缺。而且，一般的学术著作可能会比较晦涩难懂，但是这本书不同。它既不乏味也不高深，适合所有人观看。不仅是对日本一无所知的中学生，还是已经研究日本多年的老学者，相信都可以从这本书中获得乐趣，有所收获。另外，我认为本书非常适合作为普通高等院校日语专业课或选修课的教材。实际上，一些世界一流大学已经将本书作为了相关课程的教科书或参考书。

目前，中日关系虽然紧张，但这不妨碍我们对日本了解更多，反而是一种促进。最近十几年，越来越多的中国人赴日本留学、旅游，日本人也是如此。我在北大读研的时候，认识了不少日本留学生。他们对中国都充满好奇，对中国人都充满友好。通过与他们的交流，我才发现，原来我们对彼此是如此的陌生。如果有什么可以让我们更加了解对方，互相多一些理解，那么中日友谊必定会更好的延续下去。

2014 年 APEC 峰会刚刚在北京谢幕，关于中日关系，我们仍然面临很多问题。我衷心希望，这本书可以载着两国人民对中日友谊的美好愿景抵达更多人手中。让我们坐下来，静下心，不带任何感情色彩地读懂一个真实的日本，让彼此的心灵更加靠近。

由于水平有限，本书错漏缺点在所难免，敬请广大读者批评指正。如果您有任何意见或建议，欢迎联系我（kandicehu@ qq. com）。

最后，感谢中国发展出版社的陆淼编辑对本书所付出的努力，也感谢尚元经副总编和李莉编辑对本书所倾注的热情。因为他们，这本书才能得以出版。

胡克

2014 年 11 月于德国

目　录

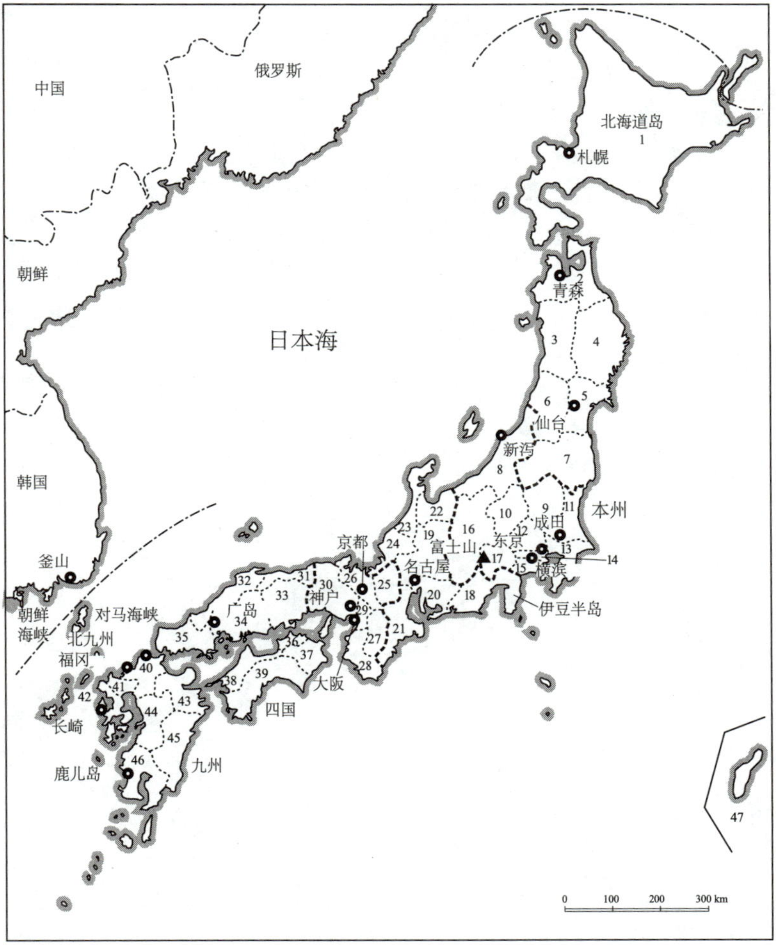

北海道岛
1 北海道

东北地区
2 青森
3 秋田
4 岩手
5 宫城
6 山形
7 福岛

关东
甲信越地区
8 新泻
9 栃木
10 群马
11 茨城
12 埼玉
13 千叶
14 东京
15 神奈川
16 长野
17 山梨

中部
18 静冈
19 岐阜
20 爱知
21 三重
22 富山
23 石川
24 福井

近畿地区
25 滋贺
26 京都
27 奈良
28 和歌山
29 大阪
30 兵库

中国地区
31 鸟取
32 岛根
33 冈山
34 广岛
35 山口

四国
36 香川
37 德岛
38 爱媛
39 高知

九州
40 福冈
41 佐贺
42 长崎
43 大分
44 熊本
45 宫崎
46 鹿儿岛
47 冲绳

日本地图

Contemporary Japan

第一章 引言：主题和争论

你现在来到的是一片充满争议的领土。日本的国内外专家和观察员一直在激烈讨论当代日本的本质。不管话题是关于日本的内政、国际关系，还是经济秩序，一些明显简单的问题如“日本实行的是自由民主制吗?”“日本是超级大国吗?”或者“日本拥有自由市场经济吗?”等等都会从不同的学者和分析员那里得到截然不同的回答。真相往往被纷繁复杂的解读与观点掩盖。当我们阅读有关当代日本的图书和文章时，要时常警惕作者个人的偏见和偏好。本书源于一个设想，即为了对当代日本了解更多，我们需要认识日本相关文献作品里的不同观点。

因此，本书会让你从三个不同视角来看待日本，即主流派、修正派和文化主义。这三个视角会在每个章节被频繁提及。当然，实际上还有更多观点可以被用来解释和理解当代日本。并且，很多研究日本社会与政治的学者个人都吸收了不止一种观点。但是，本书所呈现的三种态度，已经清楚表达了这场争论的广度、范围和性质。

现在，因为2011年3月发生的三场灾难，即大地震、可怕的海啸和切尔诺贝利事件以来最严重的核危机，日本正苦苦经历着新一轮的自我反省。到目前为止，这些事件已经造成了大约两万人死亡或失踪，动摇了群众对于官僚、商业领袖和政治官员的信任，并且日本人的集体主义观念明显需要被重新确立。截至目前，海啸过后的日本是否有效应对了2011年3月发生的三大灾难，这仍然是个问题。很大程度上，评论员关于这个议题的观点是随着自身视角的不同而变化的。

主流派观点

用“主流派”来描述第一种态度可能是最恰当的，它也是日本相关文学作品中最常见的观点。利用比较政治学科衍生出来的方法，主流派观点主要关注于日本和其他社会之间的比较。确实，一些持该观点的图书将日本和另一个国家或多个国家进行了明确比较，通常包括美国。然而更普遍的是，这种比较是含蓄而朦胧的。一般认为，日本的经济、政治和社会系统与别的发达国家很相似。通常来说，尽管在观点上有些微的不同，主流派学者均认为日本是一个充分运作的、拥有自由市场经济的自由民主政权。

很多持该观点的学者都身在美国，某种程度上这并不奇怪。因为日本以外，美国是最大的日本专家聚集地。同时，二战末期，美国对日本的占领在日本历史进程中引起了极其重要的影响。美国想把日本塑造成更接近于它自己的形象，美国政客和学者始终坚称其占领计划有多么成功，其目标达成的有多么完美。关于当代日本的主流派观点在一定程度上就是美国占领理念和目标的延续。同时，日本和美国之间的巨大差异给比较这两国是否具有实用性带来了严重困难。

对于将日本和各个欧洲国家（它们的共同特点如下：君主立宪制，议会制，多党制，集中教育制度，首都主导地位，国家对经济的干预）进行比较引起了强烈争论，而将日本和其他亚洲地区诸如韩国、台湾，或者泰国、菲律宾（政治秩序以党派之争和结构性腐败为特征）进行比较则引起了更激烈的争论。

主流派态度最为鲜明的学者在哈佛大学，其中的权威人物是历史学家及前美国驻日大使埃德温·赖肖尔。他拥有大量著作，包括《日本的过去和今天》。赖肖尔向世人宣传了日本社会、政治和文化的正面形象，对持续至今的两国间的牢固关系的维系起了很大作用。他认为日本政治制度和西方国家的政治虽然有很多不同，日本“很好地符合了有效的民主统治体系的标准”（赖肖尔，1977：327）。他的同事傅高义（1979）在《日本第一》一书中将日本不仅刻画为一个美国价值和制度的成功模仿者，更是一个成功取代美国工业和政治统治地位的国家。

很多美国的政治学家（如埃利斯·克劳斯，布莱德利·理查得森，斯科特·弗拉纳根，杰拉德·柯蒂斯和约翰·克莱顿·坎贝尔）对日本的态度明显积极，即主流派，他们的研究主题也被著名的日本同僚如猪口孝所共享。在他们眼中，日本政治是多元化的，以自由选举、真诚的政党和公开的政治辩论为特征，日本社会则注重英才教育、稳定且阶级斗争有限。傅高义等人甚至认为其他国家应该“向日本学习”，以提高经济生产力水平、限制社会不公以及减少吸毒和犯罪等问题。到了20世纪80年代，主流派态度达到顶峰。当时日本经济的迅猛发展给西方国家的全球霸权带来了真正意义上的挑战，尤其是美国的地位。但是，一些主流派分析员也内疚于自己过分夸大了日本的成功，曲解了日本制度的弊端。

修正派观点

查莫斯·约翰逊是一位知名“修正派”，他认为大多数美国的日本专家：

> “没有把时间花在研究日本自身，而是在日本政治体制内部寻找候选人。他们期待这个人有朝一日能接手日本国内事务。如果他们可以找到这个人或组织，就有助于巩固美国的主张，即民主政治必然符合多元范式。”（约翰逊，1995：14）

如果说主流派观点有时会遗漏掉日本的黑暗面，那么修正派观点则不遗余力地为世人展示这一面。修正派认为和西方的自由民主政权相比，日本完全是另一码事。他们认为日本运作的完全是自己的一套独特原则。一般而言，他们认为日本并不民主，其政治制度千疮百孔，结构性腐败严重。在他们眼中，日本的经济更多的是政府主导，而非主流派分析员所认为的对外竞争型。一些修正派想得更远，认为日本是一个“软权威主义”国家，受到了社会和政治一致性的压制。修正派一般抱着怀疑的态度看待日本和别国的关系，称日本完全是为了自身利益来操作贸易、援助和防卫政策。20 世纪 80 年代，日本和美国之间的贸易摩擦不断，修正派观点也在此时流行起来。亲日派评论员将修正派学者和分析员打上“日本抨击者”的标签，一些修正派的主张还被美国政客们拿去忽悠国内选民（比如那个拿锤子砸日本电器的议员）。

尽管如此，大多数修正派都不承认“日本抨击者”这个名号。

所谓的修正派，成分多样，态度各异，很难去概括他们的观点。这个群体有政治经济学家及亚洲专家查莫斯·约翰逊，有荷兰记者范·沃尔弗伦，有前美国贸易谈判员克莱德·普雷斯托维茨，还有美国记者詹姆斯·法洛斯。也有一些受马克思主义影响的学者，他们对日本社会持有类似的批判态度，包括加文·麦考马克和杉本良夫。斯托克温则把以上及其他批判性学者归总到了非常全面的“争议性态度”条目之下（斯托克温，1999：34—5260）。

修正派认为日本政府擅长公关，主流派作家和学者对日本的态度过分同情。对此，修正派们表示一致愤慨，这也是他们的共同特点。他们的作品有时候会表现得过于好斗和挑衅，一部分原因是他们采纳的是挑战学术正统观念的少数派态度。同时，约翰逊和范·沃尔弗伦这样的作家所著的图书和文章比那些主流派学者相对浮夸的著作具有更强的可读性。并且，他们的作品具有很强的说服力，吸引力就更别提了。

文化主义观点

为了解读哈特利的言论：“日本是外国，他们做事情有不同的方法。”为了研究日本政治（或者说，亚洲任一国家的政治），有必要弄明白西方社会的人所推崇的社会行为的正常规则不见得适用于所有国家。文化主义态度的拥护者们主要参考文化差异来解释日本政治、经济和社会的性质。很多该观点的发起人都是美国的人类学家（例如鲁思·本尼迪克特和约翰·恩布里），然而，他们的论辩经过大量日本学者的阐述和升华，使得大量关于“日本性”的文学作品涌现出来。这些作品都强调了日本所谓的与众不同甚至独一无二的特性。戴尔强烈批评了这种态度，并将其简化为三种核心设想：日本人拥有“一种文化上和社会上都比较单一的种族认同”，这种种族认同自史前时期就没有改变过；与别的民族相比，日本人是截然不同的；日本人立足于极度民族主义的根基，这种民族主义对日本以外的人种怀有敌意（戴尔，1986：i）。这种态度比主流派和修正派都要难以把握。文化主义观点的核心是强调日本人是“集体主义者”，而非个人主义者，这种态度经常被指为日本社会的“集体模式”。

所谓的“集体模式”有一个问题，即它暗示了一个和谐且没有冲突的日本社会，这种形象过于简单化。日本学者的很多作品——一种被称为“日本文学”的流派——强调了日本“奇迹”可能“独一无二”的性质。其中最为臭名昭著的是角田忠信的《日本人的大脑：特殊性和普遍性》（该书认为和非日本人相比，日本人的大脑运作方式不同）（角田，1985）。其他作品则参考了一些特征来“解读”日本性，如日本人不食肉的饮食习惯，以及（被普遍相信的）日本社会的水稻农业理论。尽管此类日本文学对日本性之谜的解释各不相同，它们都属于同一种学术流派，即崇尚日本的流派。

这种“集体模式”作品背后的设想应当被提取出来接受质疑。别府春海称日本群体内部没有前面所说的那样和谐，尤其是日本教育具有残酷的竞争性，特别是在高中时期，学生们为了进入享有盛名的学府而奋力备战高考。别府春海还挑战了日本没有阶级斗争这一说法，认为日本对社会阶层拥有自己的“朴素概念”，可以证实日本社会中水平阶层的存在。

主流派和修正派学者可能会利用文化主义者的论点，一些主流派学者将日本文化作为日本政治、社会和经济道德的来源之一。修正派学者则一般以更批判的态度看待文化主义的观点。杉本良夫认为他所说的“向日本学习”流派具有一种固有的上层偏向，仅仅关注政府和大公司的范例，忽略了日本秩序中不太令人有印象的领域。杉本良夫质疑日本究竟是否是一个具有共识的社会，他首先提问“谁定义了共识的内容?”再提问“这种共识是为了谁的利益形成的?”他认为：

> “集体主义本身是一种明确的意识形态，直接与下属的集体挂钩，意在使个人顺从于公司、学校或国家的所谓的需求。”（杉本良夫，1986：68）

这种对集体模式的批判挑战了那些过于理想主义的观点，日本人之间、雇员和雇主之间、不同的社会阶层之间所存在的潜在竞争和冲突使更动态的解读日本政治成为可能。日本政治被视为一个充满利益冲突的系统，并不是那么稳定、和谐或自立。

同时，一些修正派在他们对当代日本的分析中没有认真考虑文化主义的观点。范·沃尔弗伦对日本秩序的所有批判以及他对文化的政治起源的强调，似乎将日本当作了一个独特的以多触手型“系统”为特征的国家，而非一个传统国家。尽管主流派、修正派和文化主义观点是可以区别的，这三种观点之间也具有大量的交叉与重叠。

国家与人民

日本是什么样的？我们对其他国家的印象受到了各种信息的影

响，包括流行文化、消费品、艺术、音乐、文学作品以及我们对历史的（通常很朦胧的）理解或误解。在我们眼里，日本是一个遥远又神秘的国家。美丽的艺妓和如画的富士山，机器人一般的工人和高科技的新干线，各种形象混杂在一起。这些形象包含一定的真实性，但也属于刻板印象。西方人认为日本的不同方面是非常奇异且矛盾的，他们最喜爱的一个日本形象是电子商店里的销售员用木制算盘来计算顾客的账单。日本被视为一个矛盾重重的地方，日本人具有独一无二的能力，可以创造并理解这些矛盾，让传统与新奇、古代与现代、极简与复杂在其中并行。困惑的西方游客总会写一些关于日本深处悖论的书和文章。通常，这些作品除了体现作者有多么无知以外，什么也没有。严肃的日本学者们需要尽快度过这个充满困惑与敬畏的初期阶段。按照“差异性”从根本上认识日本，并为日本与西方例证的不同之处而深深着迷，爱德华·萨义德称之为“东方学”——即一种对于非西方社会采取本质论和屈尊俯就的泛化的趋势。

专栏 1.1 关于日本的重要事实

政府类型：君主立宪制

首都：东京

货币：日元

最高峰：富士山，3776 米

人口：127078679（2010 年 7 月估计）

人口增长率：-0.191%（2010 年估计）

城市人口占总人口比例：66%（2008）

面积：377915 平方千米（2010）

（大约是英国陆地面积的1.5倍，比加利福尼亚州的陆地面积略小）

土地利用：农业用地占12.5%；森林和田野占66.4%；其他占21.1%（2010）

自然资源：微不足道的矿产资源；鱼类

劳动力：6593万（2009年估计）

失业率：5.2%（2010年7月）

GDP：4.15万亿美元（PPP，2009年估计）

人均GDP：32700美元（PPP，2009年估计）

GDP组成部分：农业占1.6%；工业占21.9%；服务业占76.5%（2009年估计）

主要城市（按人口）：东京（841万），横滨（358万），大阪（251万），名古屋（216万），札幌（188万），神户（150万），京都（138万），福冈（137万），川崎（134万）（2008）

来源：日本总务省统计局《2010统计年鉴》；美国中央情报局《2010世界概况》。

有一点很重要，日本人不应该被日本性所定义：他们首先是人，其次才是日本人，而不是倒过来。欧洲国家诸如英国，其古老的君主制、守旧的传统和悠久的历史，展现了新与旧之间的很多矛盾与重叠，日本也面临着同样的情况，而且也很明显。将日本与亚洲其他国家如印度、泰国或新加坡作比较，很快揭示了一个国家将古老与现代相融合是多么司空见惯。

日本人的起源比较模糊且富有争议。赖肖尔称“公元纪年的首个七百年期间，亚洲东北方有一大群人经过朝鲜半岛进入日本”（1977：35）。其他观点则强调了史前定居与现代日本的连续性，暗示日本人已经以某种形式生存了几千年。显然，很多日本人非常抗拒他们的祖先可能是中国人或韩国人的说法。

日本是一个岛国，可能还不只是字面上的意思。日本列岛由四个主要的岛屿组成，大多数主要城市（和很多重工业）都在中部的本州岛。日本的岛屿身份有着重要的心理和政治含义。虽然非日本人首先认为日本是一个亚洲国家，大部分日本人却偏好认为他们是凭借自身力量的独特文明。这里和英国与欧洲其他国家之间的暧昧关系又形成了明显比较。从人口来看，日本是一个相当大的国家。2002 年日本人口达到了约一亿两千七百万，由于日本很多地方都是山地，不适宜居住，所以人口集中于城市地区。日本与别国人口密度的比较详见图 1. 1。

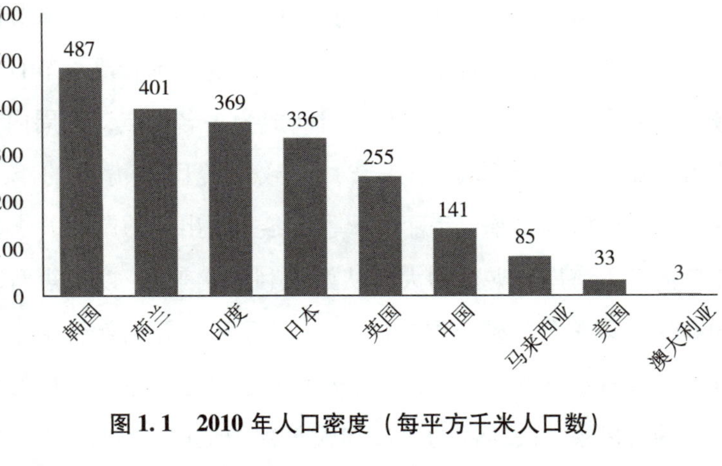

图 1. 1　2010 年人口密度（每平方千米人口数）

资料来源：联合国，人口数据库，世界人口展望，http：//esa. un. org/unpp/。

日本只有不到五分之一的平坦土地可以发展农业或其他经济活动，除了新加坡和香港，日本每平方英里适宜居住的土地上的人口密度达到世界最高。日本的山虽然陡，但不是很高。日本大部分地区是“被森林覆盖的山峦绵延不断，与狭窄的山谷交错，这些山谷形成了农业和居住地的狭长地带”（赖肖尔，1977：5）。中部的本州岛有几片山峦，被称为日本的阿尔卑斯山，高度约达到了一万英尺。富士山是日本的最高峰，有 12389 英尺高。日本唯一的大型平原是关东地区，位于东京附近。在现代的公路和铁路建成之前，海运被广泛用来转移商品和国内不同地区的人们。日本的复杂地形很可能是中世纪时封建秩序的形成原因，该秩序由本地军阀长期控制。尽管水资源丰富，日本却极其缺乏自然资源，并且对进口原材料非常依赖（虽然国内的木材业很发达）。总之，日本的地势非常不适于建造一个强有力的由中央掌控的工业经济体。

日本人和自然的关系很复杂。一方面，日本人为了追求快速工业化而毁坏自然环境；另一方面，他们与自然保持着密切联系，时常庆祝自然那易逝的美。日本人可能比别人更能察觉到季节的更替。每个季节到来时，日本人就准备好大量的特别食品、节日和社会仪式。一些地方会在每年的特定时间成为著名景点，两周内接待几十万的游客。日本有四个季节，大致与美国东海岸的季节一致——炎热湿润的夏季，美丽的秋季，冬季则出奇的严峻（尤其是本州岛的日本海岸，夹雪的大风从西伯利亚吹来），以及短暂却壮丽的春季（以著名的樱花季为标志），几乎还没开始就已结束。一些观察员称日本有五个季节，因为六月和七月是雨季，其后便是夏末秋初的台风季。破坏性的台风和毁灭性的地震（如 1923 年的东京地震和 1995 年的神户地震）对日本人来说是公认的事实，他们经常认为自己陷入了与潜在的怀有敌意的自然力之间的宇宙大战。

日本的四个大岛如下：中部的本州岛——目前占据最重要地位——包含了东京、大阪和名古屋这类大城市，还有古都京都，以及三个最大的城区（关东、关西和东海）；南部的九州岛上，长崎、鹿儿岛和福冈就在此地；四国岛，是四大岛里面最小的，位于本州岛南端的东边；以及北部的北海道岛（即日本的苏格兰），人口相对稀少。按照人口和经济地位，本州岛的太平洋沿岸的城市中心主导了日本，尤其是神户、大阪、京都、名古屋、东京、横滨和川崎。日本有47个行政辖区。政治上，东京具有至高无上的统治权。尽管也有县级、市级和地方选举出来的官员，可财政在很大程度上是由首都的政府部门掌管。城区和农村地区的收入差距非常大。

传统上，多数日本人都以农业（尤其是水稻种植）和渔业为生。有人认为是水稻生产与丰收中的协作方式培养了日本人的集体文化，而修正派认为该说法牵强附会。尽管如此，日本人对于他们是农耕民族的观念具有情感依附。战后阶段，农民是大量政府救济金的接受方。日语中的“饭”（gohan）和“餐”是同义词。日本人喜欢宣称他们吃海里面的所有东西，从鲸鱼肉、鱼虾到贝类、海藻。一顿典型的日本料理包括米饭、蔬菜和鱼。和大多数其他的亚洲饭菜不同，日本料理不辣，但是配有酱汁、泡菜等小菜。鉴于一顿饭的视觉效果极其重要，日本料理经常呈现得很精致，用漆器和陶瓷餐盘装盛。面条是当地的主要快餐。最近几十年，日本料理有很大变化，人们现在吃的肉比过去多得多，年轻的日本人比他们的父母要高很多。各国佳肴——从意大利到印度、泰国和越南——如今已非常流行，很多地方都能品尝到。

文化

日本的文化相当丰富。日本人对细节的追求表现在那无数美丽的艺术品上，比如很多寺庙里的木雕佛像，不同时期的漂亮画卷和屏风，还有那精美的陶瓷。江户时期的浮世绘呈现了著名的风景、美人和演员，虽然对很多日本人来说，这种作品只记录了转瞬即逝的美，谈不上高雅艺术，但在国外却大受追捧并被广泛收藏。日本有着灿烂的文化传统，比如优美的俳句诗歌，再比如闻名世界的20世纪作家夏目漱石、川端康成和三岛由纪夫的小说。最近，小说家吉本芭娜娜和村上春树的叙事方式极具现代感，在世界范围内都有大量读者。传统的日本戏剧，比如歌舞伎和能剧，仍然在持续上演，在日本国外也有越来越多的人对它们感兴趣。

日本文化的其他重要方面是深受女人喜爱的传统文化工作，集简单与精细于一身的茶道、花道或日本插花艺术，还有乐器，比如很像竖琴的十三弦古筝。很多日本人都喜欢西方古典音乐，“铃木教学法”的流行反映了大量日本孩童正在学习演奏乐器。和很多其他社会相反，日本很重视文化，也吸引了很多注意。西方绘画的专题展览（经常设在百货公司）或者一些很少展出的日本屏风（经常设在寺庙或博物馆）都会吸引大量观众。一些极具历史或艺术意义的物品被指定为“国宝”，而那些杰出的艺术家则可能被誉为“人间国宝”。

从20世纪90年代开始，日本一直以来的自豪感开始降低。经济不景气，国内的教育和预防犯罪等领域所获的成就都令人质疑。但同时，日本的流行文化却获得了无与伦比的提高。日本漫画的影响、电脑游戏、时尚、流行音乐和手机技术让年轻人的生活产生了巨大变化。这种影响力没有局限在日本一国之内，而是蔓延到了其他亚洲国家以及很多西方国家。特里特认为日本流行文化：“没有认真对待它就意味着没有认真对待日本”（特里特，1996：30）。

其实，日本物品的流行并不是一个新现象。19世纪末期，“日本风”狂卷欧洲，从衣服到家具均沾。20世纪80年代闻名世界的日本时尚设计师所崇尚的新浪潮代表了一种具有异国情调的、时髦的、独特的“日本性”，而外国人则把川久保玲、山本耀司和三宅一生的设计“东方化”（斯科夫1996：137－40）。日本的流行偶像如川久保玲在韩国、中国台湾、新加坡和中国香港这亚洲四小龙成为了家喻户晓的人物；在东南亚国家诸如泰国和菲律宾虽不及前面四小龙，但是也有很大影响（钦，1996：170）。卡拉OK在亚洲的风靡是文化日本化的另一个例子。卡拉OK可能反映了日本长期以来的“表演传统”的继续，这种活动在被引进到其他文化后会有些“因地制宜”的改变（凯利，1998：84－5）。

尽管美国在亚洲有着极大的战略重要性，很多地区的年轻人开始越来越多地消费日本文化产品。卡通是日本21世纪最重要的文化输出，从《太空堡垒》到《哆啦A梦》、《美少女战士》和《七龙珠》。副产品市场让卡通形象印在了文具到T恤的所有东西上面。日本漫画现在已经被广泛翻译，在全世界发行（克雷格，2000：4－5）。如果有人经常往返于泰国和日本就会发现，曼谷和香港都在学习东京最近的流行趋势。亚洲流行明星争相模仿日本原型人物，任天堂、宠物小精灵和Hello Kitty则遍布全世界。

青年文化

日本的年轻人非常沉迷于流行亚文化，包含性别、时尚、音乐和行为的特定形式，它们和漫画中的性别和图像有很大联系。尽管和比较传统的年轻人相比，这些“族”（部落亚文化）的信徒们可能表现得离经叛道，但是在衣着和举止上，他们常常要遵守严格的内部约定。这些约定在一定程度上类似于西方亚文化——例如朋克或哥特——但是形式上可能更极端。由于时尚变化很快，很难给这些亚文化做明确分类，并且每一个种类中还包含着无数变化。可是下面的“类型”在最近几年尤其明显：原宿女孩、涩谷辣妹/型男、山姥、秋叶原御宅族。一个相关趋势就是“草食男”的流行，以及与之对应的女性——肉食女。

秋叶原御宅族是指那些沉迷于动画、电子游戏、漫画书和偶像，并且大部分时间都在上网或玩电脑的人，其中许多人都爱收集动画周边产品。加西亚列出了七种典型御宅族：漫画御宅、动画御宅、手办御宅（沉迷于他们最爱的动漫系列人物的小塑像）、电脑御宅（沉迷于私人电脑）、粉丝（喜爱流行偶像的御宅）、游戏御宅和电车御宅（加西亚 2010：86）。实际上，很多御宅族都集合了不同种类。虽然东京的秋叶原以电脑和电子商品闻名，对于御宅族来说是最佳圣地，但是日本的其他主要城市也拥有类似区域，比如大阪的日本桥，还有神户的中心广场。御宅族每年都有集会活动，例如东京电玩展和同人志即卖会（世界最大的漫画节）。大部分御宅族是 20 到 40 岁的青年和中年男性，行为有点古怪，其中很多人无法维持正常的友谊交往，特别是和女性难以交流。冈田斗司夫——公认的御宅族始祖——指出很多常来秋叶原的人都尽量避免经历现实中的恋爱关系带来的考验与磨难。与其和日本主流社会的普通女性约会、结婚，许多御宅族都爱上了偶像团体，例如超级流行的 AKB48，或者迷上了女仆咖啡屋的女仆们，也就是那些在咖啡屋穿着女仆装供应食品和提供唱歌、电玩展等娱乐服务的女孩。一些年轻人则走得更远，他们忙于“cosplay（角色扮演）”，打扮成流行动漫、游戏里的人物。玩 cosplay 的人会参加俱乐部和大会举办的竞赛，还精心摆出各种姿势给业余摄影师拍照，这些摄影师被称为“cameko”（加西亚 2010：95）。

原宿女孩是指那些穿着哥特、萝莉和“视觉系”乐队（一种“视觉导向”的音乐人，通常被描述为“长相偏女性同时兼具魅力的新一类年轻男子”（饭田，2005：59））风格服装的女孩。这些乐队包括在 20 世纪 80 和 90 年代流行的 X Japan 和月之海。原宿女孩如此有名是因为她们有很多人每到周日下午就聚集于东京原宿，那时候主要街道——表参道会暂时关闭交通。原宿现象非常仪式化，时间很短，一到下午六点，表参道会重新开放交通，这些女孩迅速作鸟兽散。

涩谷辣妹和型男是一群亚文化年轻人，他们染着头发，有着非天然的黝黑皮肤，浓妆艳抹，穿着五颜六色的暴露服装。刘（2005）指出了嘻哈文化对这种趋势的影响。许多人还模仿安室奈美惠和滨崎步这样的著名歌手。饭田称“辣妹”最初出现于 1993 年，可以被描述为一个“穿着超短校服裙、白色长筒袜并且把头发染成棕色或金色的年轻女孩”（饭田 2005：65）。20 世纪 90 年代后期，一种更极端的女孩出现了，叫作“山姥”（意思是“邪恶的老女人”），“打扮成审美上令人讨厌的样子，即黑妹——把面部人工涂黑，妆容夸张，比如看起来恐怖的大眼睛和涂白的嘴唇”（饭田 2005：65）。一些年轻女性打扮成“萝莉”，穿着各种风格的女性化服装（加西亚 2010：94）。这些青年文化的追求者会发明他们自己的“内部”词汇，让别人难以弄懂他们在说什么。

各种各样的明星让日本的电视节目广受欢迎，这些明星被称为“芸能人”，从偶像（迷人的年轻女性，除了给节目增添性感度之外没有别的作用）到芸能（喜剧演员）、俳优和女优（戏剧男演员和女演员）、艺人（节目中没有明显才能的人物）、歌手（主持节目的歌手）和随处可见的アナウンサー（新闻广播员或主持人）（加西亚 2010：120－1）。透过日本的电视节目，可以了解流行文化和行为。在西方人眼中，许多节目看起来都很荒谬，广告也常常滑稽可笑。

但是最近几年，韩剧和韩娱在日本越来越流行。韩剧《冬季恋歌》在日本成为最受欢迎的电视剧。2011 年 8 月，一些民族主义者在东京举行抗议活动，抵制在日本电视上过多播放韩国节目。K－POP——韩国流行音乐，比起 J－POP——日本流行音乐，形象要更强硬、前卫一些，J－POP 总是把“可爱”看得高于一切，年轻的女歌手统治了日本歌坛。韩剧的流行和在日本上演的“韩流”表明现在日本人对亚洲其他文化持更加开放的态度。同时，日本流行文化如今在亚洲内外都有相当大的吸引力。道格拉斯·麦克格雷将之称为“国家‘酷形象’的有力发动机”，并且日本可以将之作为国际软实力的主要来源（筒井 2010：59）。

对于日本其他行业面临的问题以及那些认为日本的教育体系培养了一个缺乏创新改革思维的社会的观点而言，以上的事实无疑是一个讽刺的对比。日本的流行文化行业一直继续着长期以来的精湛工艺传统，并且将这些文化优势应用到新的销路上，比如电视广告。外国的形象和想法通常被日本“借用”，再进行概念重构，最后变成新的东西（克莱格，2000：7－8）。日本流行文化中的许多东西都有着黑暗、令人不安的元素，和美国原型相差甚远，其特色是营造一种无比梦幻的理想主义，让年轻观众深深着迷。从主流派态度来看，日本繁荣的流行青年文化是动态社会的反映。然而，修正派对御宅和各种“族”的流行表示担忧，认为他们是内向型文化，有着令人不安的、不健康的暗示。

小结

当代日本是世界上最迷人、最重要和最复杂的国家之一。对于那些研究现代经济、社会和政治制度的人们来说，了解日本是一项重要任务。但是，由于日本学者之间充斥着大量争论和分歧，而且很多矛盾已经渗透到了大多数已出版的文学作品，这就阻碍了人们获得对日本准确的理解。在研究日本的时候，要明白自己正身处于一个争议领土之中，会见识来自主流派分析员、修正派和文化主义者之间的各种交火。为了开始认识日本，我们需要采取一种批判的、怀疑的、好问的态度来针对我们听到的、看到的任何东西——当然，也包括本书。

Contemporary Japan

第二章 历史背景

自17世纪初，经历了漫长的相对独立阶段，日本在19世纪中期开始了飞速工业化和社会改革过程。几十年后，日本从一个本质上的封建社会转变为一个现代的单一民族的独立国家。在日俄战争中，日本成功地打败了一个西方大国。之后，日本越来越倾向于帝国主义，并且最终转向了军国主义。在那惨绝人寰的太平洋战争中，日本的军国主义达到顶峰。1945年8月，日本终于屈辱的投降。此后，日本以经济大国的姿态东山再起。到了20世纪80年代，日本甚至在贸易和制造业上挑战美国。但是，在20世纪即将落幕的时候，随着国内政治和经济制度似乎失去了方向，日本又面临着新的挑战。这一段历史的很多方面都引起了广泛争议。

德川幕府时代（1603～1868）

在德川幕府统治期间，日本经历了战国时代，那是一段漫长的国内斗争阶段。之后，日本全国统一。在军事上打败了竞争对手之后，德川家族赢得了霸权地位，将无数的地方封建藩主纳于控制之下。在江户（现在的东京）或德川时代，日本相对淡出了外国势力的影响。在日本闭关锁国的政策下，德川幕府的将军把所有欧洲人都驱逐出境，只留有少数荷兰商人，这些商人被限制在长崎口岸的一个小岛上。基督教被定为违法。经历了 1853 年著名的黑船事件——由海军准将马修·佩里率领的一个美国舰队，日本才不得不重新开放西方贸易。

然而，日本“封闭国家”的形象被过度夸大了，导致日本文化的特殊性和唯一性被过分强调（派尔，1996b：57－9）。实际上，在此期间，日本拥有大量的对外贸易，尤其是跟中国和朝鲜半岛。琉球群岛（现在的冲绳）则充当着与中国和东南亚进行贸易的补给站的角色。荷兰商人在江户城上见将军。1720 年后，除了基督教宣传册，西方图书也被允许流通。专注于“荷兰研究”（西方知识）的日本专家们也忙于翻译和吸收外国资讯，特别是关于科技进步方面的材料。

在日本相对封闭的 200 年间，真正的政治权利掌握在江户的将军（或“总司令”）手中，天皇则独居于京都。将军虽然在理论上是天皇的下属，实际上却是其他藩主发誓效忠的统治者。整个国家被严密地控制着，坚决抵制颠覆活动，甚至上层人物都要受到极大的管制。将军直接掌管着大约四分之一的土地，剩下的四分之三则被 260 位左右的大名，或者拥有土地的大贵族所管辖。尽管江户时代的日本常被草率地称为“封建”，中央军事力量和地方权力下放到大名，这两种制度的结合就构成了一个“封建—中央混合物”。将军可以任意地重新分配大名的产业——这种事情常常发生在德川时代的头一百年，目的是为了树立他们自己的权威和管理。并且，根据“参勤交代”制度，大名必须把时间分为两段，在江户和自己家之间奔走（瓦斯沃，1996：9－17）。为了维持两处奢华的居所，很多大名都入不敷出，陷入了债台高筑的消费模式。在这种环境下，商人阶级得以累积了大量财富。这也导致权力逐渐从武士阶层转移到了新兴的商界。这种转变以贸易城市大阪的兴起为标志。

江户时代末期的转变引起了社会各界的极大不满，武士阶层对拥有高收入和良好生活状态的富有商人阶层倍感嫉妒，社会阶层本身已不再决定财富。农民普遍反抗苛刻的税收和虐待，他们的暴力斗争通常指向压榨他们的乡村领导，而不是武士阶层（佐藤，1990：59）。引起社会不满的另一个原因是江户官僚阶级是因为含着金汤匙出生所以才身居高位，而不是因为自己是英才，这使得级别稍低却更有能力的年轻武士们失去了事业前景。在 1853 年西方势力进入日本之前，幕府中的剑拔弩张就已经存在了很长一段时期，以激烈的内部政治争论为特点。随着来自国际的施压，对于武士阶层统治效力的怀疑破坏了德川幕府的等级观念。但是，认为江户时代只是封建的、稳定且落后的观点未免有些过于简单。在这 250 年间，其中所产生的紧张局势反映了社会和经济的巨大变化，而这对于早期的现代日本有着极大影响。

明治时期（1868～1912）

美国人的到来所引起的各种经济和政治危机加快了幕府将军制度的崩溃。统治阶层同意开放日本的对外贸易，他们认为此策略可以建立一个强大日本，掌握西方科技从而最终超越西方强权。同时，来自外国势力的挑战给折磨幕府统治末期的众多社会问题带来了解决办法。1867 年，明治天皇被“复位”，开始领导一个新政府。日本已经好几百年没有任何有效权力的领导，这次“复辟”意味着日本天皇重新收回了中央政治领导权。关于此次复辟的重要性也引起了很多争论，一些历史学家将其看作由野心勃勃的武士发动的一次上层演习，然而较新的学术研究认为该复辟反映了社会对革命性变革的日益增长的渴求，而这可以追溯到18世纪。如同派尔解释的一样："外国带来的危机使大家开始关注虚弱的旧制度，促进了建立新秩序的改革行动"（派尔，1996b：74）。

专栏2.1 现代日本历史上的重要日期

1603 德川幕府时代开始

1635～1639 通过日本锁国令

1774 所谓的"荷兰研究"的崛起

1853 海军准将佩里率领的"黑船"抵达东京湾

1868 明治维新（恢复帝国统治）

1889 明治宪法

1890 颁布关于教育的天皇诏书；内阁制政府开始

1894 中日甲午战争

1895 占领台湾

1902 英日同盟

1904 俄日战争

1910 占领朝鲜

1918 首个政党政府形成，"大正民主"开始

1923 东京大地震

1925 普选法

1931 九一八事变

1932 建立伪满洲国；右派海军学员暗杀首相犬养毅

1937 开始侵略中国

1940 日本和德国、意大利签署三国同盟条约

1941 袭击珍珠港和马来半岛；美国加入战争

1942 占领菲律宾；盟军赢得中途岛战役

1944 盟军夺回菲律宾

1945 美国向广岛、长崎投放原子弹；日本投降，盟军占领和改革开始

1946 开始政治清洗

1946~1948 东京战争审判

1947 新宪法和主要政治改革；社会党组阁

1948“逆路线”开始

1949 实施“道奇路线”

1950 朝鲜战争爆发

1951 旧金山和平条约；《美日安全保障条约》

1952 美军占领期结束

1954 创建自卫队

1955 自民党形成并上台；工业生产恢复到1942年的水平

1956 与苏联恢复外交关系；日本加入联合国

1959 首次证实水俣病

1960《美日安全保障条约》的修订遭到大量抗议；宣布国民收入倍增计划

1964 举办东京奥运会

1967 仅仅七年后实现收入翻倍；通过首个反污染法

1971 建立环境厅

1972 日本恢复管理冲绳县；中日正式建交

1973～1974 第一次石油危机

1976 前首相田中角荣因洛克希德丑闻被捕；发布《防卫计划大纲》

1977 发表“福田主义”

1978 抗议成田机场的激进分子毁坏控制塔台；机场最终开放

1979 第二次石油危机

1983 中曾根康弘就任首相，推行保守主义

1987 全日本民间劳动组合联合会形成

1988 与美国贸易顺差创纪录，双边贸易纷争达到顶峰

1989 裕仁天皇逝世；昭和时代结束，平成年代开始；许多政治领导人被卷入里路库特丑闻

1990 因为土地和股市投机，“泡沫”经济结束

1991 海湾战争引起了针对日本防卫政策的疑问

1992 佐川急便丑闻爆发

1993 自民党在大选中失势，由反自民党联盟替代

1994 实施选举改革法；反自民党联盟崩溃，基于自民党的联盟产生，社会党上台

1995 神户地震；奥姆真理教在东京实施沙林毒气袭击

1996 自民党党首桥本龙太郎就任首相；新选举体系下的第一次大选没有多少实质性改变

1997 亚洲金融危机对日本经济有着不利影响

1998 4月1日——“大爆炸”金融自由化项目开始

1999 自卫队加入联合国在东帝汶的维和行动

2000 与朝鲜在平壤进行具有里程碑意义的谈判

2001 平民保守派小泉纯一郎就任首相

2002 日本联合韩国举办"世界杯"足球赛

2004 小规模自卫队出兵伊拉克

2005 小泉下台，日本开始"一年"首相时期

2006 自卫队撤出伊拉克；防卫厅升级为防卫省；死亡率超过出生率，开始人口负增长时期

2009 自民党下台，民主党组成新的联合政府

2010 中国取代日本成为世界第二大经济体

2011 日本东北部遭遇海啸和地震，引发福岛核危机

由于日本急于"追上"西方，一段快速现代化的时期到来了。日本视帝国主义强权为严重威胁，因此向西方国家学习的一部分原因就是避免被殖民化的危险。日本下达了研究西方国家和社区（特别是英国、法国、德国和美国）以及寻找日本可适用模式的任务。明治时代早期，日本建立了广泛的新制度和机构，包括英式的海军和邮政系统，法式的警局和司法制度，美式的银行业和小学系统，还有德式的军队（派尔，1996b：79）。明治期间有超过3000位外国顾问被日本雇佣，很多都是工程师和技师。日本并没有依赖于这些外籍员工，而是在培训完毕后立即用日本员工取而代之。

明治期间，有一万一千多名日本人被送到外国留学，基本是去美国和德国。日本很受益于其相对年轻的领导阶层，重要的是，统治阶级是城市居民，他们权利的来源是自己的正式职位，而不是地产，这就使得他们会更开明地迎接变革，因为他们不需要担忧在新的社会调整下会失去财富（派尔，1996：79－80）。在这种环境下，

“日本启蒙”在明治时期开始了。这次启蒙运动的明显特色包括对日本传统的否定观点，对日本赶上西方的展望持非常乐观的态度，认为模仿西方范例来获得进步是不可阻挡的，并且“全心全意致力于科学、技术和实用主义知识”（派尔，1996b：93）。

明治期间，日本崛起为首个非西方的工业大国。政府逐渐发展了一套政府引导的工业政策，着重于矿业、钢铁、铁路等重工业的建立；采取进口替代战略，同时购买最好的西方工业技术；创办了活跃的出口产业；尽量避免外债。明治时代末期，日本成功地与英国一并成为纺织品主要出口国。同时，一些学者认为在促进日本工业化的进程中，不应该过分夸大国家的作用。个人企业家在这个复杂的进步过程中也很关键，若没有私营部门的积极参与，政府则只能起促进作用，无法真正实施行动（派尔，1996b：108－12）。

为了打造一个更强大有力的国家，并确立一种强烈的国家认同感，明治期间实施了很多措施。1873 年，日本设立了征兵制度，对象是所有 20 岁以上的男子。君主政体也被用来作为国家的重要标志，不仅是对外国，而且是对全体日本人（瓦斯沃，1996：26－33）。新的国家法定假日与皇室重要日期紧密相连，令人难忘的天皇诏书及宣言的使用，还有强调为天皇服务的观念，这些都体现了君主政体的标志性。学校教科书受到文部科学省的控制，后来干脆由文部科学省直接编写，强调“道德”主题，比如对皇室和孝道的忠诚。另一个重要步骤是将传统聚居地合并为国家行政结构。同时，官僚机构也更加公开，更注重上层管理。在所有的发展中，明治天皇自己的确切作用是难以评定的，因为他留下的书信很少，也没有任何日记。很多关于他的文字都是一些圣人传记。基恩认为几乎没有传记作者成功“塑造了一个在位 45 年间经历日本史上最大变化的男人的可信形象”（2002：xi）。

明治期间最重要的政治发展是1889年宪法的颁布，标志着亚洲首个现代国家的形成（更多讨论参见格鲁克，1985：42－72）。该文件深受德国政治和司法观念的影响，设立了跟那些欧洲国家一样的两院制立法机关。未经选举产生的参议院由贵族控制；还有一个经选举产生的众议院——虽然选举权被限制为总人口的百分之一左右。这些代议制机构更多的是作为国家建设与团结的工具，以及公众不满的“安全阀”，而不是为了建立或管理民主（格鲁克，1985：49－50）。理论上，1889年宪法将一些公民自由权奉若神明，虽然在实践中这些条款影响甚微。这部宪法凌驾于以上内容，并没有反映更广的政治需求（这一点不同于它所模仿的西方宪法）。1889年宪法的核心特色是将天皇作为享有最高权威的君主。然而，实际上，真正地权力掌握在一群有权有势的领导手中。大臣由天皇任命，内阁向天皇汇报，而不是向国会。民选议会——以政党为特色——只打算担当一个咨询的角色（更多讨论参见格鲁克，1985：64－7）。尽管有这么多不足和缺点，1889年宪法对日本而言仍是一大进步，它确立了一个现代国家的政治根基。在正式颁布该宪法之后，大约过了十年，宪法系统才被完全制度化，真正地投入使用（坂野，1992：200）。

大正民主

实际上，明治宪法开创出来的政治制度使上层阶级竞争激烈，正如斯托克温写道：

内阁、政党、高级政府官员、参议院、枢密院、宫内省的天皇私人顾问、军队长官以及一些大企业的董事都在互相排挤以争夺权力，而权力的真正所在却依然是一个谜。（斯托克温，2008：20）

在“大正民主”（即虚弱且精神状况不佳的大正天皇统治的1912至1926年）期间，这种不同势力之间的争斗达到顶峰。这段时期，政党的地位日益重要，政治自由也比以往更多。1918至1932年，政党的权力尤其强大，首相一般都是从政党领袖中选出。不过，活跃的政党都是上层组织，不具备广大群众基础（参见派尔，1996b：159－71），政党里的各位政客必须与法院、官僚机构和军队合作。虽然政治制度似乎朝着民主方向前行，但是实质性的改变依然受限于明治宪法秩序的性质。在上层人士之外，大众政治意识也在快速增长。各种联盟遍地开花（包括由佃农组织的激进工会），学生积极参与政事，广泛的自由派和激进派改革运动不断出现。1925年发生了一项重要的政治变化，即男性普选权的提出，使选举人的规模扩大了四倍，超过了一千两百万人。然而，丰硕的果实随着新公共安全法的出台而凋零。该法严酷苛刻，剥夺了公民自由权。

帝国主义，军国主义和战争

明治时代的领导人很看重军事力量，认为只有武装精良的日本才能平等地与西方竞争。该政策的首次成功体现在1894至1895年间的甲午中日战争上。在那场战争中，日本摧毁了中国海军，击溃了陆军。之后，日本签订了对自己有利可图的条约。中国将澎湖列岛、中国台湾和辽东半岛割让给日本。中国的软弱曝光于世界，这场战争也加速了多股帝国势力对中国的争夺。然而，西方势力不想看到日本独吞硕果。1895 年 4 月，德国、俄国和法国逼迫日本放弃澎湖列岛。此后，日本专心发展本国军队来抵抗俄国，并且在 1904 至 1905 年的日俄战争中成功击败了俄国海军。

一个亚洲国家能击败一个西方强国，这是一个大转折点。日本从此勇气倍增，加快追求更多的帝国主义冒险。同时，战胜俄国是一场艰难的战役，使日本感到脆弱和不安。这种持久的不安全感是促成日本今后几十年的外交政策的力量之一。1910 年，日本吞并朝鲜。第一次世界大战时期，全球风云变幻，日本在这个动乱时期夺取了德国在亚洲的领地，并且对中国施加更多压力。20 世纪 20 年代，日本军国主义抬头，日本以别的政治制度为代价，授权力于军队，使军队成为处理日本国内外事务的重要角色。

自 1931 年 9 月的“九一八事变”（日本军队以一场小爆炸为借口，侵占了整个满洲里，随后便建立了傀儡满洲国）到 1945 年 8 月投降，日本一直是帝国主义侵略者的形象。在这场“十五年战争”中，日本对中国人民施行恐怖统治；于 1941 年 12 月发动珍珠港事件，对美国海军实施突然袭击；侵略并征服了东南亚大部分地区，对同盟国发起了野蛮战争。美国在广岛和长崎投放了原子弹之后，日本才停止了侵略的步伐。十五年战争在日本历史上是最黑暗的章节之一，任何相关讨论都很容易引发强烈情绪。日本军队的很多行为——例如，对中国百姓的抢劫和残杀，虐待战俘——于情难以苟同，于理难以解释。但是，考虑到国内外的政治环境，日本决定推行帝国主义政策是可以理解的，该政策在与同盟国的战争期间达到了巅峰。

一位重要的日本历史学家将日本在太平洋战争期间的行为描述为“一场帝国主义时代终结后的帝国主义战争”（中村，1998：248）。一战后签署的《凡尔赛合约》和《华盛顿条约》旨在结束帝国主义势力之间的争斗，但是他们确立的规则非常有助于战胜国，主要是美国、英国和法国。法西斯主义在德国和意大利的抬头反映了战败国试图扭转局势，对战胜国以其人之道还治其人之身。在日本，情况有同有异。类似之处在于日本也是英美主导全球秩序下的穷国之一——尽管1918年日本也曾和美英共同作战并且属于赢的一方。不同点在于日本和西欧国家不一样，它没有机会形成一个庞大的海外帝国，快速工业化需要自然资源和原材料，日本却无法提供。在某些方面，日本已经实现了明治时期“追上”西方的目标，将自己转变为一个现代工业社会，但是日本没有获得其超级大国地位所带来的声望和优势。日本战前领导人的想法正如中村所说：

> 协约国是“富国”，试图维持一战后的后帝国主义秩序。轴心国是“穷国”，对协约国庞大的疆土和海外领地嫉妒不已，并且渴望全球财产和权力的再次分配。（中村，1998：249）

尽管日本对于太平洋战争的道歉试图将其所作所为描绘成一场解放战争，目的是为了将亚洲从殖民主义政策中解放出来，并建立一个“大东亚共荣圈”，然而现实并非如此，这场十五年战争反映了日本试图模仿西方模式下的帝国主义统治和剥削。在这种情况下，日本完全没有意识到自己离殖民主义已经越来越远。亚洲民族主义运动兴起：在印度，在荷属东印度（后来的印度尼西亚），在越南，以及尤其是在中国。日本试图输出的那种帝国主义已经过了保质期，而且日本宣称希望培养亚洲独立运动的言论也被高度怀疑。

关于日本如何以及为何决定侵略满洲里，后来又侵略中国，和轴心国签订军事条约，在 1941 年对美军和英国殖民地发动攻击，这些问题都需要长篇大论来认真解答。值得注意的是，1931 ~ 1945 年期间，军事力量已经大大超越了民用控制。在中国政策上起主要决定作用的不是内阁，而是军事。当时的首相和外交部长经常发现要对一些自己无法控制或影响甚微的局面作反应。另外，平民领袖的任期通常很短。1932 到 1945 年间，一共出现了 13 个内阁和 11 位首相。当政客们意图控制或违逆军事行动，他们简直就是在冒生命危险。首相犬养毅（支持和平解决满洲争端）于 1932 年 5 月 15 日在自己的官邸被一群穿制服的海军学员枪杀（家永，1978：42 - 3）。其他几位杰出的平民领袖也被青年军官蓄意谋杀，包括影响力颇大的 1936 年财务省长高桥是清遇刺事件。

军方一直否决内阁的任命，对自己的行动也常常不作解释。在准备对美作战的这个决定中，“意见领袖”是陆军和海军的几个重要部门的官员（中村，1998：252），而不是首相或内阁的其他成员。在战争过程中，内阁也无法一直掌握前线情况。几艘日本战舰在损失惨重的中途岛战役中失踪，而东条英机（时任首相和陆军部长，也是一名将军）却在一个月后才知道（家永，1978：39）。日本军事策略有时表现得完全违反常情，一个例子就是在遥远的硫磺岛的那场徒劳的艰苦战役，估计有两万两千名日本士兵在 1945 年 2 月和 3 月死亡（参见梯 2007，还有克林特·伊斯特伍德导演的大片《硫磺岛的来信》）。战争后期，日本使用了自杀性攻击的神风飞机，展现了一种交织着勇气和绝望的执着态度（参见图示）。裕仁天皇在战时的角色则一直是个引人激烈争论的话题（见专栏 2.2）。

东京靖国神社展出的神风飞机

专栏 2.2 裕仁（1901～1989）——有争议的天皇

天皇在战争中的角色受到了高度质疑。一些学者认为裕仁天皇是一个热爱和平的人，作为战争的“不情愿的象征”（拉吉，1992：216），裕仁被他的指挥官们推入了一个无能为力的境地。修正派则相反，谴责他是战争的罪人。赫伯特·比克斯于 2000 年出版的传记《裕仁与现代日本的诞生》更加刺激了这个长期的争论，这本传记获得了普利策奖。比克斯认为军方从没有完全控制过政治进程。他认为裕仁是战时“舵手”（比克斯，2000：486），整天忙着规划军事策略，因此对很多严重的判断失误直接负责。考虑到 1945 年 5 月初德国无条件投降后，日本的失败是必然的，比克斯还责怪裕仁个人没有让战争更快地结束（比克斯，1995：223；2000：519－30）。

比克斯的传记在美国颇受好评，在日本却引起了不同的反响。在一篇长评中，两位日本学者指责比克斯的核心论点缺乏第一手来源，并且过度依赖于左翼日本学者的二手研究。其中一人宣称："对我而言，比克斯根本没有明白作为日本文化传统的帝国制度。"（松本和庄司，2002：68）。这个争论似乎不可能停息。

对外实行军事扩张，对内推行政治镇压；臭名昭著的特高秘密警察组织密切监视着平民百姓，观察有无持不同政见者或相关活动。一旦发现，则立刻采取有效行动铲除异己。然而，20 世纪 30 年代末期，同样的凯恩斯主义运用在政府支持的经济激励政策上则使日本走出了经济衰退的阴霾，并且确实让大多数百姓得到了很多经济利益。阿林森称经济复苏和"更好战的"民族主义的结合有助于使日本人接受对中国的扩张主义，以及后来的太平洋战争（阿林森，1997：26）。此次经济复苏有助于锻造出一个强有力的工业部门，该部门由少数有权有势的企业集团领导，因此为日本战后经济的重建铺平了道路。道尔将这场争斗称为"有益之战"，认为这张争斗把日本战后经济支配地位所需的基础设施都已安排到位，建造了一个以保守派利益为中坚的强大资本主义国家（道尔，1992：49 - 70）。

美国决定在日本的广岛和长崎投放原子弹是二战最具争议的议题之一（更多讨论请见伯恩斯坦，1995：227 - 73，以及《外交史》1995 年春季特刊的其他文章）。杜鲁门政府官员称投放原子弹缩短了战争，避免了不必要的入侵，挽救了大约五十万美国人的生命。修正派历史学家则认为日本已经快要投降，而且核弹爆炸的军事目的不强，杜鲁门的真正目的是证明美国比苏联更强。官方预测若入侵会导致美国死亡者的人数为 25000 到 46000——不到十万。最终却有三十万人成为原子弹下的亡魂（参见道尔，1995：282），大多数都是平民百姓。在官方和修正派的意见之间还有大片的中间地带，即没有原子弹或全面入侵，日本也可能投降。如果说在广岛投放原子弹加速了日本投降，那么第二颗原子弹在长崎的投放则从未被证明是正当行为。

日本对太平洋战争的记忆——同美国和同盟国之间的冲突——比自1931年袭击满洲里以来的对中国的黑暗袭击要更加可怕，尽管日本发动太平洋战争恰恰是为了巩固自己的那些胜仗。虽然事实上其他国家都认为日本在1931～1945这十五年间是个掠夺者，但日本国内的主导性观点却是日本才是战争的受害者。日本不仅受到了两颗原子弹的伤害，而且日本人民也认为自己是军国主义的受害人。批判不再指向整个国家，而是指向了军方和他们的上层支持者，尤其是远东国际军事法庭上审判的28位领导人（参见户谷2009）。田中写道：

日本人普遍认为战争领导人绝对应当担负起战争的责任，这些领导欺骗了广大民众的感情，使百姓们承受了一场谁也不想再看到的战争。所以，普罗大众都认为自己才是受害者。（田中，1996：214）

田中认为实际上“平民百姓最终支持了战争，同样的，也应当承担责任”（田中，1996：215）。很多日本领导人却反过来声称自己是受害人，即他们只是按照天皇的意思行动，而天皇却没有被审判。格鲁克认为“不该指责人民，也不该指责天皇”（格鲁克，1992：13）。结果，很多日本百姓回顾往事之后，感觉战争和他们一点关系都没有，然而日本参与的“全面战争”牵涉到的主动或被动的同谋者实际上就是全体人民（参见杨1998：7－8）。马克思·黑斯廷斯认为“因为选择参与了整场战争，这个国家便陷入了整场失败”（黑斯廷斯 2007：5）。实际上，日本人却选择相信他们的失败为他们免除了发动战争的罪恶。

在战后的德国，针对前纳粹的审判持续了几十年，然而东京审判 1948 年就结束了。日本人集体否认了他们对于战争的责任和罪行，类似的德国人则要少得多。日本右翼把远东国际军事法庭里持有不同意见的印度法官拉达宾诺德 · 巴尔（参见图示）奉为名流，巴尔批评这次军事法庭是不公平的，是战胜者对战败者的审判。东京的靖国神社还立着巴尔的雕像。比克斯认为日本战后的否认态度与美国占领军对裕仁天皇的态度有关，因为“只要（日本人）不追求他在战争中的中心角色，他们就不用怀疑自己的角色”（比克斯，2000：17）。尽管如此，卡罗尔 · 格鲁克认为自裕仁天皇 1989 年去世之后，公众关于“战争责任”的讨论变得更加成熟，更具反思意义（格鲁克 2009：94 – 100）。

靖国神社里的拉达宾诺德 · 巴尔法官纪念碑

美军占领

评价日本现代政治制度时的很多难度都是因为这个制度表面上是西方化的。这个引人误解的印象是因为一个史实，即日本宪法是在美国自 1945 至 1952 年对日占领期间施行的。对于美国在战后日本的角色有很多不同的观点和解释，知道这一点对于了解日本后来政策是至关重要的。

战争结束时，日本处于一种虚脱状态（士气低落、精疲力竭、绝望重重），最初重建国家的活力和乐观精神都来自于外部（道尔，1999：89）。日本百姓为了生存而努力奋斗；他们的“竹笋式”生活方式常常包括除了最低限度的生活必需品，其他东西都“剥光”和卖光（1999：95）。但是，美国人还命令日本人应承担美军占领期间所需的大部分花费（1999：115）。

在同盟国内部，关于该如何对待日本有很多不同意见。例如澳大利亚提倡对日本进行惩罚，包括废除君主制，美国则有很多人（例如国务卿史汀生）希望可以尽量有限地干涉日本事务，只限于规划非军事化和审判战犯。结果，被授予打理投降后事务的道格拉斯·麦克阿瑟将军收到了一份更具野心的简报：引进一套“民主自治”的制度到日本（参见专栏 2.3）。但是，麦克阿瑟同样接到了指示，不要“把任何不被人民自由意志支持的政府形式强加给日本”。用另一句话说，不管日本愿不愿意，只要所有人同意，日本就要成为一个民主国家。占领的目的被记录在一份名为“日本投降后初期美国对日占领政策”的文件上，这份文件强调了要把“人民的自由意志”作为指导原则（道尔，1999：77）。

专栏2.3 道格拉斯·麦克阿瑟将军（1880～1964）

麦克阿瑟在被任命为菲律宾军事顾问之前，是一名已经当上陆军参谋长的职业军人。虽然他在1942年面临日本部队时进行了耻辱的撤退，即从科雷吉多尔撤退到澳大利亚（臭名昭著的“我会回来的”），但麦克阿瑟仍然受到了美国大众的崇拜。1945年，杜鲁门总统任命他去接受日本投降，并任驻日盟军总司令（沙勒，1989：118－19）。麦克阿瑟个人对日本的谋略有着广泛影响，道尔认为他“像个小君主一样统治着远东地域”（1999：79），他拥有行政权和立法权。但讽刺的是，麦克阿瑟任盟军总司令的五年来，他和自己管理的那些人却没多少接触。他不仅没看过普通人的生活疾苦，甚至只有16个日本人和他说过的话超过两次，而这些人都是高级官员（道尔，1999：204）。麦克阿瑟自己对改革日本的承诺摇摆不定，一部分原因是他自身越来越大的政治野心。尽管他对日本的政治方向有着巨大影响，麦克阿瑟为了竞选美国总统的努力却泡汤了。朝鲜战争初期，他负责指挥联合国部队。但是1951年的时候，他被杜鲁门总统撤职，事业戛然而止。一些作者将麦克阿瑟当作高大的巨人，另一些人则认为他是个失败的英雄（沙勒，1989：252－3）。

美国起草的1947年宪法和明治宪法完全不同，日本政府自己准备了基于明治宪法的宪法草案，结果被驻日盟军最高统帅立刻否决。1946年2月4日到12日这八天内，美国官员写了一份全新的文件，让震惊的日本政府被迫接受（松井2011：13－16）。美国内部对天皇的未来也各执己见，这场争论深受文化主义观点的影响，认为日本人的心理和西方人不一样。麦克阿瑟很快就认识到天皇可以成为占领军的无价工具；正如道尔所说的："迫在眉睫的任务是造就一个最具利用价值的天皇"（道尔，1999：299）。有鉴于此，天皇没有被送上审判席，而是被保留了下来，在剥夺了所有权力之后被封为"国家的象征"，而不是国家的首脑（全文请参见 www. solon. org）。

现在，主权在日本人民手中，他们选举出一个议会（名为国会），由内阁负责。立法机构的权威被大大加强，并且首次提出女性拥有选举权。地方和县政府将"地方自治"作为中心准则；一系列人权被保护；建立了一套独立的司法系统；还有，最具争议的"第九条"规定，日本永远放弃发动战争的权利。宪法需要修订，这一点证明了它的持久性。关于宪法修订的提案直到20世纪90年代才出现（虎克和麦考马克，2001）。

除了宪法之外，占领军还实施了一系列辅助改革，目的是提高和民主化对政治的参与。其中，最重要的一条辅助性改革就是恢复组建联盟和其他兴趣团体的权利，包括组建左翼政党（共产党自20世纪20年代起就被监禁了）。另一条是土地改革的全面计划，任何人持有的土地不得超过7.5英亩，这条规定终结了农村地主所有制。进一步的改革给予了当地政府新的权力，取代了过去的集中制。教育方面也经历了改革，重新编写了民族主义教科书，教育制度被分权，建立了很多新的授予学位的机构。许多学者认为大多数改革都非常成功。

美国占领期间的另一个重要举措是对战争支持者的"大清洗"（多半是强制性退休），包括秘密警察、神职人员和军国主义团体成员，以及军官、前官僚，还有大约三千名杰出的商界人员，三百名国家级的政客。1946至1948年，远东国际军事法庭共审判了28名战犯，有 7 人被处死（包括两位前首相），18 人处以长期监禁（阿林森，1997：52 – 5）。

尽管如此，美国占领军并没有自始至终都追求相同的目标，1945 至 1947 年期间其对“新政”式的社会和政治改革有极大热情，到 1948 年，冷战的兴起使美国改变了对日政策，一般称为“逆转”（reverse course）。民主化首先走了下坡路，取而代之的是，占领军的政策重点是建立一个经济发达且自给自足的国家，这样就可以形成一个抵抗亚洲共产主义的坚固壁垒。麦克阿瑟早期热衷于在日本培养对抗性的左翼势力的梦想如今宣告失败。占领后期的重点是恢复日本经济，此项任务由美国银行家约瑟夫·道奇监管。1952 年 4 月，美国正式结束对日占领。但是，冲绳仍然处于美国军队的掌管之下，一直到 1972 年。

一些分析员强调美国在占领期间成果寥寥。他们尤其注意到了麦克阿瑟对战前身居要职的日本官僚的失败的清洗行动——只有几十人被开除，剩下的大多数人后来都重新身居要职（参见彭佩尔，1987：157 – 87）——同时，他意图摧毁具有垄断地位的战前大型企业的行为也没有成功，只是象征性地改革了财阀，又称大型联合企业（阿林森，1997：74 – 5）。如果说占领军没有取代过去的权力集中制，那就很难把战后日本看成一个比战前日本明显要更民主开放的社会。

日本这样的国家怎么会信奉一个和它之前的政治方向完全不同的宪法？一些学者认为 1889 年宪法标志着日本更广泛的政治参与的开始；和 1947 年宪法相似的东西已经逐步形成。赖肖尔声称：

> 厌恶独裁统治，甚至厌恶魅力型领袖，崇尚团体协作，这三点是日本政治遗产的显著特色，我认为它们在今天依然构成了日本重要的政治资产。（赖肖尔，1977：240）

赖肖尔还提到日本成功创造“大众民主”的原因是全面教育和强烈的企业家精神。他提到1889年宪法和1947年宪法之间的持续性，通过暗示，20世纪30年代日本崇尚军国主义，并在太平洋战争时达到顶峰，这种现象只是循序渐进的民主化进程中的一个失误。支持该言论的观点可能是从关于1889年后的政治制度的分析中得来的。尽管明治宪法无疑是为了控制参政议政，在实践中，国会议员和政党却没有像预期的那样听话和没用。

虽然1929年的大萧条见证了军队重获政治优势，学者如赖肖尔认为在大正时代日本已经不断发展成为现代民主国家，美国强加的1947年宪法缩短了正在进行中的发展过程。其他学者对赖肖尔的观点抱有争议，他们认为日本上层人物是被迫去充分利用自己一点也不喜欢的战后政治处理方式。

围绕着美国对日占领和1947年宪法的重要性有很多争论。很多美国学者都有一种所谓的反映美国历史经验的“宪法情结”，新的日本宪法占据着最重要的地位。然而，美国以外的人对美国对日占领这件事反映不一。范·沃尔弗伦对很多日本专家的假定提出了强有力的质疑，认为日本在太平洋战争中失败之后打破了其过去的政治体制，“是准确评价日本制度的主要障碍”（范·沃尔弗伦，1989：347）。和赖肖尔一样，范·沃尔弗伦看到了日本政治秩序中存在着大量的历史延续性。但是，赖肖尔是在民主趋势方面看到了延续性，范·沃尔弗伦则描述了在官僚体制控制上的延续性，即一直处于削减反对派的模式。范·沃尔弗伦认为太平洋战争中的军国主义似乎是日本制度其压抑的、中央集权的本性的合理发展。他支撑自己观点的依据是回顾明治时期，认为 19 世纪末期的日本官僚运用了一种“思想指导”的体制，试图阻止持不同意见的社会力量，这种力量是在欧洲兴起的。明治时期高效的警察和征兵制度的引进都是为了执行“规则”，换言之，为了制止分歧。

河合认为关于日本现代化以及日本政治发展有三个主要假定（河合，1960：234－48）。根据“保守派假定”，为了成功地实现现代化，日本需要尽量保留其文化传统。“自由派假定”主张日本为了获得同样程度的现代化，需要进行西方社会经历过的所有变化。河合的“实用派假定”中表达了第三种假定——为了达到现代化和政治发展，日本需要将传统价值和引进的西方思想混合起来利用。文化主义学者认为日本自美国占领时期所获的成功表明了保守派或者实用派假定的正确性。另一方面，关于日本政治制度的修正派批评家不断发现日本通常并不想符合自由民主理想的标准。主流派学者则相反（将同样的“自由派假定”作为其底线），他们倾向于将日本看作是与西方自由民主的汇合。

清楚地确立哪些是，以及哪些不是美国对日占领的成果是不容易的。例如，日本在美军占领期之后的稳定政局是美国引进改革的成果吗？还是这段时期经济发展的成果？很多关于美国对日占领的学术著作都存在偏见；很多分析要么是对美军占领的维护，要么是否定。新宪法及其带来的政治秩序无疑和日本人产生了广泛共鸣，并获得了广泛接受。表面上，日本接受了 1947 年宪法所包含的美国的自由民主价值，但是更深层次的现实则更为错综复杂。

Contemporary Japan

第三章 变化中的政治经济

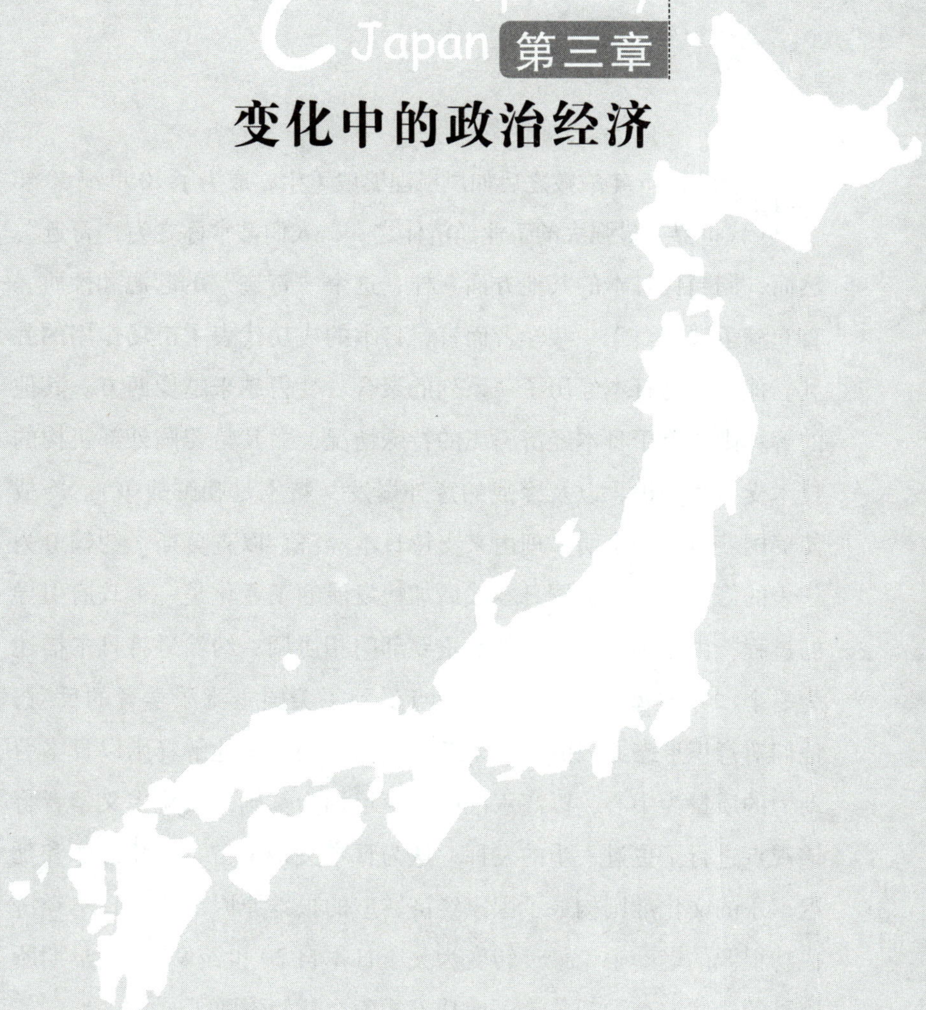

日本在1945年战败之后如凤凰涅槃般重生，成为了20世纪80年代世界上最强大的工业经济体之一，人们常常称之为“奇迹”。然而，同当代日本的其他方面一样，这个“奇迹”的起源和性质一直充满争议。对于一些学者而言，日本的成功代表了市场作用的胜利。他们认为日本经历了一系列的聚合，变得越来越像西方。其他的解释则侧重于日本经济腾飞的特殊情况，尤其是美国外部机构的技术支持和知识，以及冷战的意外爆发（特别是朝鲜战争）。冷战使美国获得了一个明显理由来支持日本经济。以查莫斯·约翰逊为代表的修正派学者强调日本战后加快发展的工业化是一个政府引导的过程，由国际贸易工业部等重要部门相协调。约翰逊将日本描述为一个“发展型国家”，这个观点受到了美国主流派学者的反对，他们对意识形态原因的统计学解释表示不满。其他解释则以日本劳动力的质量为中心，以高水准的教育培训为基础；文化主义学者将该观点进行了更进一步的发挥，认为日本关于勤奋、团队协作和延迟享乐的文化准则构成了国家经济转型的根本原因。关于日本经济成功根源的老套争论最近转变为关于日本自20世纪90年代早期所遭受的经济灾难的新争论：成功模式怎么开始失败了？

美军占领的前后

当美国的战舰抵达东京湾，日本面临着一个经济、政治和社会的危机。旧式的政治秩序将被废除，取而代之的是对西方模式的效仿。为了和西方竞争，日本需要彻底改革经济，并且进行快速的工业化。然而，在短短的几十年内，日本将会对西方霸权提出强有力的挑战。

以上四句话故意表现得模棱两可，它们可以指 1853 年的日本，也可以指 1945 年的日本。在很多方面，日本在太平洋战争结束之后所面临的挑战复制了其早在明治时期的挑战。在这两个时代，统治秩序在很大程度上已经崩溃，并且在外国施加的巨大压力下投降。但是，在这两个时代，前几十年发生的社会经济变化影响深远，为日本处理面前的挑战打下了基础。虽然美国投放的原子弹对日本的城市和工业生产能力造成了惊人损失，重建工作几乎是立刻就开始了，“追上”西方再次成为必须履行的事。尽管日本工业经济的大部分基础设施已经被毁坏（一些工厂作为战争赔偿被充公），运行钢铁和造船等重工业的专门技术却仍然被保存着。

占领军当局通过促进联合来达到日本经济的民主化，粉碎大财阀（即企业集团）——10 家控股公司，26 家工业公司和两家贸易公司被解散——公开发行股票，制定土地改革计划。这些改革只有最后一项获得了充分成功。在实践中，组成日本战争机器的工业核心的大公司有大部分在战后对自己的再建和改造上取得了成功。这一点尤其适用于银行，银行在解散计划中几乎没受影响——三井、三菱、住友和富士——都起源于战前。财阀改革则受到了批评，人们认为它只是个没有明确受益者的政策，甚至在SCAP（驻日盟军最高统帅，全称为“Supreme Commander for the Allied Powers”，是占领军当局的常见缩写）内部也引起了争议（阿林森，1997：74－5）。

道尔认为十五年战争是一场“有用的战争”，因为“现代日本资本主义是在冲突的熔炉中创造出来的”（道尔，1992：49）。战争期间，日本工业经历了巨大发展，并且成为珍珠港事件之前世界上经济发展最快的国家之一。日本有能力建造自己的工厂，生产很多自己的化工产品。日本是世界第四大出口国。1937至1941年间，日本的产量有极大提高，包括机械制造业提高了252%。到1942年，68%的工业劳动力服务于重工业。换句话说，20世纪40年代末和50年代初期，日本的经济复苏实际上是以重建开始，该工程旨在让日本恢复1942年前就已经达到的工业产出的水平。从这一点来看，日本战后立即发生的一切都不是什么“奇迹”，只是一段被战败所打断的长期进程的延续而已。

道尔认为工业技术的发展主要是为了军事目的——从自动化工程和造船业到光学设备——构成了日本很多战后最成功的行业的基础（道尔，1992：54－6）。战后日本工业的复苏也利用了战时劳动力市场的变化，包括大幅增长的技校毕业生。另一个重要因素是一个牢固的核心银行业结构的存在，这个结构建立在相对少数的大银行的基础之上。同时，并不是所有行业的规模都很大。日本拥有双重经济结构，大型企业将一部分活动分包给子公司和承包商，这就导致了大量中小型企业的产生。这种双重性给经济带来了附加的灵活性，促使企业集团可以控制费用，但难免削弱了工人的谈判地位。

在SCAP早期，重点是“改革，复仇和赔偿”（阿林森，1997：

76），这种方法对日本的经济复苏不利。然而，美国对日占领后期，美国越来越热衷于在日本建立一个强大的资本主义民主，尤其是在中国共产主义兴起的情况下。约瑟夫·道奇是一名底特律的银行家，他于1948年被派往日本，任务是设计一个确保金融稳定的项目。他在1949年提出的九点“道奇计划”建立了一套严苛的财政制度，包括削减花销和降低失业率，但从而也控制了信贷和通货膨胀。

1950年朝鲜战争爆发，使日本经济的需求量大大提高。有关制服和装备的大笔订单涌现而来，让日本迫不及待地去完成。日本有能力将自己打造成为冷战在亚洲的能量站，日本经济的复苏是美国抵制亚洲共产主义战略的一个重要因素。这种角色后来在越南战争中得以继续，当时，占领军实施的“和平宪法”使日本丧失了战斗力，如此，日本可以从超级大国及其当地同盟在亚洲发起的“热战”中获得大量经济利益。朝鲜战争的订单帮助日本在关键时刻启动经济，促进了就业和薪资的提高，有助于产生国内消费需求。知名企业如尼桑、丰田、东芝和日立都成为了最大的受益者。截至1955年，日本的工业产出已经恢复了战前水平（阿林森，1997：78－9）。

同样的情况也发生在农业产出上。20世纪50年代期间，政府对基础设施和灌溉的补助帮助了农民，农民也开始从事多种经营，从种植水稻扩展到其他领域，比如生产水果和蔬菜。但是，依照国内生产总值，和制造业相比，第一产业（主要是农业、林业和渔业）却处于长期的衰退中。第一产业在1950年占据国内生产总值的26%，到1960年只有12.9%，1970年则只有6%（林肯，1988：85）。之后，第一产业的衰退稍微减慢了一点，但是新的增长主要是在重工业带来的第三产业上。到1990年，2.9%的劳动力从事农业，而农业却只占据国内生产总值的6%（阿尔吉和斯坦，1997：257）。

虽然农民对经济的贡献甚少，他们在政治上仍然很重要。他们是政府大笔补助的接受者，政府通过一套晦涩难懂的“食品控制制度”对他们进行管理，这套制度支持很多小规模——常常是兼职的——农民（矢山，1998：102－4）并限制进口。到1990年，水稻生产占据了40%的日本农业用地。但是，20世纪80年代末，预计日本一半以上的农民收入来源是纳税人和消费者的实际补贴（阿尔吉和斯坦，1997：268）。尽管日本农民拥有可观的补助，并且1960至1985年间，农业产量合计有43%的提升，日本的食品自给率却从1960年的90%跌至1990年的67%（阿尔吉和斯坦，1997：269－70）。面对着相当大的外国压力，尤其是美国，日本逐渐放宽农业产品的进口。

巩固增长

1955年对日本可以说是个转折点，距离那场重大的战败已经十年，经济已经恢复到1942年的产量。1955年两个保守党的合并促成了自由民主党（LDP）的产生，标志着一党优位制（通常称为55年体制）时代的开始，几乎持续了四十年。如今，重点在于经济的显著发展，使人们的生活水平有了极大提高，并且让日本一跃成为经济大国。的确，一些分析员认为驱动日本的是一种名为“经济主义”的准意识形态，它伴随着经济的成功。麦考马克将战后的日本状态描述为“一场由麦克阿瑟将军和吉田茂相联合的冒险行为”（专栏3.1），其特征是经济导向，以及软弱的居于次要地位的民族主义（麦考马克，1986a：39－40）。评论家们将日本人描述为

“经济动物”，在追求功利的过程中，他们抛弃了自己的文化、原则，甚至是他们的人性。法国总统戴高乐在1963年会见日本首相之后发表了一句名言：“那个半导体推销员是谁?”（霍斯利和巴克利，1990：64）。

专栏3.1 吉田茂（1878～1967）

吉田曾任外交官，他出身于一个显赫的政治家庭。在战后初期，他一共当了七年（1946～1947，1948～1954）的首相，对于规划日本的方向有着关键作用。吉田擅长跟麦克阿瑟和美国占领军打交道，一边满足他们的要求，一边保护自己国家的优惠条件。“吉田主义”形成了日本外交政策的基础，即日本依靠美国来提供国家安全方面的需求，这样就能集中精力发展经济和建设国家。换句话说，日本让自己融入了由美国创造的国际经济和政治秩序中。

在现实中，20世纪50年代末和60年代的大部分时期，日本都处于激烈的意识形态冲突之中。20世纪50年代期间，激进联盟组织了一系列造成了严重后果的罢工，60年代《美日安保条约》的续订也引起了大型的示威游行。飞速发展的经济提供了一种抵制收买的手段，这是日本给予大众的一场含蓄的交易。当首相池田勇人宣布他的“国民收入倍增计划”时，这一点就显而易见了。这个计划（具有政治企图且基于可疑的数据）是在安保条约大游行没过多久之后公布的，提倡日本的国民生产总值和日本人的个人收入能够在十年后翻一番（真澄，1995：67）。换句话说，人们应该埋头苦干，努力涨工资，而不是忙着搞政治抗议或劳资纠纷：它是“一个大规模的社会契约”（霍斯利和巴克利，1990：62）。和预计的相反，这个计划相当成功，实际上，平均收入在七年间就已经翻了一番，而不是十年。

随后的几年，大多数家庭都想配备“三神器”（电视、冰箱和洗衣机），导致消费需求大幅增加。到 1964 年，90% 的家庭都拥有了这三个器具（霍斯利和巴克利，1990：76），为了在急速扩张的城区里解决工人的住房问题，很多新公寓拔地而起。但是，并不是所有因快速发展而产生的额外收入都花在了消费商品或住房上。小额储户是日本银行和金融机构借款的关键来源。到 1974 年，日本平均每户家庭都会把可支配收入的 25% 存起来，这代表了自 1955 年开始的“储蓄翻了一番”（阿林森，1997：101）。1964 年的东京奥运会标志了日本战后新的富裕状态，这是首次在亚洲举办的奥运会（参见图示）。这场奥运会展示了基础设施和科技项目，尤其是首条高速“子弹头火车”（新干线）路线的落成，该路线从东京到大阪。

在 1964 年建成的一座桥上刻着的奥林匹克标志

在此期间，有几个因素驱动着日本经济高速发展。其中一个是高投资率，小额储户的贡献与行业本身的贡献相匹配，使得在生产力方面又再投资了一大部分国民生产总值，尤其是生产资料行业（派尔，1996b：245）。另一个因素是受过良好教育的劳动力，他们是在战后“婴儿潮”的作用下于20世纪60年代期间迅速增加的人群。人口从1945年的七千两百万人左右涨到1960年的九千三百四十万，1970年则达到一亿零三百七十万，1980年达到一亿一千七百万；此后，人口增长趋平（《日本年鉴》，1999：286－7）。大批劳动力从农业转向制造业（参见表3.1），同时有大批人群涌向城区，尤其是本州岛的太平洋沿岸地区，关东（东京—横滨—川崎），中部（名古屋）和关西（大阪—京都—神户）。日本的劳动大军是公认的上进心强，并且专心恢复经济，满足发展需要。

还有一个促进生产发展的深度因素是广泛的技术改革，大批工程师和专家都希望重新获得日本因战争失去的竞争优势。为了自身发展，日本引进了大量外国技术（通常是从那些认为日本构不成竞争威胁的西方公司手里低价买进），虽然也有一些外国产品被简单复制（派尔，1996b：245；霍斯利和巴克利，1990：63）。日本逐渐从劳动密集型的纺织业转向重工业。日本的电子公司开始依靠电视、收音机和高保真音响等家用电子产品默默地扫荡国际市场，而美国同行关注的则是为声望很高的太空计划和军工复合体开辟大规模生产资料（霍斯利和巴克利，1990：144－50）。

20世纪70年代期间，NEC和富士通等公司集中力量获取和开发前沿集成电路技术和半导体，带头的是MITI（国际贸易工业部）针对半导体工业的“国家计划”。该计划从1972年开始，后来又建立了一个由五家领先的日本电脑公司组成的联盟。这五家公司在

1979年成功地开发了他们自己的64k－RAM超级芯片。1971年，MITI出版了一份报告，为日本设立了新的技术日程，这份日程以向“知识密集型”行业转移为依据，这份“愿景”形成了日本未来几十年的工业战略的基础。日本的商业银行同意对必要的投资施以低息的长期贷款。

除了这些国内的因素，更广泛的国际环境在日本显著的经济发展中扮演了重要角色。战后，贸易限制被降低，世界市场从此打开，国际贸易进入了一个高度膨胀的时期——因此为日本出口提供了一个适宜的环境。1955年，日本加入了新发布的GATT（关税与贸易总协定）。成为会员后，日本的出口市场变得更广。1945年，国际货币基金组织的成立有助于制定一种稳定的国际汇率制度，日本从而得以保证其用于工业输出的原材料的安全供给（阿林森，1997：98－9）。由于国内的原材料资源有限，日本尤其依赖于这些供应的物资，因此在外界压力面前也非常脆弱。1953至1965年，日本的出口增长额平均达到了17%（派尔，1996b：246），反映了世界对于工业制成品越来越大的需求。1953至1973年，全球制造业出口额提高了六倍。1955年至1974年，日本出口的美元价值增长了25倍（阿林森，1997：99）。日本成为了一个领先的供应商，其供应范围从钢铁到轮船、汽车，以及音频与视频设备。同时，日本在1955到1974年间90%的产品是用于国内市场（阿林森1997：100），国内巨大的消费需求是日本工业生产力增长的主要动力。

高水平的储蓄

和国内消费需求的重要性一样，储蓄对于日本经济的重要性也不能被低估（参见表3.1）。储蓄利率非常高，并且在20世纪60年代期间稳定增长，在70年代达到顶峰（技术探讨请参见伊藤，1992：259－77）。国内各地区的储蓄水平都很高，并且储户的年龄层也呈现出多样性。关于这种高储蓄利率的解释包含文化主义的诠释（“儒家”所提倡的节俭）、社会保障制度的缺陷、奖金制度（每年，雇员们借此获得一大笔收入，以半年奖金的形式）、税务激励、因房价太贵而不得不存钱买房，以及把遗产传给亲人的心愿。加隆认为储蓄水平高反映了系统化的政府宣传的努力结果，此项宣传是在中央议会针对储蓄推广活动的带领下进行的。政府利用广播、电视和海报策划了一系列精彩的节目对人们进行了道德劝导（加隆，1997：153－7）。

表3.1　家庭净储蓄在可支配收入中的占比（%）

	1960	1975	1985	1990	1997	2000	2005	2007
美国	7.2	8.9	6.6	4.9	4.7	3.0	1.5	1.7
日本	14.5	22.8	15.6	14.1	11.0	3.9	3.8	3.8
英国	4.5	11.4	5.4	4.4	5.9	0.1	－1.3	4.3
德国	8.6	15.4	11.4	13.9	10.1	9.2	10.5	11.2
意大利	16.5	26.9	17.8	15.6	15.1	8.4	9.9	8.2
加拿大	3.8	12.7	15.6	10.5	4.9	4.8	2.2	2.6

注：1997～2007年的数据来自OECD（国际经合组织）。

资料来源：OECD《2002经济展望》；OECD（1989）《1960－1990历史经济统计》；《日本银行》（1997），《比较经济和金融统计》；OECD，《统计》，《主要经济指标》（2002），http：//www.oecd.org/EN/statistics/OECD（2010），“家庭储蓄”参见：http：//www.oecd－ilibrary.org/docserver/download/fulltext/3010061ec014.pdf? expire＝12861129&id＝0000&accname＝freeContent&checksum＝C59333CFE453DDAE999DC14C0636E651。

最近，另一个支持高水平储蓄的因素是大众对于老龄化社会和低出生率的担忧。照顾老人的子女越来越少，很多日本人希望能确保自己在老年时期经济无忧。储蓄的一种非常重要的形式是邮政储蓄系统，它提供的是免税的储蓄账户。到1980年，该系统的存款比当时最大的商业银行——美国银行要多四倍（约翰逊，1982：210）。高水平储蓄为工业发展所需的资本提供了现成的来源。但是，20世纪90年代末实行的利率非常低，降低了人们的储蓄热情，减弱了日本经济的一项长期的优势。

发展型国家？

当日本政治学者还在讨论政客和官僚在管理国家方面究竟是否占优势的时候，日本经济学者则往往对于国家和市场两者在制定国家经济和产业政策上的影响程度提出了强烈争议。很多主流派美国学者对民主、宪法和自由市场的卓越地位表现出了感人的信念，他们通常试图把日本的政治和经济描绘得像美国一样。诸如此类的观点在关于日本的最重要也最富争议的一本书中受到了强烈挑战，这本书就是查莫斯·约翰逊的《通产省与日本奇迹：产业政策的成长，1925－1975》。约翰逊在他的日本发展模式中确定了四个核心元素：

> ①一个小而精的官僚队伍，其成员是一群适用于制度的最优秀的管理型人才。
>
> ②拥有一个政治体系，可以给予官僚足够的机会采取主动并进行有效运作。
>
> ③在国家对经济的干预中，倾向于采用遵循市场的方法。
>
> ④一个类似通产省这样的领导机构。（约翰逊，1982：315－19）

他认为日本强有力的执政机构以一种“经济总参谋部”的角色，通过直接和间接的行政指导形式来制定和引导日本的产业政策。日本由纺织等逐渐衰落的劳动密集型产业到造船、机械和之后的电子等新的快速发展领域的转变是处于通产省的监控之下的，而公司和产业的重组则是由通产省和财务省共同实施的。这些相同的部门也在 1951 年建立了日本政策投资银行，该银行可以使用国家邮政储蓄系统的资源（约翰逊，1982：210），并且对指定行业提供廉价资本，因此保证了资金的长期增长。日本政府实行“特惠信贷分配”，对垄断行为视而不见，调整投资战略，并创造多种非关税壁垒（派尔，1996b：248）。吉布尼认为经济发展已经取代战争成为日本的首要关注点：

> 就实际情况而言，经济部门——主要是财务省和通产省——就相当于日本的五角大楼；官僚，而不是政客，是它的头儿。

结果，国营部门和私营部门之间有了一套更灵活且更复杂的关系，不再是约翰逊描述的那种相对固定的模式。人们普遍认为约翰逊关于 20 世纪 50 年代和 60 年代的言论大体正确，但是关于 80 年代和 90 年代的就不那么有用了。考尔德从发展型国家模式出发，认为日本已经形成了一套“企业主导的战略资本主义”的公私合体的系统，尤其是在 1973 至 1974 年的石油危机之后（考尔德，1993：268）。该系统的特点是更高水平的庇护主义，而不仅仅是技术层面上的发展型国家模式所承认的那样，还有一部分原因是国家能力的空虚，而这是由“工业和金融的全球化，与逐渐增长的研究成本、风险因素、市场规模经济的结合”所导致的（考尔德，

1993：268－9）。其后果是日本企业之间的“系统伙伴关系”的持续发展趋势，而这种关系可能包含了一些与政府机构之间的间接合作。考尔德着重说明了经连会和工商业联络网的重要性，正是后者形成了“私营部门主导的战略资本主义”。他强调日本相当抗拒风险；中央集权制的缺陷被“一个极具创意和组织性，且对长远目标具有敏锐感知能力的私营部门”所抵消（考尔德，1993：277）。约翰逊后来把日本的“亚洲资本主义”描述成为一个“强大国家、产业政策、生产商经济学和经营自主权”的结合（约翰逊，1995：68），该论点对他的评论做了一些让步。

日本的商业结构

日本商业的最普遍的国际形象集中在主要的工业巨头，例如丰田和索尼。日本经常被塑造成一个由大型贸易公司主导的经济体，这些公司拥有大量职员，结构错综复杂，参与的活动繁多。虽然大公司在日本经济中扮演着重要角色，大多数日本公司都是中小型规模，而且很多公司的业务极其有限。日本对小户型家庭的关怀随处可见，从便利店到小型工厂。大型公司及其分包商之间的关系则非常复杂。

很多关于日本经济的学术研究都集中于大公司，这些大公司充分利用了连锁的结盟方式，即经连会（keiretsu）。经连会有两个主要形式——横向的经连会（不同行业的结盟），以及纵向的经连会（特定行业，它们的供应商和经销商之间的结盟）（阿尔吉和斯坦，1997：107）。横向的经连会有如下定义：

> 大型企业的联盟，由一个集团城市银行、一个信托银行、一个房地产公司、一个人身意外保险公司和一个或多个贸易公司。（阿尔吉和斯坦，1997：107）

最有名的例子就是“大六”横向经连会：三井、三菱、住友、第一劝业银行、三和以及富士。这样的组合通常同意一套“全方位”的心态，寻求在造船业到化学制品等领域的大范围控股。它们一般不怎么关心盈利能力，而是把更多注意力放在同它们的规模和特权地位息息相关的“安全和安保”上（卡茨，1998：157－8）。

鉴于很多西方公司的大部分董事会成员都是从外面聘用来的，所有日本公司的董事会成员有很大部分是由内部人员所构成。日本公司由一名社长领导，董事会成员由他任命。董事们通常拥有生产和技术的管理经验，这和很多英美公司的会计师主导型董事会恰恰相反。关于日本公司所遵循的集体决策行为也有很多相关资料，包括“禀议制”，即传阅协商备忘录，以达成共识。这种提案制度鼓励员工提出修改意见，逐级呈报，最后递交到董事会。然而，大多数日本机构都是以自上而下的金字塔结构为基础，而且很多大公司都是由一名关键人物所管理主导的（阿尔吉和斯坦，1997：119）。和西方相比，小额持股在日本不是很普遍，并且大部分股份都是由公共机构持有的。很多公司购买了伙伴公司的股份，比如客户和供应商，这样并不是为了得到良好的股票回报，而是为了巩固商业友谊，获得对方青睐。结果，日本公司的经理们对股东负有的直接责任要比美国经理少得多。

当很多西方公司正沉浸在追逐利润最大化目标（通常是短期）的过程中时，一定程度上由于股东施压，日本公司更关心于达到提高市场份额的目标（通常是长期）。日本公司的信誉和名声大部分是建立在市场份额的基础之上，而不是利润，这可能会让市场营销和销售政策变得非常积极强势。举个例子，三大主要日报集团（《朝日新闻》、《每日新闻》和《读卖新闻》）的发行代理因其高压的销售策略臭名昭著，即“常常让消费者觉得订阅一份日报比挡开推销员要省事得多。”（万斯特尼，1996：54）。在很多部门，这种竞争经常会导致疯狂杀价，其靠山是优胜劣汰的规模经济。一些分析员将这种情况描述为“过度竞争”，高增长率，以及公司通过扩大业务和引进更廉价且更年轻的劳动力来削减人工成本的期望，这两者都促成了“过度竞争”这一趋势。

传统上，日本公司把精力都放在了核心业务上，对开展其他业务则不是很热衷。但是，从20世纪80年代以来，出现了一股多种经营的趋势。大公司越来越多地将核心产品转移到了海外，降低了人工成本，也将国内的经营活动变得更加多元化。同西方相比，兼并与收购变得越来越少。但是，设立子公司（最初是母公司完全所有）的现象越来越普遍。由于核心企业越来越庞大，不能有效地管理所有活动，次级业务一般都转让给子公司分担。这些子公司，可能位于日本地租较廉价的区域，甚至是海外，其人工成本通常比核心企业要便宜一些。表现欠佳的高级员工也可能被明升暗降到子公司的一些名义上的高位，这种调任可以鼓励他们尽早退休。

经连会在一些关键行业中的崛起伴随着其内部互相勾结以及卡特尔的突现，这种现象导致了竞争的受限，也制约了进口渗透（卡茨，1998：160）。同时，冈出认为从20世纪80年代末开始，交叉持股在日本迅速减少，他预测在这种持股模式与其之前所发展的和谐的企业关系中会有“加速的剧烈变化”（冈出，2001：83）。传统的日本经连会的美好时光很快就会变得屈指可数。

小型公司的特点

生产中的分包合约在日本已经高度制度化。就像弗兰克斯提到的，这种行为：

> 要么体现了日本行业“二元结构”的剥削性，要么表达了信任和惠顾这两者之间等级森严却又个性化的长期关系。这种关系让日本商业具有了文化上的独特性，使外国人无法理解。（弗兰克斯，1999：252）

两次世界大战之间，分包合约变得非常广泛，使大公司得以分包很多产品给小公司，这些小公司使用的是“更加廉价且更加可有可无的劳动力”。到了20世纪80年代，82%的公司使用了分包合约，这些公司的员工都超过了300人（弗兰克斯，1999：252）。弗兰克斯将人们所称的日本的“中小型企业行业”和发展经济学家所称的“城市非正规部门”做了比较（弗兰克斯，1999：183）。如果家族工厂和车库大小的血汗工厂只为一家大客户生产商品，则会被当作是“第三世界”的现象，而这样的业务在日本却很普遍。几乎有90%的日本私营企业员工所在的公司不到300人规模（杉本，1997：79－80），60%的日本劳动力所在公司不到100人规模，只有13%的员工所在公司超过了1000人规模。1993年，超过70%的工厂工人所在公司不到300人规模（惠特克，1997：3）。1986年，

96%的建筑工人、76%的矿工，以及88%的运输工人所在公司不到300人规模（阿尔吉和斯坦，1997：126）。20世纪80年代早期，所有工人中有29%被家族企业或一人公司所雇佣，美国则有9%，英国有8%（阿尔吉和斯坦，1997：125）。

将公司分类是一项很有争议的事。清成认为日本有四种主要公司形式：企业型公司，企业型家族公司，生计型家族公司（利润和工资不分开算），还有副业和在家办公（引自惠特克，1997：5）。证据表明前两种形式占据的比例越来越多，在20世纪70年代和80年代期间，新成立的企业型公司非常多。同时，一些小型的以家族为导向的公司得以成功升级为成熟的企业。惠特克称虽然舆论普遍认为日本人喜欢为大公司工作，还是有相当一群人"希望能自己当老板"（惠特克，1997：6）。

例如，丰田工厂的一些机器所用的压力计可能全是由一家地处名古屋东部郊区的供应商（员工人数不到一打）制造的。一旦丰田的订单中止，该企业就会立即倒闭。一切都依赖于两家企业的商业关系，这种关系很不平等，实际上就等于把小的生意全部依赖于大制造商。一方面，日本的很多小公司的外包业务繁忙，无法参与更多企业活动；而另一方面，超过40%的中小型制造企业却没有任何外包业务（惠特克，1997：1）。但是，一些小企业已经发展壮大，本田和索尼就是最著名的例子。修正派对日本经济的"二元结构"提出了批评，称大型的"现代"制造业部门剥削了"传统"小型部门。一些分析员不同意此观点，认为这两个部门之间更多的是融合，而不是这个二元模型所暗示的那样（弗兰克斯，1999：254，271）。卡茨提到商业上的卡特尔并不局限于经连会，在日本小型企业中也很常见。自由民主党统治的几十年来，制定了很多规定，帮助小型企业维持高价、解聘员工。同时，政府对小企业的地方性逃税视若无睹。这是一种“保守派社会主义”机制，自由民主党通过这种机制来奖励自己的城市支持者阵营，由此确保“日本高度发展的经济之果实被散布到了所有人民的手里”（卡茨，1998：105）。日本经济后泡沫时代期间的放松管制政策和其他变化为中小型企业创造了新的机遇。到20世纪90年代末，在很多经济部门，关门的中小型企业比新开张的要多。眼看小型家族企业的业主即将退休，却找不到继承人。人们期待一种指向新型日本经济的“范式转变”，即让小型企业作为重建的主要动力，然而结果却并不奏效。正如惠特克所说的那样，“日本已经丢掉了小公司的‘问题’——太多，太小——其面临的是另一个‘问题’，即如何培养充满活力的新型小公司”（1997：206 - 7）。讽刺的是，虽然有一些著名的反例，制造了这么多早期中小型公司的企业文化如今在日本已经日落西山。

终身雇佣制

日本雇佣关系最闻名世界的一点是终身雇佣制。根据这个制度，雇员直到55岁之前都有一定的工作保障。薪水大部分是根据在公司任职的资历而定的（也就是说，你在公司待的时间越长，你年纪越大，你的薪水就越多），而不是根据工作表现。实际上，日本公司里通常有两条平行的升职模式，即晋升到更高级更负责的职位，以及定义更宽泛的“技能素质”。那些从没有获得高管职位的人随着经验的增长，薪水也可以逐步提高（佐古，1997：6 - 7）。同终身雇佣制和按资历付薪水一起的，是家长式管理的理念，即公司对员工福利直接负责。与之相反的一面则是公司期望员工可以表现出相对的“忠诚”，并且致力于公司的更高需求。这种忠诚也许包含了无薪加班、顺从地接受暂时奔赴遥远分支机构的调动、不跳槽去竞争公司、不休假。日本雇佣关系的以上三个要素最初是由詹姆斯·阿贝格伦（1958）在他的著作《日本工厂》中描述的，该观点常被文化主义学者强调，他们认为日本的行业关系具有文化独特性。对于文化主义者来说，雇主和雇员之间的特别契约很大程度上预知了日本经济上的成功，这个契约的基础是日本的顺从观念和家长主义观念。甚至那些否认此解释的学者也认为日本公司是通过共享的共同利益而联结在一起的“团体”（佐古，1997：5）。

一般说来，与其他国家相比，日本的大多数员工和年龄层的职业流动性更为局限，当然特例也不是没有。在较大的公司，长期的员工都是从院校直接招聘的。很多新员工都是在具备普通教育水平的基础上雇佣的；在雇佣环节中最重要的因素通常是申请人所在的是什么样的院校。职业培训大部分是雇主的责任，雇主一般重视的是公司特定环境所需的专业技能，而不是可转移的通用技能。主管在职业中期换工作是非常罕见的，步入中年之后转换职业（例如，44岁的时候，从公司实验室的工作换到去中学教理科）也是很少见的。幻想破灭的经理们一般只能做点小生意——比如开一家咖啡馆——这是和他们的公司维系关系的唯一选择。但是，这种情况在年轻的经理之间有所改变，他们一般从事金融行业，特别是一些外企已经占据一席之地的行业。可是，相对于拥有工作经验的人，大多数日本公司更偏爱新人，因为它们喜欢让员工融入企业文化。大部分初级经理都是定期在公司不同部门之间轮岗做不同的工作，从而学习公司的运作方式，而不是专门在一个领域做深度研究。

阿贝格伦认为“终身雇佣”和有限的职业流动性是日本文化的

一种反映，该观点在后来的一些作品中受到了挑战（弗兰克斯，1999：218）。首先，“终身雇佣”模式在日本并不普遍，通常适用于大公司的男性白领。相对而言，极少女性能获益于终身雇佣，很多体力劳动者甚至被大公司以“短期”的形式所雇用（因此薪水和待遇都比不上那些永久制的员工），大多数小企业不提供和大公司同等的长期工作保障和福利。蓝领阶层为了追求更高的工资或更好的条件而频频换工作。换句话说，“终身雇佣”所带来的福利套餐很可能只适用于四分之一的日本劳动力。

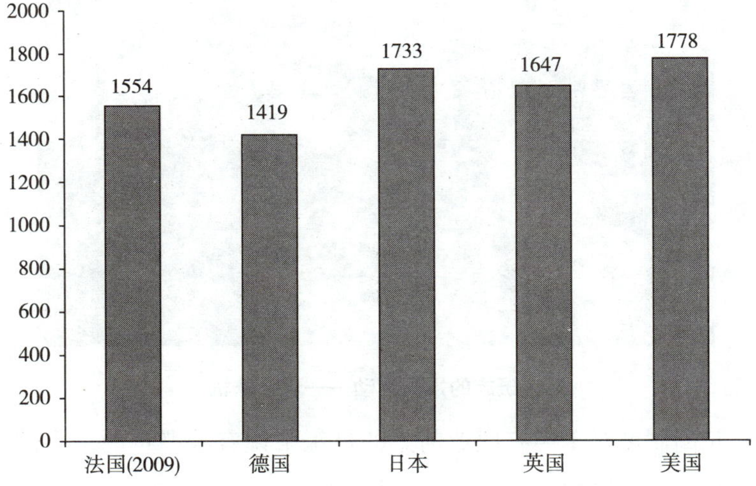

图 3.1　职工实际工作的平均时间（2010）

资料来源：OECD，劳动力统计数据，http：//stats. oecd. org/Index. aspx? DataSetCode = ANHRS（2012 年 3 月 26 日访问）。

日本员工一般凭借一年两次的奖金形式能获得多达 30% 年薪的钱，这种制度有助于促进高水平储蓄。“终身”员工可以获得公司住房补贴，这对于日本城区的高额租金和房价是一项极具价值的福利。同时，公司生活也有缺点。很多经理工作时间超长（参见图 3.1），而且有很多因为超额工作而过劳死的例子（杉本良夫，

1997：94）。很多个夜晚，男经理都穿梭于工作相关的酒桌和社交活动中，虽然大多数日本人都很享受这类活动，但是如果不参加也是不可能的。筋疲力尽的上班族常常在弹球盘游戏厅寻找安慰，他们好几个小时都在一种直立的弹球游戏机上赌博（参见图示），以此来放松自己。

上班族的娱乐活动——玩弹珠机

轮岗制度对于拥有职业前景的员工来说有着严重的个人缺陷，这类员工希望能被立即调往地区办事处甚至海外工作，一般是只身前往。总而言之，没有证据表明日本人比美国人工作得更勤奋。西欧工会化水平高，工时短，有长达一个月的暑假，其工作上的“文化独特性”在世界范围内比日本要鲜明得多。

在日本，“工作”和“在工作”是两个不同的概念。按照国际标准，很多日本公司都超员了。中学教师可能一周只有16节课，百货公司到处都是临时的销售员，每个路边建筑工地都有一个摇着旗子的安全引导员站在人行道上。东京政府部门的高级官员可能大半个早上都在读报纸，这样他们就能把一些工作留到晚上规定的加班时间做。国会开会的时候他们每个晚上都必须随时待命，只为了极少出现的一个关于他们部门工作的提问，那时候他们则必须马上起草一个回答。大部分日本公司和机构都有着冗长的咨询和决策过程。日本的“职业道德”并不总是密集且有效的工作，而是花费很长时间在工作单位或和同事们待在一起，忙着工作，或者看起来在工作，或者工作相关的社交活动。看起来很忙是每个日本公司都非常重要的一门艺术。宫本政於是一位直言不讳的精神病学家和高级官员，已经从日本厚生省退休。正如他所言：

> “别迟到”意味着你必须在工作，也就是说，比其他人更早在办公桌旁边呆着；你并不需要真的在工作。你可以看报纸，或者看漫画，或者喝咖啡。重要的是让周围的人知道你已经提前到了。（宫本，1994：157）

指挥人们安全过马路的交警

把终身雇佣制当作日本文化的一个产物是有问题的。这种制度最近才发展起来，其本身并不是快速工业化的潜在原因，反而明显是被工业化进程塑造出来的。同样地，日本人究竟有没有一种特别的且具备文化独特性的职业道德还令人高度怀疑。跟别人一样，日本人能按要求勤奋地工作，但是他们绝不是彻彻底底的工作狂，只知道为公司利益做贡献。确实，关于日本员工的调查表明日本人的工作不满意度很高。日本“企业战斗兵们”所获得注意力惊人，人们对其的刻板印象可以在很多有关日本的文学作品中找到。可这些战斗兵实际上只是一小部分人；很多日本员工对公司的花言巧语持怀疑态度，有些人由于职业等级较低，无法享受“企业式”的福利（杉本良夫，1997：121－3）。对于日本战后工业化的很多战斗兵来说，企业是一个要求完全的顺从和屈服的残酷统治集团，而不是什么乐善好施的全面庇护者（参见鎌田，1982）。佐古认为尽管有关日本行业关系的早期文化主义观点如今似乎已经过时，日本并没有和西方模式相融合。了解日本雇佣关系模式需要细致入微的解释，这种解释必须要检视一系列“连锁的、互相促进的”因素，承认那些潜在的社会和文化差别。

工会化

20世纪初，日本就有了工会，但是独立的工会制度却在20世纪30年代末和40年代初受到了压制。战后，日本工会被美国占领军看成军国主义的重要抗衡力量，因此得到强烈支持。20世纪40年代末到50年代期间，工会筹划了许多重要罢工，采取对抗的策略，旨在为成员追求更好的工资、福利和工作条件。著名的罢工包括《读卖新闻》罢工（1946），尼桑汽车罢工（1953），还有发生于一处三井煤矿的罢工（1960）。

尼桑罢工是一次重要转折。为了破坏全行业的国家汽车工人工会，尼桑设立了一个公司专门的工会，此后便因为罢工行动损失重大（阿尔吉和斯坦，1997：148）。公司工会（又称企业工会）在私营部门成为了工会化的主导形式；这些工会互相避免对抗，举办要求涨工资的程式化的“春季攻势”。由于罢工都在午饭时间进行，所以都是一些无伤大雅的活动。从工人中招来的工会职员会受到管理层的优待，有一些甚至成为了公司董事。虽然日本的劳资纠纷数量很多，但是因为罢工活动而失去的工作日却极少。一些分析员认为企业工会在代表员工利益方面是很坚定、很有效的（阿尔吉和斯坦，1997：149），但是修正派却认为企业工会模式反映了一种通过公司管理而征用和操纵员工的策略。一位作者将这些工会称为“一个管理人力资源的‘辅助设备’”（川西，1986：151）。

企业工会对企业里的短期员工所做甚微，他们只关注于建立管理层和长期员工之间的信任关系。这就产生了一些批评，称企业工会过度屈从于管理层的工作议程。佐古认为这些工会的主要挑战包含了从同类员工中发展出多种多样的员工，以及“如何用一种容易理解的方式重新定义他们在工作单位的角色”（佐古，1997：17）。很多有关企业工会的国际著作都对工人联合会到底能达到何种程度的联合而提出质疑。然而，从一个日本人的角度，工会在监督公司高管行为方面起到了重要作用。和英国或美国相比，日本的股东一般获得的收益率较低。这种趋势反映了相对而言，奖励那些为公司做出贡献的“忠诚”员工是多么重要（佐古，1997：8）。从全国范围来看，最近的几十年，由于会员减少以及工会之间的纷争，工会没有表现出特别的成效。日本劳动组合总联合会是主要的工会联合会，在 1993 年却只获得了 62% 的日本工会的支持。但是久米认为缺点纵然存在，日本工会比大家所认为的更要成功。他提到工会形成了一部分由员工协力创造的“灵活的关系网络”，而这带给他们很多好处（1998：227）。

萧条和繁荣

20 世纪 70 年代的石油危机是日本战后的高度发展政策所遇到的第一个大挫折，并且日本对原材料的进口依赖——尤其是从中东进口石油——进行了充分的说明。1974 年油价第一次突然上涨导致消费物价上涨了 24.5% 。结果，日本陷入衰退。1979 年第二次石油危机爆发的时候，日本已经能够较好地承受危机了。尽管如此，20 世纪 70 年代中期是日本经济以及大部分工业化国家的转折点，高速发展的经济开始减退（伊藤，1992：69 – 72）。1967 年到 1970 年，这四年两位数的 GDP 增长之后却是 20 世纪 70 年代和 80 年代那低了一大截的 GDP 增长率（一般是 3% 到 5%）。

然而，20 世纪 80 年代末和 20 世纪 90 年代初，尽管日本的表现远远不及世界第一的经济大国，在这个所谓的“泡沫”时期，其土地和股票价格的指数水平却得到了提高。1981 年到 1989 年，资产价值涨了五倍（阿尔吉和斯坦，1997：46）。日本的很多新的超级财富，以购买曼哈顿洛克菲勒中心和用 8390 万美元的天价购买一幅凡・高的画为标志，都是在过度投机的基础上完成的。这种“纸上的”日本财富一部分源于价值极高的日元，和其他主要货币的疲弱形成了鲜明对比，特别是美元。转折点在 1990 年的“黑色八月”到来（伊藤，1992：433－4），当时日本股票市场在一个月内下降了超过16个百分点，原因是伊拉克侵略科威特。从那以后，泡沫开始爆炸，股票和资产价格下跌，很多新获得的海外公司和资产被它们的日本老板廉价抛售（参见图3.2）。泡沫时期过度快速的伪经济膨胀导致了大量呆账的产生，不过几年，难以想象的事情发生了，大名鼎鼎的日本公司和金融机构相继破产。随着首次白领裁员消息的发布，裁员和整顿涉及终身雇佣制的瓦解（山本，1993：381）。一份1993年的调查表明日本排名前四百的公司有15%已经从按资历付薪水转变为按个人表现付薪水。樋口认为如果日本没有大规模地向按业绩付薪水转变，将无法获得21世纪初老龄化社会所需要的灵活且有效的劳动力（1997：50）。然而，惠特克和黑泽提到自从20世纪60年代早期，日本和外国的各类评论员都预测了终身雇佣制和“家长式管理”的终结。

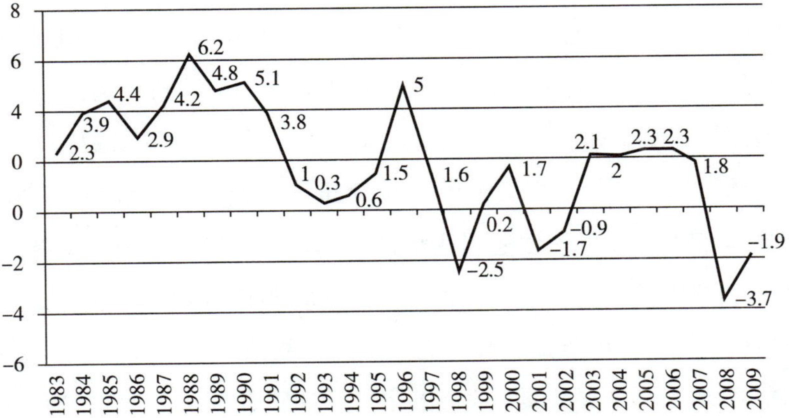

图3.2　日本实际经济增长率（1983～2009）

资料来源：日本内阁办公室，http：//www.esri.cao.go.jp/jp/sna/toukei.html#qe。

20世纪90年代初，日本经济结构方面的一个问题是个人储蓄的利率过高，导致消费需求变低。到20世纪70年代末，“过度”储蓄意味着国内消费不足，阻碍了经济的持续发展。但是，20世纪80年代早期，出口的增加产生了可观的贸易顺差，这个问题随之解决，顺便也导致了国际贸易摩擦的增加。但是日元的高价值不久便意味着日本的出口标价过高，而且工业生产实际上开始降低（卡茨，1998：213）。面对着周边其他经济体的激烈竞争，出口暴跌。但是，为了反击过度储蓄的问题，那些对经济进行基础上的改变的呼声却遭到拒绝，原因是政治上无法接受。日本的回应措施是以直接外商投资的形式重新投资了大量资本，同时也对其他金融资产进行了证券投资，尤其是对美国国债（弗兰克斯，1998：9）。这种海外投资带来了一些短期利益，但是日本人相较于花钱更偏爱存钱的行为破坏了国内经济的核心力量，即资本没有被投资在多产的新业务上。同时，利率降低，投资在短期内激增，促成了1985到1991年的短暂“泡沫”时期。然而，很多投资都放在了标价过高的房产项目上，这些项目的回报都很少。正如卡茨所说的：“一些‘泡沫’建筑都称得上是全东京最美的，但是在太多情况下，它们的经济意义就等于挖条沟渠再重新填上一样”（卡茨，1998：216）。借款商没办法偿还那些承销它们花费的银行和债券持有人。资产价格骤然跌落，金融机构只剩下大量不良贷款。面临着20世纪90年代早期的衰退，政府无法用减税的传统回应方式来刺激需求。日本人已经有足够的钱可以花了，但是却选择了存钱。泡沫时期让日本陷入了严重的银行危机。卡茨认为日本的财务省反映出一种“前资本主义”的秩序，资本从没有被分配给那些最有效的投资（卡茨，1998：218－19）。为了培养长期的发展，将资本使用到

"有耐性的"、"有奉献意义的" 领域是很积极的举措，但是日本却认为这种贷款会带来麻烦。尽管后泡沫时代有所衰退，根据一份人均 GDP 的对比研究，日本经济仍持续发展（参见图 3.3）。

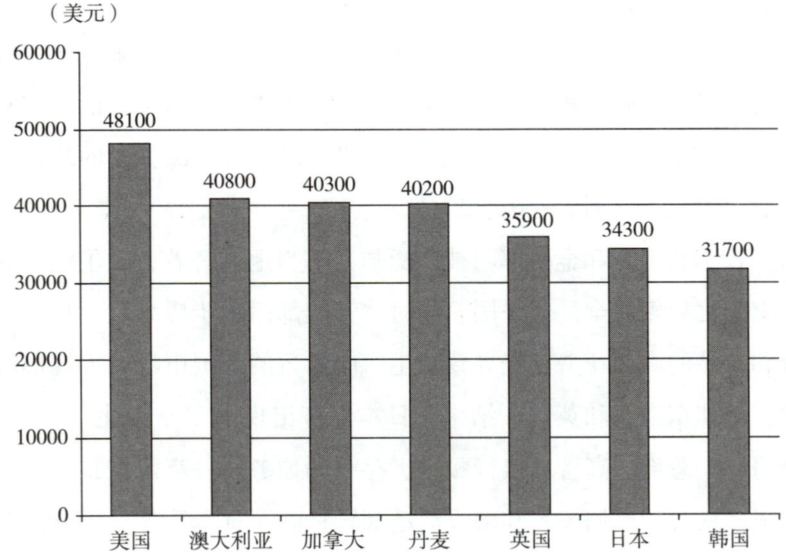

图 3.3　人均 GDP（基于购买力平价，2009 估计）

资料来源：中央情报局，《2011 世界概况》，https：//www. cia. gov/library/publications/the－world－factbook/fields/2011. html。

随着问题的产生，很多人质疑财务省和日本银行是否有能力（或者说缺少能力）管理财务省。一系列丑闻和调查揭露了银行高层和应当监管他们的政府官员之间的腐败事迹，并已得到确认。主要公司向敲诈者支付了大笔金钱。从来没有经济学家担任过财务大臣，财务省的大部分员工都是东京大学法学院毕业的高才生，抱团严重，他们根本不信任经济学专家。日本有两位主要的经济学家认为日本政府甚至没有雇佣过一个专业的经济学者（哈切尔，1997：9）。多才多艺的全方位人才可能在战后重建和高速发展期间帮了日本很大的忙，随着金融市场变得越来越复杂又越来越全球化，严重的困难也随之显现。财务省的管理严苛，抑制了日本金融业的成功发展，而且这些管理也没有达到正确保卫银行系统的廉正性的目的。甚至根本没几个日本银行家会因为过失和行为不端而被迫辞职，更别说受到刑事指控了。然而，莱特针对财务省的细致研究并没有把日本财政危机归咎到官员身上，而是强调了财务省的管理具有“固有的本质上和实践上的局限性”，以及自由民主党的政策程序的政治化（莱特，2002：5）。

日本的银行和金融部门被广泛却又不当地监督着，到了泡沫时代末期之后则完全乱成一团。同时，工业部门也步履维艰。日本工资和产品的高额花费已经导致了生产向低薪的外国市场的大规模转变，例如东南亚和英国。结果，日本经济出现了“空心化”。空壳公司——总部、高管、银行账户、存款和债务——都留在日本，但是很多核心的雇佣关系和增收活动都转移到了日本国外。尼桑汽车公司如今在神户卖的是英国制造的尼桑汽车（贴的是英国国旗），即日本在进口日本汽车。一位分析员提到截至2000年，会有15%的日本制造在海外完成；当然，没有几家日本公司会提高国内生产（哈切尔，1997：169）。这些生产转移削弱了国内制造的根基。

同时，20世纪90年代末，日元的贬值和经济上的问题意味着日本公司第一次开始向外国公司变卖资产。日本战后工业化所预测的经济民族主义如今正受到威胁。讽刺的是，金融部门也开始变得空心化。到20世纪90年代早期（哈切尔，1997：180－1），跨国公司将贸易转出东京，而日本公司则在香港等地建立贸易业务。1997年7月2日，泰国政府放任泰铢贬值，一场信任危机随之产生，并导致了泰国、韩国和印度尼西亚的经济大崩溃，在该区域和全球发生了连锁反应。很多受影响的亚洲国家都向日本银行欠了公债和私人债务，日本目前已经成为该区域最大的贷方。这场广泛的金融灾难使日本经济承受了严重的负担，导致日元贬值，公司倒闭，员工失业。

虽然有着一系列的银行倒闭和破产，这些议题正被有条理地逐个解决，一般途径是“护航作业”，而不是什么决定性的综合措施（星和卡什雅普，2001：267－77）。1996 年，阪和银行成为首个战后被财务省下令关门歇业的日本银行；不久后，四家关西银行也被勒令停业。同时，金融自由化正在持续发展，在 20 世纪 90 年代末的“金融大爆炸”时期达到顶峰。和 1986 年的先驱——伦敦相比，日本的“金融大爆炸”还称不上什么“爆炸”，因为它的变化是逐渐发生的。尽管如此，就更加密集且影响更深远的一系列改革来说，日本“金融大爆炸”的威力“更大”。整体效应旨在将“一个受到严格管制的以银行为中心的体制转变为一个自由的以市场为基础的体制”（星和卡什雅普，2001：290）。主要规定如下：增加投资商的选择；提高企业融资选择；允许金融机构提供更广泛的服务；营造一个公平有效的市场；提高金融体系的稳定性（2001：290－3）。金融大爆炸导致了日本主要城市银行的合并，到 2001 年只剩下四家主要金融集团，即瑞穗银行，三菱东京金融集团，三井住友银行，以及日本联合金融控股集团。这次银行兼并伴随着类似的保险集团兼并，并且，主要的跨国、日本本地的金融服务提供商达成了一系列协议。银行兼并的一个新特色是很多企业都通过传统的经连会走了捷径。一些兼并主要是为了“自卫”，人们相信较大的金融机构失败的可能性会小一些，或者说不会因为外国竞争者的恶意收购而受害。站在主流派的立场，星和卡什雅普认为在 21 世纪，随着银行的规模和重要性减小，证券市场的重要性增加，日本的金融体系会越来越多地向英美模式靠拢（2001：324－7）。

很多日本制造商的另一个问题是在泡沫时期，他们通过金融投机和其他“非营业收入”所获得的利润到底有多少。1987年，此类收入在丰田汽车公司的利润中占了40%，在尼桑公司的利润中占了65%，在索尼的利润中占了63%（卡茨，1998：221）。对于一些这样的大公司来说，传统的“核心业务”就利润基础而言已经降为了次要的活动。这些公司本末倒置，一旦面临短期财务压力就变得极其脆弱不堪。

“奇迹”终结的原因

20世纪90年代早期泡沫时代爆发的时候，为什么日本经济开始变得摇摇欲坠？这个问题的答案明显取决于你对日本战后的经济成功更偏爱的解释。高对英语著作中提到的核心解释做出了有效的总结，并加入了他自己的观点（高2001：2－19）。大部分学者都参考了国内或国际因素，表达了特定的因果解释。其他的，例如布伦那、卡茨、彭佩尔和高，则喜欢更加详尽的结构性诠释。

①特定的国际因素。这包含了“里根经济政策、金融的自由化、跨国外交政策的协调和国际清算银行发布的规定”（高，2001：20）。处在该阵营的主要学者有查莫斯·约翰逊（1998）和保罗·克鲁格曼（1999）。其争论的重点如下：对“国际政治经济学”的解读；日本经济的崛起是由某些国际环境促成的，一旦没有这些环境，经济就会马上衰退。

②特定的国内因素。这包含了特别机构的决策失败（尤其是日

本银行或财务省的失败管理)，或者在特定领域的缺陷，例如公司治理、“窗口指导”和财政政策。该阵营的作者有大卫·阿谢尔(1996)，堀内昭義（2000)，塔加特·墨菲（1996）和亚当·柏森(1998)。

③资本主义危机。罗伯特·布伦那认为全球资本主义体系在20世纪下半叶步入了“长期衰退”的阶段，其本身有着巨大的矛盾，而日本的经济悲剧只是其中之一罢了。

④“发展阶段”的逻辑。理查德·卡茨（1998）认为日本的以国家为指向的经济发展在“追赶”期间是一项正确的策略，但是之后却变得卡特尔现象严重、效率低下，最终阻碍了长远发展。

⑤体制的转变。彭佩尔（1998）认为日本战后的经济发展是由保守的自民党促进并合法化的。然而，自从20世纪70年代，选举政治变得四分五裂，经济决策变得政治化，日本公司开始变成了“国际投资商”。日本成了迷途的羔羊，经济发展蹒跚而行。

⑥全球环境下的公司治理制度的失效。高（2001）认为瞬息万变的全球经济使国内水涨船高的贸易保护主义呼声同国际上要求放松管制和自由化的压力之间矛盾重重。日本在协调的加强和薄弱的监管之下伤痕累累。这导致了过度竞争，金融泡沫，以及之后的大爆炸。

以上解释只是例子而已，关于该主题的文学著作种类繁多且内容广泛。每一个解释的核心要点都离不开以下关键问题。

①日本的经济衰退究竟反映了多少制度与体系上的长期结构性失败，而非政策与策略的失误？

②日本的经济衰退究竟在多大程度上算是与英美商业模式相融合的失败之作？

③日本的经济衰退究竟在本质上算不算内政？究竟受到了多少日本无法控制的国际上的影响？

为了分析日本衰退的原因以及预测未来，本来可以简单区分的主流派、修正派和文化主义的观点搅和成了一团。由于“修正主义”是基于日本崛起威胁到了美国卓越地位的理论之上，因此泡沫时期的结束严重打击了修正派。日本对美国或西方国家的利益再也构不成实质上的经济威胁。但是，修正派对日本在公司治理上的缺陷的批评被日本越来越多的经济问题所证实。主流派学者认为日本的经济问题体现了日本是多么需要自由化和放松管制。主流派对“奇迹”之源的分析可能有误，但是这些分析员在日本不是长期威胁并且最终要和西方模式相融合的观点上一直是正确的。结果是修正派和主流派的界限尽管还是很突出，却又令人难以分辨。查莫斯·约翰逊的著名论点是强调日本在推进工业发展上的中心角色，他认为日本的危机源于美国对结束冷战的犹豫不决。在1998年的一篇文章中，他抱怨自己和其他修正派学者罪孽深重，没有注意到东亚资本主义的黑暗面（约翰逊被阿谢尔单独挑出来严厉批评——参见1996：232－3）。他回应道“是所谓的修正派作者最先描述了东亚和美国资本主义的区别”（1998：655）。但是约翰逊承认修正派没有看到冷战的结束对日本经济会有多么大的影响。

同时，理查德·卡茨批评了很多修正派对日本表现出的敌意，他对僵化的日本“体系”作出了经典描述，该描述强烈暗示了范·沃尔弗伦。虽然卡茨对修正派的观点很不满，他认为修正派学者“在某些方面叙述正确”（www. japanreview. com）。主流派和修正派的观点在一定程度上都被20世纪90年代的经济发展所证实，但是文化主义观点被严重削弱，即如果是文化在很大程度上决定了经济的表现，并且文化基本上是不改变的，那么日本经济所遭受的急剧衰退该如何解释？

公众对良好、稳定就业的期待一直困扰着战后的日本政治。在新千年到来之前，这个问题终于开始得到解决，到如今已经变成上个时代的事了。虽然以国际标准来看，日本的完全失业率相对较低，但是就业不足和不充分就业是个很大的问题。许多日本人在二三十岁的时候从来没有长期工作过。相反，他们选择了另一种工作路径，即小时工、临时工、季节工。他们和父母住在一起，或者住在一个普通的小公寓里，领着勉强糊口的工资。其他人在家做些网络工作或者做小生意。对于这些人而言，结婚、成家或者买房之类的传统目标似乎太过遥远。他们被称为“飞特族”，要么是“自由职业”，要么是“吃白饭的人”，要么是“啃老族”。人们非常关注“飞特族”，这些人故意不走寻常路。尽管大部分成为“飞特族”的人是不得已而为之，原因是稳定的长期工作数量已经大幅减少。大卫·斯莱特认为“飞特族”其实是工薪阶层的新面孔，这个称谓具有误导性：

> 对于很多人来说，“飞特族”是一个标签，包含了力量、选择、自由和个性。在一些流行和学术出版社翻译的比较浪漫的作品中，“飞特族”甚至可以是一个发表政治宣言的反叛者。（斯莱特，2010）

换句话说，“飞特族”这个想法是一个中产阶级的构想。以前，对很多底层日本人而言，临时雇佣关系一直是一种生活方式。针对日本临时工的道德上的恐慌只在20世纪90年代末出现，当时，中产阶级受影响更明显。一定程度上，所谓的“飞特族”现在做的工作是过去的中老年女性所从事的不怎么受人注意的领域。这些女性在操持家务之后，返回工作岗位时就会寻找一些临时工作。“飞特族”的数量很难确定，小杉认为2002年其数量在三百万到四百万人之间（小杉，2006），还有一些人估计这个数字到2014年会达到一千万。受过良好教育的社会阶层以前拥有更多的谋生机会，现在也兴起当“飞特族”，这种现象对于日本全盛期间曾促进过经济的国内消费需求有着阻尼作用。

日本公司新种类

尽管许多传统日本大企业思想僵化，一些企业家非常成功的创建了快速发展的新企业。并且，相对于名古屋或大阪，这些新企业的成立应归功于硅谷。金融分析师杰斯伯·科尔指出了一些充满活力的日本企业家，例如迅销公司的柳井正（以优衣库服装店闻名），社交网站GREE的田中良和，还有之后的那些技术型新企业Mixi、DeNA和乐酷天（科尔，2011：115）。其他例子包括软银、宜得利和日本电产。一般而言，这些公司都是由那些高调的标新立异的人领导，这些领导者希望在他们的领域中打破常规，比他们的先驱们更加国际化，更擅长文化，有能力在新兴商业中写下自己的规则。尽管如此，很多这样的企业家都历经艰辛，常常被古板的主流日本媒体诽谤。日本最著名的新企业之一——网络提供商活力门公司——在2006年经历了一场惊人的崩溃，随后被收购。创办者崛江贵文因违反交易法被逮捕。崛江为自己的清白抗议。但不管这个法律案件是对是错，人们广泛认为对崛江的处罚是日本企业对一个傲慢的闯入者的报复行动（孙，2011：58）。日本面临的挑战是为新一代创意商业领袖开辟空间和条件，这些新一代领袖将撼动一定领域的现有秩序。到目前为止，这种空间仍然被严格限制。

海啸过后的挑战

2011年3月发生于日本北部的可怕海啸、地震和核危机最终夺去了几乎两万人的生命，留下了一系列复杂的连锁挑战（参见《地震报告》，2011）。其中最大的挑战是营救、清理和重建所造成的经济和人力花费，以及日本核能工业收到的灾难性影响。超过九十万座建筑被破坏或摧毁。估算这次灾难的成本，包括因为永久或临时关闭上千家企业所造成的损失，难度极大。一个权威消息来源称直接损失大约有2800亿美元，追加的间接损失在1100亿到2200亿美元之间（《地震报告》，2011）。日本政府开始进行一场浩大的重建项目，这个国家本就高额的公债会进一步增加。尽管如此，完成这个重任所需的资金大部分可以从日本国内筹集，让日本不用承受大量的外部危险。在某些方面，重建项目对于经济的某些部门来说是一个非常需要的刺激物，尽管该项目又一次跟日本过度放纵的建筑业的特殊利益相勾结。比尔·艾默特等评论员希望这次灾难能够让日本经济摆脱萧条，但是事实很快证明他们的希望过于乐观（艾默特，2011）。

日本核能项目的处境更麻烦。对于福岛核电站引发的灾难，事后处理的不力反映了核电站的拥有者——东京电力公司与应该管理核电站的官僚之间的相互勾结。安全程序被大量违反，东京电力公司对于隐瞒事故也有着一段黑历史。正如保罗·斯卡利塞所说的：

"东京电力公司几个月间就从一个'日本的秘密病人'转变为一个行尸走肉"（斯卡利塞，2011：210）。这个公司的谎言和欺骗导致其公信力尽毁，但是东京电力公司控制的核电站所提供的电力占日本电力需求的30%左右。像日本这么缺乏自然资源的国家根本没办法不利用核电，可日本在地震面前如此脆弱，核安全的保证因此变得非常难。日本54个核反应堆都在海岸沿线，未来一旦有海啸，很容易会波及这些地方（斯卡利塞，2011：214）一定程度上，福岛危机证明了许多修正派对日本体制的批评，即缺乏责任心，将上层人士的利益置于群众之前。很多核电站被关闭，又有更多核电站被计划建立，日本面临的能源危机越来越近。

小结

在泡沫时期之后，不能再（如果有过的话）把日本简单地看成经济奇迹的孕育之地。战后日本所经历的重建和经济发展是基于一种特殊的历史条件之上的。一些分析员认为日本的工业崛起主要是由国家干预所控制的，其他人则认为市场力量有不小的作用。还有人强调日本商业的文化方面同行业关系的独特模式一起，成为了解释国家经济崛起的主要变数。然而，自泡沫时期结束之后开始的日本经济实力的衰退让所有的解释都充满了疑问。帮助日本在冷战结束后获得巨大经济实力的结构性和文化方面的优势似乎内部也存在着根深蒂固的缺陷。日本的官员和经连会的老板们在高速发展的温床之上得到了茁壮成长，但他们却不得不艰难的适应冷战之后的国际经济环境。卡茨在一份附录中明确提出了该观点，认为日本的行业政策只在"追赶"时期有效，一旦日本实现完全的工业化，这些政策只会成为一个负担，而且规模经济也即将衰退（卡茨，1998：349－57）。只要日本还可以通过出口来维持生产，经济问题就可以被克服。但是随着出口市场在20世纪90年代的枯萎，那些问题日益严重，并最终导致了一场危机。

从传统制造业为主导的世界经济体快速转变为一个要求对前沿金融服务进行严苛有效管理的“全球信息社会”，日本对此猝不及防。一些日本公司似乎缺少在瞬息万变的市场环境中和西方对手过招的灵活性和独立性，因此失去了竞争优势。和卡茨一样，岩男也认为日本的经济崛起是基于一种只适用于发展中国家的“追赶”的途径（岩男，1998：37－9）。日本公司将“过度”的关注点放在构建团体学习的能力上，损害了个人才能的培养。但是目前的全球企业文化却要求培养个人创造力。只有抛弃他们标志性的等级化平等主义，主要的日本公司才能像那些创新型机构一样表现良好。岩男总结道：“20世纪90年代的日本经济错过了由美国率领的大规模‘第三次工业革命’（或者是信息革命）”（岩男，1998：39）。然而，岩男的分析没有解释很多日本公司在一些领域的持续技术革新，也没有解释电脑游戏和动画片等创新程度极高的新产品在全球所获的极大成功。

前段时间，独立经济学家中前正提出了日本可能的三种前景：“长期的空心化”（结构性问题没有被处理，日本经济正在逐渐衰退）；“崩溃和重生”（经济的崩溃导致结构性改变成为必需，并最终指向了重生）；“大力神的离开”，美国收回了军事支持，使日本作为一个亚洲经济大国面临着越来越大的挑战，这种挑战主要来自于正处于复苏阶段的中国（《经济学人》，1998年3月21日；http：//www.nier.co.jp）。虽然2009年后日本民主党和美国之间存在着紧张局势，但是“大力神”居然并没有离开。“崩溃和重生”似乎是这些前景中最乐观的一个，让日本成功地将灾难（例如黑船事件和1945年的战败）转变为机遇，国内危机和全球性的“外国压力”为这个转变提供了理想的催化剂。人们希望2011年的海啸以及一系列的灾难可以成为这样的催化剂，但是无力的政治领导意味着日本似乎仍然决心继续高所说的“混日子”（2001：274）。变化也有，但改革太少，并且实施太慢，导致日本继续萧条。日本确实在2002年到2008年间经历了长期泡沫阶段之后的经济复苏，生产力大幅提升（普森，2011：104），但是却没有抓住这个机会进行更多的正规的结构性改变。

到了新千年的第二个十年，日本已经适应了“长期空心化”，即面对中国的逐步崛起，日本采取了集体放弃的态度，和过去在很多方面打败美国的激情说永别。长期统治日本的自民党和2009年上台的理应进行改革的民主党都没有能克服日本长期经济困难的实际计划。其中最严重的困难是日本公债已经达到警戒水平，在目前所有发达经济体中是最高的（施瓦布，2011：121）。人口老龄化、低出生率、寿命更长、移民程度低和参与工作的女性有限，这些问题都特别棘手。移民和女性雇佣政策都很容易改变，但需要一个勇敢的、富有想象力的政治领导层。

当然，也有比较乐观的观点。科尔认为如果日本解除对经济其他领域的管制，比如电信和医疗，把它们开放到国际上竞争，日本就会看到同零售业和数字媒体一样的成功（科尔，2011：115－17）。关于提高仅有5%的消费税的计划饱受争议，一直被延后。科尔建议应该排除万难完成这项计划，目的是促进养老金和医疗保险，从而稳定消费信心。野田佳彦政府的确努力抓住了这个救命绳，于 2012 年初起草了新措施以提高日本消费税。普森认为日本不会再回到泡沫时期的光荣年代，其经济正在“变得像英国”，金融体系强劲，国外直接投资进展良好，一些含金量高的制造业即将上岸，文化产业和旅游业起着关键作用（2011：107）。总之，经济前景不说一片大好，起码还算可以。

Contemporary Japan

第四章 社会结构和社会政策

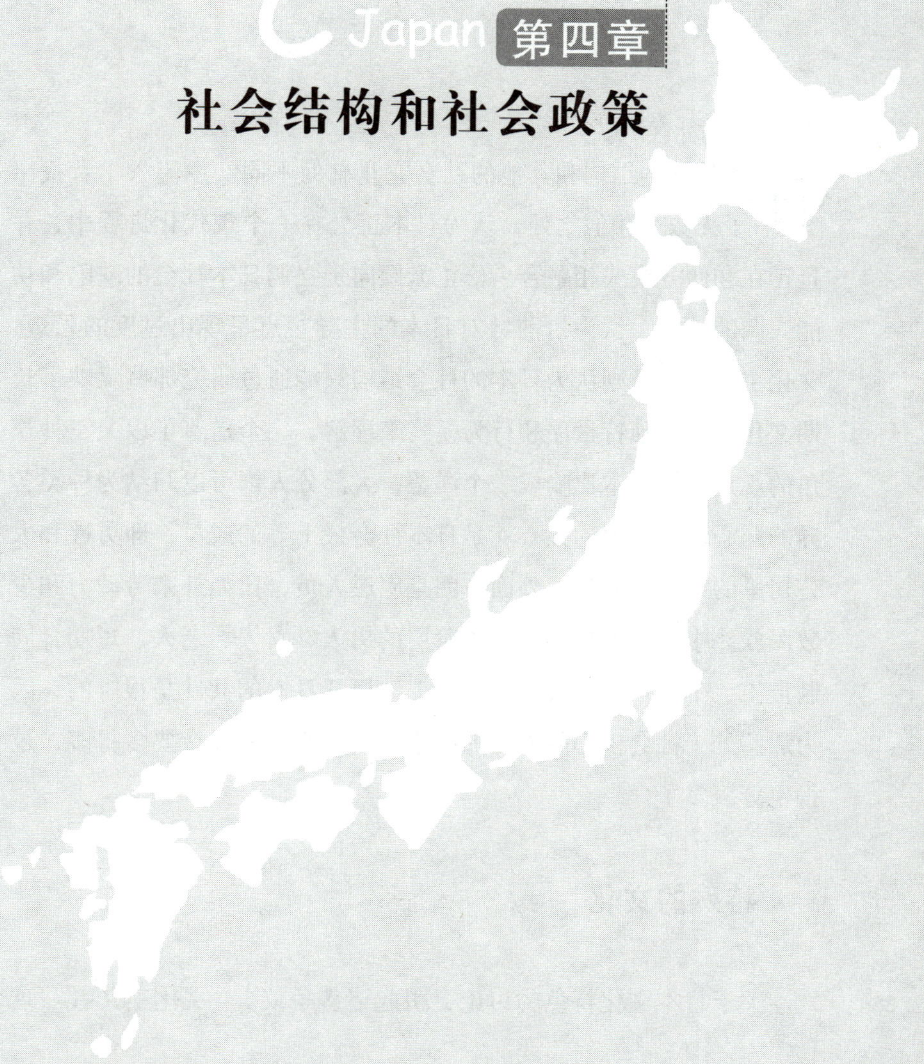

日本的社会结构和其他的社会究竟有何不同？主流派学者找出了无数个相似之处，认为日本正处在一个现代化进程中，并且正在和西方模式相融合。修正派倾向于强调日本社会的缺陷和功能失调的一面，认为目前针对日本的主导观点呈现出过度的乐观。文化主义分析员则认为日本的社会结构只能通过研究那些反映了长期文化规范的独特秩序和行为模式来理解。一个借鉴了以上三种视角的观点是把日本比喻成一个洋葱，大部分人都可以归纳为种类各异的同心环。洋葱的核心就是日本社会最上等的成员，即男性和大公司里的终身制雇员。外面一圈是底层人员，比如外来劳动力和少数民族。中间一圈是处于蓝领阶层的男人、女人、老人、短期合同制员工、个体户，以及小公司员工。概括日本的共性是很难的，因为那些处于社会核心的人比那些边缘人士所受的优待要多得多，过得也舒服多了。

特殊的文化

关于日本文化特色的讨论会引起诸多争议。“文化主义者”理解日本的方式一般是强调某些支撑社会的核心价值和信仰，这包括：集体主义（关注家庭、乡村、公司或国家的利益，而不是个人利益）；共识（通过公开的异议和争论来达成和谐一致）；等级制（接受资历和地位的重要性）。有关日本文化的很多争议都围绕着文化从哪里起源的问题。如果文化是一种固有的且基本一直维持不变的价值观念，而且这种观念是祖祖辈辈传下来的，那么文化就可以解释社会的本性。但是，如果文化是国家创造出来（尤其是通过教育体系）的一种概念或人工制品，那么相对于社会的解释，文化更像是社会的表现形式。

地位是日本的一个核心概念，甚至连大学生对他们在社会阶层所处的位置都有着强烈意识。大二学生把大三学生称为自己的前辈，把大一学生称为自己的后辈。在日本，每个人都知道其他人的年龄，并且很多机构都在内部发行资历表。主要根据年龄的垂直排名遍布了所有的日本机构，决定着小到每个人的桌子该怎么摆放、茶杯按什么顺序分发排列等一切事项（日本国家旅游局，1986）。各种各样的语言约束更加重了这些排名，因为日语针对上级和下级有着不同的表达方式。在这样的体系下，表现出色的人很难获得青睐，因为这样会破坏原有的等级结构。这同时让公开的争论变得很难，下级无法挑战上级的意见，且常常要听从那些所谓的上等智慧。

应该对日本做出以集体为基础的解释，中根千枝为普及该观点做出了最多贡献。她认为：

> 在一个集体会议上，成员应该发表一个对他自己有利且安全的观点，而不是根据议题作出客观判断……在集体中发言的

> 自由在某种程度上是由在集体中的人际关系决定的。换句话说，是由在集体中的地位决定的。（中根千枝，1970：35）

虽然中根的观点非常有影响，但是也被广泛批评为具有误导性并且过时。和竖向的谈资论辈关系一样，横向的团结一致关系在日本社会中也非常重要。传统上，日本人非常注重群体和谐。日本学校里的活动，尤其是在特别的“本班教室”或者体育俱乐部里举办的，都是为了教育学生一起团结合作，把自己的兴趣融汇到全体成员的兴趣当中。后来，这些原则被运用到工作单位中，这里的团体可能是一个公司内部的一个特别部门。

日本社会的一个最重要的特色是“上恩下惠”关系的持续。为了步步高升，日本人喜欢培养和某些高层人员的亲密的私人关系，比如以前的老师或者公司上级，这些人可以利用自己的影响力来辅助他们。在这样的关系中，上级称为“亲分（父母）”，下级称为“子分（孩子）”。子分要为亲分提供一些服务，作为因得到他们赞助而获利后的回报。这些赞助可能是在他们升职问题上出了一把力，或者是帮忙安排了一桩不错的婚事。也许和大家猜想的一样，这种上恩下惠的关系体系是日本政治本性的重要暗示，尤其是对于那些拥有无数派系的日本政党组织，这些派系里面有着各种各样的亲分，他们通过给予子分政治援助（通常是现金）而获取支持和忠诚。

一般而言，日本手握大权的职位都是由50岁到70岁的男人担任的，甚至在一些大家公认某个三四十岁的人比他的老板更能胜任的情况下也是如此。相比之下，很少有女人在政坛、行政机构或商界身处高位。雄心勃勃的年轻人必须要极为耐心，因为公开挑战上级会让后者丢脸。表象和现实的不同是日本社会的一个关键元素。不管人们对一件事的真实感受（本音）如何，都必须维持好表象（建前）。对于西方的日本观察家来说，本音和建前的概念经常看起来像是欺诈或虚伪的行为。但是，对于日本人来说，在两种“现实”水准上行事是完全正常的。一些学者认为日本的文化特点是在长期的历史阶段中塑造而成的“自然”现象。

修正派学者更喜欢把日本文化当作一种“人为”建构，由国家、统治精英和资本主义秩序的需要共同创造和维持。马克思主义者认为对文化的强调是一种为了遮掩阶级关系的幼稚行为，阶级关系是所有社会的支柱。主流派学者倾向于关注趋同性，认为日本文化在现代化和社会变革面前变得越来越不重要。一些作者甚至认为日本文化的某些特色（比如管理方法和工作实践）很有益，也许会被出口到西方和发展中国家。

多样的家庭结构

传统上，日本拥有一种扩大的家庭结构，一家三代住在同一个屋檐下在过去是很普遍的事。传统日本家庭按照严格的社会标准活动，这些标准明确定义了每个成员的角色。但是，战后快速的城市化、昂贵的地价以及差强人意的住房标准，意味着和欧洲及北美的同龄人相比，大多数日本人现在都居住在更拥挤的环境中。三口之家蜗居在一个小如鸟笼的地方是司空见惯的事，同时也存在着大量“新型大家庭”，由一个三口之家和一个或多个公公婆婆组成。很多单身人士，年轻和年老的都独自居住在窄小的公寓里。日本人初次结婚的平均年龄由 1955 年的男 26.6 岁女 23.8 岁上升到 2000 年的男 28.8 岁女 27 岁，再到 2009 年的男 30.4 岁女 28.6 岁（厚生省）。日本有一句老谚语称 26 岁的未婚女子就像“圣诞节蛋糕”（即 12 月 26 日，比喻已经过了黄金时期），这句谚语现在已经不适用了。

1972 年起，婚姻登记数量开始逐渐下降。这和个人主义的崛起以及选择更自由有关。山田正弘还提到“这并不是因为想单身的人多了，而是能结婚的人少了，主要因为‘社会给予结婚的阻碍’，例如‘男性工资降低，更多女性希望只做家庭主妇，以及越来越多的‘单身寄生族’’”（引自伊藤，2009）。女性有两种常见的婚姻模式，一种是早婚，在高中或两年制专科院校毕业之后就结婚；另一种是晚婚，通常是作为“白领丽人”或短期员工工作几年以后结婚。凯利（2002）认为日本有一种“女性拒绝婚姻”的现象，日本女人发现工作机会增加了，但是男人大部分都不愿意帮忙做家务，并且常常希望妻子去照顾老人。很多女人对此的解决办法就是迟点结婚。

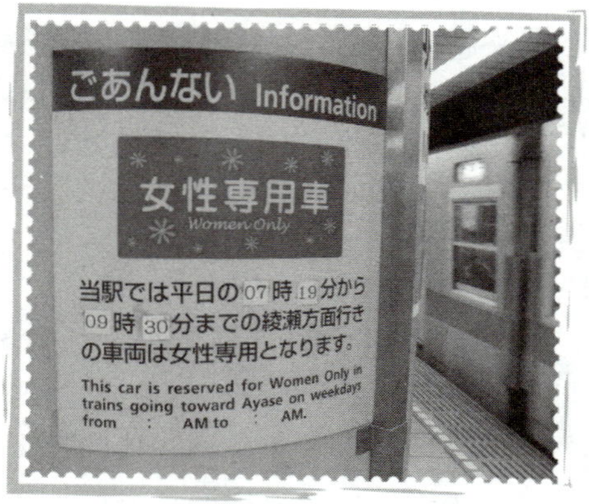

东京地铁里的女性专用车厢标志

很多私立日本高中是单性别学校，甚至在男女同校的高中也有大量隔离或自发隔离男女生的措施。在工作单位也有类似之处，男人和女人一般只在自己的性别圈子里社交，结果就造成了一种“类似同性恋”的群体（宫本，1994：48，61）。只有在相对较短的一段时期（大概是 18 岁到 25 岁）男人和女人才能在一起社交，一些东京电车有专门的女性车厢以减少性骚扰（参见图示）。夫妻在家款待其他夫妇或晚上一起外出的情况是很少见的，经常是男人和女人各自有着分开的社交活动和朋友圈子。有一句流行的日本谚语是“一个好丈夫应该身体健康且常年在外”。婚姻被看作一种为成人生活增添了礼节和体面的经济关系，而不是一个人的私人生活所要围绕的中心。虽然“自由恋爱”已经成为当今社会的标准，但是一些婚姻关系依然是通过媒人正式或非正式的介绍而成功的。而且，社会、经济和教育地位依然是决定是否考虑结婚的重要条件。很多日本公司都将男性员工调任到离家遥远的分公司和办事处工作，一次就要待上好几个月或几年。部分原因是日本的住房市场极为有限——每次调任都买卖一次房子实在太贵而且不切实际——这些男人一般把妻儿留在家乡，只有周末会回家（朱莉维，1997：70－2）。两性在婚姻中的传统角色仍然没变，例如NHK在2005年做的一个全国调查，结果表明“2005年，女人（每天平均4.26小时）比男人（1.38小时）花更多时间做家务”，在照顾孩子方面也差不多，“平均来看，日本母亲每天面对面照顾孩子所花费的时间大约有46分钟，而父亲只有13分钟”（石井クンツ昌子，2008：3）。

尽管婚姻有很多缺点，但是日本的离婚率在国际标准面前显得微不足道（2002年每1000例婚姻里面有2.3例离婚，2009年降至2.01例），反映了表面上很高程度的社会从众性。尽管如此，2007年4月养老金法的变化让“离婚女性可以分得前夫一半养老金”，对于那些没有全职工作的女人来说，离婚在经济上更可行。这次法律上的变化正好碰上那群婴儿潮时期出生的最老的人，他们如今已经六十岁，因此有人预言日本会出现一场“老年离婚（熟年離婚）”潮（亚历克西，2007：169）。虽然总体的离婚率下降了，那些结婚已有35年以上的夫妇的离婚案件在2007年达到了5507起

（日本历史上最高），比 2006 年高了 16 个百分点（《朝日新闻》，2008 年 6 月 6 日）。据一家私人侦探所提供的信息，2001 年离婚的三大理由如下：女性是性格不合（46%），暴力（30.8%），通奸（27.5%）；男性是性格不合（63.2%），通奸（19.3%），同家人和亲属关系恶劣（17.6%）。

尽管如此，离婚率低掩饰了一些日本人的婚姻只是给彼此提供方便而存在的事实，这些夫妻在一起只是因为一些实用的理由，如果在外国可能早就分居或离婚了。杉本良夫提到日本的“户籍”制度给离婚增加了难度（杉本良夫，2010：160）。在这种制度下，丈夫通常是一家之主，私生子就是二等公民，离婚人士的子女可能会受到侮辱，一个家族里的所有成员都冠一个姓，而且女人的骨灰通常放在丈夫的墓中。户籍文件是公开可用的，订婚的情侣双方的家人可以检查这些文件，作为对方万一哪天违规的证据。任何户籍上的“污点”都可以让人难以找到体面的婚姻伴侣。总之，维持表面的婚姻关系通常是一条最小阻力途径。

高端婚礼

约会交友

传统而言，合适的年轻人一般是由朋友或者正规、专业的婚姻中介来介绍认识的。“根据国立社会保障与人口问题研究所的一项调查，战前约有70%的婚姻是包办婚姻，六十年后，这个数据降至6.4%”（伊藤，2009）。由于长时间工作，没有机会遇见另一半，婚姻介绍行业开始红火起来。“经济产业省在2006年估计这个行业的成交额会达到500亿到600亿日元之间”（伊藤，2009）。另一个现象是跨国婚姻大幅增加。2007年730971例婚姻中有44701例是跨国婚姻，而1996年791888例婚姻中有27727例跨国婚姻（厚生省）。表4.1显示了跨国婚姻的两个主要趋势，一个是越来越多的日本男人“进口”外国新娘——通常是中国或东南亚新娘，另一个趋势是越来越多的日本女人将自己“出口”到外国，以嫁给外国人（一般是西方人）并在外国定居。

表4.1　　日本市民的婚姻（含国内外，2009）

	日本国内婚姻数量（比率）	日本国外婚姻数量（比率）	婚姻总和（比率）
日本丈夫和日本妻子	689137（约95%）	2215（约18%）	691352（约93.5%）
日本丈夫和外国妻子	28720（约4%）	1635（约13%）	30355（约4%）
外国丈夫和日本妻子	8249（约1%）	8686（约69%）	16935（约2.5%）
合计	726106	12536	738642

资料来源：厚生省（2009）《2009日本人口过渡总结》；《日经商务》（日语）参见：http：//business. nikkeibp. co. jp/article/topics/20101105/216965/？P=2。

越来越多的年轻人倾向于延迟结婚——有时候是无限期的——

这样可以享受更多自由，并且单身时间越长，可以任意处理的收入也越多。这也引起了一些针对所谓的“单身寄生族”的批评，那些二三十岁的人只顾着自己消费享乐，其父母往往还要供他们住宿，继续资助他们那舒适的生活风格。2009 年，280 万中年单身族，年龄在 35 岁到 44 岁之间，仍然和父母生活在一起（《读卖新闻》，2010 年 9 月 24 日）。社会学家山田正弘创造了“单身寄生族”这个术语，指这些人是“年金寄生族”——依靠老父老母的年金生活的中年单身族。

婚前性行为非常普遍，和西方国家一样，有很多日本男女在寻求婚外情。无数的“电话交友俱乐部”的存在方便了男性联络女性，这些女性可能包括高中生或家庭主妇。在忙碌的车站里有免费发放给乘客的纸巾包，上面都刊登着这些俱乐部的广告。1994 年的一份调查表明，每三个中学女生中就有一个联系过这种俱乐部（麦格雷戈，1996：241）。援助交际在日本很普遍，男人给女人金钱或礼物，以此交换约会或性服务（参见利迪，2002）。所谓的“情人旅馆”在日本到处都是，装修得花里胡哨，租房按小时收费，为那些地下情人提供了便利。这种行为只存在于日本社会的表象之下，虽然人人都知道并且理解，但在公共场合却极少讨论到。一些调查表明，日本有大约一半的性行为是在这个国家的三万家情人旅馆发生的——许多日本人在这些旅馆受孕（卓别林，2007：2）。

“草食男”这个词是由著名专栏作家深泽真纪在 2006 年创造的，和字面意义不同。这个词被广泛用来描述那些“挣得少，花得少，热衷于时尚和外表”的年轻男子（尼尔，2009）。最近的调查表明有一半的二十几岁和三十岁出头的日本男性称自己为“草食男”，其中很多人跟母亲关系亲密，对女人没兴趣（尤其是性事），缺乏自信，时常独来独往，不擅长跟别人面对面交流。这种生活方式反映了他们对父辈价值观的拒绝，即拒绝男性“经济动物”的性别优势，他们的父辈一般是典型的工薪阶层。一些“草食男”是同性恋，一些是都会美型男，但是大部分“草食男”都缺乏性欲，许多人也没什么传统事业心。跟“草食男”很像的是“粉红系男孩（乙男）”，即很像女生的男孩。

所有未婚的18岁到34岁的日本男性有一半人没有什么好友，更别提跟女人有性关系了。同样年龄范畴的女性有40%的人也是如此。根据2010年的一份调查，84%的20岁日本男性称他们没有交过女友，49%的人称他们从没有谈过恋爱。另一份调查表明，16岁到19岁的日本男性有36%的人对性毫无兴趣（大崎，2011）。许多日本宅男的社交很有限，大部分时间都在独处，这种行为的极端形式被称为“蛰居族”。他们的私人生活处处渗透着“蛰居族”这个概念，他们不去上班或上课，患上了一种恐惧症（参见吉伦吉格，2006：15－92）。一些估测表明日本约有一百万“蛰居族”，但其他人认为真正的数量应该是几千人。作为一种大规模的社会现象，这些人的产生有着令人担忧的影响。

一些女性似乎对幻想这种新型男子的生活很感兴趣。市面上出现了一种“耽美”漫画书、杂志和电脑游戏，内容关于男人间的亲密关系，其消费者大部分是女性。但是一般来说，妇女和女孩变得越来越像“肉食女”，她们跟“草食男”截然相反。日本的年轻女性比她们母亲那一辈人更加自信，常常周游各地，浪漫又爱冒险，对柔弱的“草食男”毫无兴趣，她们用一个贬义词形容这些男人，即“お嬢男”，意思是优雅过度的男人。一些肉食女倒是很喜欢追求草食男，但是，日本年轻男性在性事方面流行素食主义，这对于大部分女性而言并不是好事，对日本下降的出生率也不好。日本流行的约会形式是集体相亲，大部分是在餐厅进行，但有时候是一起滑雪或者打高尔夫。一些年轻的上班族喜欢多种社交形式，例如去拜访“猫咪俱乐部”（参见图示），通过跟一群可爱的小猫玩几个小时来解压自己。

日本上班族在东京的“猫咪俱乐部”里放松心情

虽然公开的同性恋生活很难融于社会规范，但是同性恋并不少见——很多同性恋迫于家庭和社会压力有着名义上的异性婚姻（原田，2002）。麦克利兰发现大多数日本男同性恋都不愿意向家人、朋友和同事宣布“出柜”，甚至在其真正的性取向表现得很明显的状态下也是如此。显然，这个话题已经多年没有被提出来讨论。对大部分这种男人来说，未婚同居是绝对不可能的（麦克利兰，2000：218－21）。女同性恋也是一样。同性婚姻在日本是禁止的，但是日本是一个比较自由的国家，同性性行为合法。

同时，日本流行文化对同性恋毁誉参半。オカマ是一个贬义的描述同性恋、变性人、异装癖、阴阳人的词，这些人还被称为“人妖”。例如麦克利兰（2000）提到“什么是‘同性恋潮’”，即“20世纪80年代末和90年代初，同性恋主题的电影、电视节目、小说和学术语篇兴起”（引用自弗恩海姆和齐藤，2009：302）。这个潮流随着变性/阴阳的电视名人、模特和歌手的普遍而继续着，例如丰田一幸、椿姬彩菜和春菜爱。

过去，婚前同居极少。1987年的日本全国生育调查表明，只有

3%的未婚者称自己有过同居经历（雷莫等人，2009：787）。然而，最近几年的同居者数量快速增加。在第一轮“日本世代和性别调查（GGS）”以及“全国人口、家庭和世代调查”中，大约25%的25岁至34岁的中年女性（已婚和未婚）有过同居生活（伊泽，引自雷莫，2005；津谷，2006引自雷莫等人，2009：787）。尽管同居数量大幅增加，许多情侣都在小心谨慎地同居，但几乎没什么人会长期同居。霍伊维兰和汀布莱克（2004）认为“同居对于早期日本女性来说是比较边缘的经历，但是对于1965年后出生的女性算是婚姻的前奏”（引自雷莫等人，2009：793）。“日本的同居也许最好被视作婚姻的前奏，而不是婚姻或单身的替代物”（雷莫等人，2009：800）。

非婚生子女在日本仍然少见。2007年，非婚生子女在英国占45%，在冰岛占65%，而日本只有2.5%（OECD，2010）。日本人非常注重合法性，这是有理由的。“在日本，婚生子女的法律权利一般优先于非婚生子女”（赫托格，2009：81）。例如，根据日本民法的一项争议颇多的条款（第900条），非婚生子女有权享有的继承财产只有婚生子女的一半。另外，“户籍制度——日本用来辨认个人身份的主要法律文件——让未婚妈妈及其子女很容易被辨别出来”，“由于户籍制度让别人可以看出未婚妈妈和非婚生子女的身份，导致别人可能会对他们差别对待，这就让女性都不敢成为未婚妈妈”（赫托格，2009：77－8）。同时，日本单身妈妈缺乏国家支持，面临着相当大的结构性经济困难（赫托格，2009：5）。赫托格还发现了大量证据表明许多对非法怀孕负责的生父都会强迫女友流产（2009：37）。

城乡差距大？

帕特里克·史密斯认为日本城乡差距是了解这个国家和政治的

中心要点（史密斯，1997：164－86）。日本的主要城市——例如东京、横滨、名古屋、京都、大阪和神户——大部分都集中在太平洋海岸的“表日本”（日本前部），及本州岛的中心地区。几乎一半的日本人口都居住在三个区域：关东（东京周边），关西（大阪周边）和东海（名古屋周边）。战前时期，大阪是一个与东京相竞争的商业城市；战后时期，很多设在大阪的公司将总部移到首都，横滨则成为了日本第二大城市。城乡差距在某些方面是一个过时的概念，因为大部分日本人都住在城市，但是半城区和城区或城郊有一些区别，前者保留了过去的社会实践形式，后者则更加个人主义。专栏4.1总结了一些关于日本的社会现实。

专栏4.1 关于日本的重要社会现实

宗教：神道教83.9%，佛教71.4%，基督教2%，其他7.8%

（注：信徒总和超过100%，因为许多人同时信仰神道教和佛教，2005）

平均寿命：平均82.12岁，男性78.8岁，女性85.62岁（2010估计）

婴儿死亡率：每一千个新生儿有2.79例死亡（2002估计）

识字率：99%（2002）

平均每千户籍人口有卫生技术人员数：2.02（2000）

平均每千户籍人口有卫生院床位数：14.69（2002）

教育持续率：高中98%（2010），大学54.3（2010）

资料来源：中央情报局（2010），《2010世界概况》；日本总务省统计局，《2010日本统计年鉴》；日本文部科学省（2010），《学校教育报告》，http：//www.mext.go.jp/b_menu/toukei/chousa01kihon/kekka/k_detail/_icsFiles/afieldfile/2010/08/05/1296403_2.pdf。

克莱默提到像东京和大阪这样的城市可能会因其人口和经济文化实力而被称为“世界城市”。他也对其他日本城市进行了一些分类（克莱默，1997：28－30）：“古都”京都、奈良和镰仓，经济成分复杂，以旅游业为主；有着一流特色的“传统化”古城，例如仓敷和金泽；现代工业城市，例如丰田市（汽车制造商之城）、川崎和北九州；结合了多种行政和商业功能的县厅城市，这些城市也是教育和文化中心，例如札幌、仙台和鹿儿岛；科技城市，例如筑波（东京城外）。克莱默对一些城市人类学家强调传统城市街区和行政单位的政治及文化活力的观点持怀疑态度，称这种活力已经被新的网络消费主义形式所取代（克莱默，1997：30－1）。他认为尽管日本的城市还存在着街坊邻居的现象，“除非是在旧式中层阶级管辖的小区，不然就不是那些日本人类学家所描述的那种样子”（克莱默，1997：33）。他倾向于将很多地区看成为“地区的缩影”，即一个混杂了居民区、饭店、咖啡馆、娱乐场所、便利店和其他商店的地方，大家在此地生活舒适，但社交却很有限。

日本海岸和其他日本的岛屿，其开发程度和城市化水平都很低，这就是“里日本”，一个在政治上不正确的术语，指的是日本后海岸，或者说是日本不为人知的一面。这不为人知的日本代表着——但不等同于——农村，城市居民称其为边远地区、穷乡僻壤，或是遥不可及的地方。富有的欧洲人或北美人常常想去农村居住，但是对于日本的城里人（以及很多其他的亚洲人）来说，农村通常代表着未开化的地方，想起来会有些伤感，但若真的要去却又令人避之不及。明治时期，东京政府对农村进行剥削，把村民转变为由那些富地主控制的贫苦佃农。占领军则实行了土地改革，让村民有了属于自己的田地可以耕种。战后期间，接任的政府无不为农村提供了一系列利益：

> 东京政府让农村生活变得容易管理，甚至称得上舒适了。价格支持、对外国农产品实行进口保护、补贴，以及大量公共预算。这是一个大逆转。结果，几百年以后，农村开始依赖资本过活，而过去则正好相反。（史密斯，1997：169）

农村社区被美化为“古里”，即“故乡”，是传统日本文化和智慧之源。史密斯却认为这种逆转的想法其实很空虚，因为日本农村渐渐依赖于国家的慈善和那些实行政治拨款与擅改选区的县。“日本后海岸”错过了遍及太平洋海岸的经济转型，成为了“边缘地带”（史密斯，1997：171）。大量旨在“发展”农村的政府拨款项目形成了麦考马克所称的“国家土木建设”的核心。这是一种基于大规模结构性腐败的政治体系，享有大权的是那些主要建筑公司（麦考马克，1996：25－77）。到20世纪90年代早期，超过六百万人受雇于日本建筑行业（比整个制造业部门的人还多）。在冷战达到顶峰的时期，日本的公共预算继续超过了美国的国防预算（麦考马克，1996：32－3）。史密斯将前首相竹下登（一年至少从建设部和其他政府机构那里拿到了两亿日元，金额总数几乎等于乡镇一年预算的一半）的故乡掛合町描述为“干得漂亮的福利项目”（史密斯，1997：170），拥有农村地区的很多乡镇都存在的典型问题。农村地区人口减少已经成为一个严重的问题。虽然日本人口在战后增长了将近四分之三，可实际上如今一些地区的人口比1949年还要少。为了成为工厂投资地，日本农村常常要和薪水低廉的东南亚国家进行直接竞争，而屡次沦为输家的则是日本。

从政治角度来看，日本的权力过分集中意味着地方政府的自主权极低。正如前首相细川说过的那样，甚至连迁移一个车站这样的芝麻小事，地方长官也要请示东京政府。地方人民已经被卷入了一场振兴农村的运动中，包括发展和销售独特的地方农产品，刺激农村工业的发展以及推广旅游业（奈特，1994：634－46）。尽管一些言论声称已经出现了一股城市居民为享受更高生活质量而向农村回迁的浪潮，上述这些振兴活动的成功率很低。奈特发现很多振兴农村运动的发起者都是来自城区的"返乡者"，均有当地政府支持，曾经宣称要自力更生的豪言壮语，到头来大部分都依赖于外力（奈特，1994：645－6）。无数人要求进行大规模权力下放，例如前首相细川就发表过一份提案，呼吁建立"日本合众国"（史密斯，1997：185－6），全球化专家大前研一在1995年竞选东京市长期间重申了细川的观点，但最终落选（麦考马克，1996：19－20）。

杉本良夫提到城乡差距被他所称的"意识形态的集中化"加强了，这是因为日本的大众媒介和出版行业只被少数东京公司掌控，所以东京以外的声音很难被听到：

> 如此，日本民众不断接受着由东京建构、解释和编辑的关于世界与国家的观点。首都以外，地方只有通过报道一些耸人听闻的新闻，或者一些能刺激东京媒体"对外地的好奇心"的地方新闻才能引起注意。（杉本良夫，1997：64）

虽然这种情况不只出现在日本，但是日本的首都集权程度已非同一般，特别是日本还拥有像大阪和名古屋这样重要的极具竞争力的二级城市，并且日本还为此深感自豪。

压抑的女性

日本虽然在战后期间拥有令人瞩目的经济发展，但是极少有日本女性能在国家政坛、官僚机构或商界身居要职（杉本良夫，1997：148）。女性的确会做一些繁重的体力活，例如在建筑工地上班，或者开卡车。尽管女性劳动力对日本极为重要（1999 年，40.6%的有偿劳动力是女性），她们却深深地从属于男性权力之下。针对女性员工的歧视在日本已经彻底地制度化了，很多女性是兼职员工，因此无法享受和男性同事一样的利益。女性通常必须得照顾老人，尤其要侍奉公婆，她们难以平衡家庭与事业的需要。对这些女人来说，无需技能的兼职工作是一个普遍选择，另一个选择则是做小生意。杉本良夫认为大多数兼职工作的女性都不是想成为事业强人的失意者，而是想做全职太太却没有足够资金支持的人。她们的理想就是成为悠闲自在的妇人。日本那些富裕的中产阶级妇女可以获得舒适的生活，能够平衡家庭和自己的爱好及友谊。但是对于大部分女人来说，这个理想是不可能实现的。女性还有一项选择，就是在社区机构做义工，为环境等议题出力。

日本的避孕行为落后于西方国家和大多数发展中国家，安全套是避孕的最普遍措施，流产是合法且普遍的。2000 年官方统计有 341164 起流产（22.3%的孕妇选择流产），而这些数据自 20 世纪 50 年代以来一直大幅下跌。尽管如此，流产的真实数据可能更高。避孕药长期受到禁止，那些从堕胎贸易获利的医生阻止了避孕药的分发。1999 年避孕药终于获得自由流通。根据一份调查，40 岁到 49 岁的女性有 72.9%都承认自己有过一次流产（朱莉维，1997：127）。

穿着和服的日本女孩

研究表明日本女人喜欢乖巧温顺的孩子，而针对美国女人的类似研究表明她们更喜欢独立自主的孩子。这种对温顺的偏爱一定程度上反映了孩子缺乏父爱。2005年，日本父亲每天“照顾孩子身体”的时间平均只有13分钟（每周91分钟）（石井クンツ昌子，2008：3）。朱莉维认为“大多数日本男人都有着好像只有自己一个人在过日子的非凡能力”（朱莉维，1997：62），很多日本男人——尤其是年轻人——都很顾家。但是，男性必须承担工作的惯例使他们很难适应家庭生活；一个没有工作的退休男性可能会被家人看成为“一片湿答答的枯叶，粘在地上剥都剥不掉”（朱莉维，1997：68）。

对于很多女人来说，和公婆住在一起压力很大，特别是女人一般都不太愿意和婆婆住在一起。这些困难非常普遍，辈分资历在日本的重要性意味着传统上婆婆在家里的地位很高，而日本男人广泛流行的“恋母情结”又妥协了这一问题。朱莉维引用了一句话，称“来见我的大多数日本女人想离婚的对象都是她们的公婆，而不是丈夫”（朱莉维，1997：160）。史密斯认为战后时期女人的地位得到大幅提高，他强调，调查证明超过三分之二的日本女人都对她们的命运表示满意（史密斯，1987：25）。然而，洛克（史密斯的调查数据来源）却论证道一些嘴上说满意自己命运的女人实际上都生活得很不如意，被丈夫和公婆剥削压榨："这些女人所受的痛苦只是被关于家庭至上者的调查研究和思想建设过滤掉了而已”（洛克，1996：93）。

南希·罗森伯格从人类学角度出发，探索了东京和日本东北部的女性在20世纪70年代、80年代和90年代的角色。罗森伯格用流程图对这三十年进行了鲜明对比，称女性有着“精神能量”，她认为：

> 在巨大的变化中，随着日本女人不断处理自己在个人、当地、国家和世界上所扮演的角色，新的自我与人格的混杂状态产生了。女人利用她们文化上所学的能力来发展自己性格的内在力量，调整她们的精神能量，全方位延伸她们在社会上的表现。（罗森伯格，2001：239）

这份研究演示了从文化上理解日本可以获得新生，它比那些诸如群体模式的旧的诠释具有更大的灵活性。罗森伯格所强调的是对日本女人这么庞大又多样的群体进行有力概括绝对不是一件容易的事。

少数民族——另一种日本人

日本通常被描述为一个独特的同种族社会，似乎民族多样性的缺失反而成了日本社会和经济的优势之一。尽管如此，日本的这种民族单一且无差别的形象被修正派和其他人批评为歪曲事实（温纳，1997：xii - xiv）。杉本良夫（1997：28 - 9）认为日本实际上是一个多文化社会，为了支持自己的论点，他绘制了一个图表，罗列了 14 种不同类的“日本人”（1997：172）。日本有几个重要的少数民族，包括部落民（外貌与其他日本人无区别）、日本出生的朝鲜族人、阿伊努人，以及外国居民，尤其是外来工人。

部落民的现象对日本来说很特殊，尽管印度种姓制度也有类似的“贱民”。部落民（大约有三百万人，四十个日本人中就有一个部落民）的祖辈是“不洁之人”，即古代从事低等职业的人，如卖肉的、在屠宰场和皮革厂工作的、挖坟墓的，还有收垃圾的。在德川幕府时期，部落民（起源于中世纪早期）成为了被驱逐的一族。他们被阻隔于主流群体之外，居住在指定的地区，不能和其他民族通婚（参见法尔，1990：76 - 80）。人们普遍相信部落民和其他日本人在人种上是不一样的。就算是现在，部落民街区有六千个（很多都在关西），可能成为亲家的两家父母都会调查对方家庭的背景，只为查出对方有无部落民史（参见史密斯，1997：277 - 83）。很多公司也利用此法来筛选新员工。战后时期，部落解放联盟开展了反对社会和经济压迫的活动，并要求采取特别措施来提高部落民的社会地位。其他部落民组织有着不同的定位和目标（尼亚里，1997；高木，1991）。为了应对政治压力，国家和地方政府都提供了大量拨款和补助来发展部落民地区。另外，现在有越来越多的部落民和别的民族通婚。尽管如此，政府并没有通过针对歧视部落民的法案。史密斯认为少数民族的继续存在符合日本国的需要：“在同一片海洋中，有着不同的岛屿，而这加深了人们对同种性的错觉”

（史密斯，1997：283）。

日本的朝鲜族大约有七十万人。就像部落民一样，朝鲜族人基本集中在本州岛，尤其是关西地区。日本的朝鲜族人可以追溯到1910年日本对朝鲜的殖民统治，那时候很多朝鲜人被带到日本成为廉价劳动力（杉本良夫，1997：177－84）。尽管大多数朝鲜族人都是二代、三代或四代居民，日语是他们的母语，但是目前只有差不多二十万人入了日本国籍。大部分人仍然是外国人身份，没有投票选举权，除了几个直辖市，其他地方在就业、升职和养老金方面对朝鲜人都有限制。他们不能成为公务员或地方政府员工，因此失去了很多工作机会，包括教师行业。直到最近，所有朝鲜人必须办理指纹识别手续，作为官方“外国人注册”程序的一部分，之前朝鲜人还被迫取日本名字。朝鲜半岛分裂成共产主义的北部和资本主义的南部的政治局面导致日本的朝鲜社区也出现了分裂。大约三分之二的人持有韩国护照，剩余的人则效忠于平壤政权（关于朝鲜的更多信息参见杨，1997）。群众组织不限国界地调动这两个朝鲜族群体，而且日本的朝鲜商业为朝鲜经济提供了客观的收入，例如名古屋的弹球盘赌博场所。但是，有一些朝鲜人非常坚守于自己的朝鲜族身份，而80%的朝鲜族人如今已和日本人成婚，并且大部分年轻的朝鲜族人都融入了更广泛的日本社会，当然偏见和歧视依旧存在。海斯特认为许多住在日本的朝鲜族人对自己的独特身份已经不像过去那么在意，开始采取一种新的“朝鲜族日本人”身份。异族通婚意味着在日本的朝鲜族总人数正在减少，1991年只有不到七十万人（海斯特2008：139－50）。

其他日本的少数民族有阿伊努人和冲绳人。北海道有差不多两万四千人是官方认证的阿伊努人，但是这个数据不包括已经移居到日本其他地区的阿伊努人，以及那些不愿意认证自己是阿伊努族的人。阿伊努族是土著人，经常同美国土著和澳大利亚土著人比较，他们在种族和文化上都区别于其他日本人。他们同样面临着歧视，也被国家夺走了土地（参见西德尔，1996）。冲绳岛是一个县，在日本的美国军事基地大都驻扎在此，其文化和语言都很独特。针对冲绳人是否是“大陆”日本人的后代有很多争论。冲绳居民忍受着美日安全关系的负面影响，一些学者认为这是一种对边缘地带及其居民的系统性的歧视（平，1997）。东京和冲绳之间的紧张关系在1995 年达到顶峰，当时有一个日本女生被美国军人轮奸，此事引发了要求减少美国在冲绳的驻军量的强烈呼声。这种呼声在 2009 ~ 2010 年再次爆发，当时针对的是普天间空军基地选址问题。

不被认可的移民

20 世纪 80 年代的泡沫时期，日本劳动力短缺，导致使用海外劳动力的增加。日本大约有八十万外国员工，超过三分之二的人是合法雇佣，但是有几乎二十五万人属于非法移民。大多数人都从事着日本人不愿意做的肮脏、艰难又危险的工作，例如在建筑工地、工厂、饭店和酒吧做工（包括“舞女”行业）。除了韩国人，日本的第二大外国人是中国人，2001 年其人数超过了 381000。中国移民在日本有着悠久的历史，日本的城市如神户和横滨都有“唐人街”，可以追溯至明治时期。然而，日本的中国居民有很大部分都是近几年才来的。很多人是在日本求学，其中有一些中国人表面上在语言学校上学，其停留时间却超过了签证日期，最终成为了非法员工。并且，中国的非法移民进入日本的偷渡路线也很完善（冈，

1994：17－22）。

著名的日本汽车公司如丰田就雇用了大量日本籍巴西人在车间工作，2001年日本的巴西人人数已超过了265000。其他大型公司从东南亚的子公司引进工人，美其名曰“培训”。但是绝大多数外国员工都受雇于中小型企业。有大量非法员工来自于几个亚洲国家，包括泰国、中国、韩国、马来西亚、菲律宾、孟加拉国、伊朗和巴基斯坦。外国居民可能常与犯罪联系在一起，例如，20世纪90年代中期，很多伊朗人在东京的代代木公园被捕，原因是他们从事毒品交易，并且贩卖非法生产的廉价电话卡。然而，电话卡是由日本的黑帮团伙制造的，他们雇佣伊朗人在前线兜售产品。这种趋势反映了1992年日本通过反犯罪集团法案之后，犯罪团伙逐步修改了其战略和活动方式。那些在经济萧条期间失业的非法移民可能有很多犯罪动机。尽管如此，有数据表明外国人在日本的犯罪活动有所膨胀，反映了政府倾向于把犯罪责任都推给外人的举措（杉本良夫，1997：187f；弗莱曼，1996：970－1）。被驱逐出境的外国人（主要是逾期停留）人数在1993年达到顶峰，自那以后，到2009年人数已经降至32661人。日本是一个贩卖人口的主要目的地，尤其是来自发展中国家的从事卖淫行业的女人。有人批评日本政府一直没有严肃对待这个议题。日本大部分贩卖人口的活动都由极道控制。

最近几年，日本公司努力减少它们对进口劳动力的依赖。其实2009年的时候，外国移民自1961年以来第一次下降。一些公司开始解雇巴西员工，日本政府会协助这些巴西人返回家园（梅斯默，2010）。布罗迪认为迄今为止，日本籍巴西人并没有成功融入日本社会，很多人的活动范围只限于其族裔聚居区，在日本形成了一个

“巴西人”的世界（布罗迪，2002：104－13）。布罗迪提倡按照日本规定创造一个清晰的“社会契约”，从而造成一系列政策的变化（例如推广双语学校，取缔住房歧视），这样移民社区会更愿意学习日语。但是，任何这样的契约都要求一个更广泛的认可，即日本是一个多文化社会，而很多日本人对此却并不接受。然而，随着日本社会的老龄化，对一类外国员工的需求正在增加，即护工和护士。2008年，日本政府设立特别计划从印尼和菲律宾引进更多护士和护工，但是凭借这种途径来到日本工作的人如果没有通过难度极大的国家考试，则必须在三四年后离开。

独特的宗教

和大家想的不同，日本有两大主要宗教：神道教和佛教。这些宗教共同存在，大部分日本人名义上都赞同这两种宗教（亨德利，1995：115－32）。但是，这些概念上的汇合关系并没有跟任何清楚定义过的宗教信仰相匹配，也没有与之相配的受过个人承诺的宗教习俗。虽然日本有很多人笃信宗教，但更深层次意义上的宗教却非常少，只有十分之一的日本人“积极地”信仰宗教。但是，象征记号在一些宗教仪式中的使用越来越广泛。例如，越来越多的日本人在新年到来的时候参拜寺庙和神社。尽管这可能被看作宗教复苏的证据，一些学者认为日本宗教正在转变成一种社会习俗，或者仅仅是消遣的活动。而另一些人则将其看作在日渐复杂的世界中追寻身份的过程的一部分（参见《今日日本宗教》，1992：15）。相反，一些比较麻烦和枯燥的宗教仪式（例如在八月的盂兰节扫墓）正在衰减。

神道教没有经文，基于对神力的崇拜，杉本良夫将其描述为“一种超自然的或神秘的力量，不仅蕴藏于人体中，而且在动物、植物、河流和其他自然物中也存在”（1997：231）。因此神道教也包含了一些泛灵论的元素。神道教作为一种以神话解释日本人的独特起源和命运的本土宗教，曾经和对天皇和军国主义的狂热崇拜联系在一起（戴维斯，1991：793）。日本最著名（也是最受争议）的一个神社是位于东京的靖国神社，那里供奉着很多日本战犯。神社，以及极具特色的鸟居（入口，通常是红色）在日本很常见。和很多佛寺一样，较小的神社通常是属于家族的，由父亲传给儿子。

充满争议的靖国神社

鸟居

日本的佛寺是文化中心，一些佛寺里收藏着重要的画像、手稿和艺术品。大多数日本人去寺庙主要是为了旅游或葬礼，很多日本僧人主要依靠葬礼仪式来谋生。虽然禅宗举世闻名，但大部分日本佛教僧人不会冥想。和更注重苦行的东南亚小乘佛教僧人不同，日本大乘佛教的僧人可以结婚，现在都过着消费主义的生活，和普通日本人没什么区别。

战后时期，很多“新教”在日本兴起，大多是新的佛教派别，而不是完全新生的宗教。最重要的包括立正佼成会和创价学会，是一个和公明（廉洁的政府）党相联系的大型组织。创价学会称其成员人数有一千两百万到一千七百万。该教对那些在日本战后快速城市化和经济增长过程中处于社会边缘和贫困的人有着主要吸引力。戴维斯将创价学会描述为“比起基要主义，更具有投机取巧的特点”（戴维斯，1991：804）。尽管如此，一些新宗教的力量和影响让日本当局不愿意干涉教派纷争。

随着预示世界末日的恐怖组织——奥姆真理教的兴起，这变成了一个主要问题。该教打着保护人类的旗号，还要建立一个制作化学品和兵器的大型兵工厂（开普兰和马歇尔，1996）。尽管 1994 年 6 月在松本市的一场造成七人丧生的毒气袭击有充分证据表明和该教有关，直到 1995 年 3 月该教在东京地铁释放致命的沙林毒气时——造成 12 人丧生——警方才开始抵制该教的行动。该教从事非法活动的先入为主的形象让一些评论员将奥姆描述为一个“犯罪宗教”，而不是一个就其本身而论的新宗教（梅托，1995）。然而，著名的日本小说家村上春树根据沙林毒气事件写了一部经典作品，包括对幸存者和该教成员的访问。他批评了那些认为该教本性邪恶的言论，认为大多数奥姆成员并不是不正常、有缺陷或古怪的人，而是过着平常生活的平常日本人而已（村上春树，2000：364）。据他所称，“只要日本继续认为奥姆‘现象’是完全另类的存在，仅仅是自己从远处通过望远镜观察的一种异类，那我们将毫无进展”（2000：227）。他将奥姆的兴起和战前满洲傀儡政府里的很多受过良好教育的活跃的日本共犯相比较，明确暗示了该教的产生对批判理解日本社会有着更广泛的启示。但是，堪比奥姆的宗教还没有出现。

长寿的日本人

日本人长寿。2009 年，日本人的估计寿命约为女人 86.4 岁，男人 79.5 岁，是世界最高水平（麦柯里，2010）。这一定程度上是因为他们爱吃低脂肪食品。日本拥有良好的医疗体系，由国家健康保险计划支持，医疗费用低廉。尽管日本人现在的平均寿命很长，但是未来的事谁也不好说。日本饮食的变化（使得最近几十年年轻人的身高有明显增长）可能会导致心血管疾病的增加。同样，自 20 世纪 90 年代开始，年轻的吸烟女性越来越多，在 21 世纪这无疑将对女人的健康产生负面影响。总之，现在的吸烟率已经稍微下降，但是仍然有大约 37% 的男性吸烟（洪德罗，2010）。

如果日本人的平均寿命和低出生率继续维持在现在的水平，21 世纪末日本的人口可能只有如今的一半。2006 年以来，日本的死亡人数比出生人数高，使日本成为世界上唯一一个人口负增长的非欧洲国家。在日本，养育小孩是一项昂贵且压力很大的事。随着女人晚婚，工作和追寻其他兴趣的机会增多，使得养育小孩的热情降低（铃木，1995）。官方针对日本女人生育更多孩子的呼吁被置若罔闻。现在，越来越少的劳动力在支撑着越来越多的老人。日本是一个“老龄化社会”（参见表 4.2）。这个人口定时炸弹可能逐渐削弱日本的长期经济和政治地位。这股趋势的一个后果是日本对女性劳动力和外来移民工人（合法或非法的）越来越依赖。尽管如此，日本的老年人并没有统计数据显示得那么多。最近的许多案例表明一些家庭为了继续获得养老金而没有将去世的老人报告上去。成百上千的百岁老人就这么人间蒸发了（麦柯里，2010）。

表 4.2　总人口中 65 岁以上（含 65 岁）人口所占份额（%）

	1950	1960	1970	1980	1990	2000	2010	2020
日本	4.9	5.7	7.0	9.1	12.0	17.2	22.6	28.5
美国	8.3	9.2	9.8	11.2	12.3	12.4	13.0	16.1
德国	9.7	11.5	13.7	15.6	15.0	16.4	20.5	23.0
法国	11.4	11.7	12.9	14.0	14.2	16.1	17.0	20.9

资料来源：联合国经济和社会事务部人口司，《世界人口展望》，参见：http://esa.un.org/unpp/index.asp? panel = 2。

日益紧张的福利政策

福利干事志愿者在了解福利需求方面扮演着重要角色。这些志愿者主要由直接享受社会福利服务的贫困者、残疾人和单身妈妈等边缘群体组成。这样的志愿者约有 19 万人——主要是已经退休的人，平均年龄是 60 岁——每人每年要拜访大概 120 个家庭（参见古德曼，1998：139 - 58）。这种志愿者体系明显非常划算，但是古德曼认为这些没有接受培训的、家长主义作风浓厚的志愿者有时候会表现得令人反感、过于说教，导致福利的吸纳率一直非常低。

表 4.3　标准化失业率（%）

	2001	2002	2003	2004	2005	2006	2007	2008	2009	2010	2011
日本	5.0	5.4	5.3	4.7	4.4	4.1	3.9	4.0	5.1	5.1	4.6
美国	4.7	5.8	6.0	5.5	5.1	4.6	4.6	5.8	9.3	9.6	9.0
法国	…	…	8.5	8.9	8.9	8.8	8.0	7.4	9.1	9.4	…
英国	5.1	5.2	5.0	4.8	4.9	5.4	5.3	5.7	7.6	7.9	8.1
德国	7.8	8.7	9.6	9.8	11.2	10.3	8.7	7.5	7.8	7.1	…
丹麦	4.6	4.6	5.4	5.5	4.8	3.9	3.8	3.4	6.0	7.5	7.6

资料来源：OECD（2011），《劳动力统计》，http://stats.oecd.org/Index.aspx?DataSetCode = MEILABOUR（2012 年 3 月 26 日访问）。

日本的失业救济金有限，根据年龄和工龄而定，明显没有大多数欧洲国家那么大方。和其他工业国家相比，日本的失业率一直很低，20 世纪初忽然增加，到 2010 年达到 5.1%，但是 2011 年 8 月降至 4.3%（参见表 4.3）。养老金的变化幅度很广，根据应计退休服务年限和工作类型而定。国家养老金体系提供基础的普通养老金，补充的养老金则通过各种员工计划提供，其中最大的是员工养老金计划（包括所有的公司养老金）。2007 年养老金政策的变化让离婚女性有资格获得一部分前夫的养老金，离婚率也因此增加（亚历克西，2007：169）。仅仅依靠国家养老金体系的人得到钱的并不多，虽然那些还有额外养老金的人可以拿到退休前工资的 50% 左右。但是，快速老龄化的人口和最近的经济颓势相结合，意味着在 21 世纪的第二个或第三个十年，主要的养老金体系可能无法完全满足现在的义务。1990 年工作人员和退休者的比例为 6：1，而到 2025 年这个比例会达到几乎 2：1（BBC 新闻，2007）。很多日本的年轻人现在都不期望在退休的时候能拿到多好的养老金了。

日本的健康保险由多个官方认证的非营利基金提供，所有人都必须加入。大部分保险涵盖了 70% 或 80% 的医疗费用（基于标准尺度的费用之上）。患者支付余下的 20% 或 30% 的费用，有最高上限（阿尔吉和斯坦，1997：299－301）。2000 年 4 月，一个新的长期医疗保险出台，针对老人的额外护理保障，因为有证据表明越来越多的家庭无法承担这么大比例需求的全部责任。考虑到对工作保障的传统期望值降低，有人呼吁更有力、更温情的社会保障体系。

社会地位和不平等

社会等级在日本是个颇受争议的话题。凯利认为新型中产阶级的迷思形成了“主流意识”的一部分，这种“主流意识”在日本战后传播，算是意识形态建设，而不仅仅是经验主义的描述（凯利，2002）。杉本认为日本变得越来越等级化，社会越来越分裂（杉本，2010b）。流浪汉、失业者和临时工这些下层阶级的人已越来越不容忽视，他们都是1990年经济萧条期间损失最大的人。关于中产阶级平等的古老神话已经逐渐消失，自民党的选民基础也因此薄弱。

小结

主流派学者强调他们所认为的日本社会的积极特点：离婚率低，长寿，合算的医疗体系和福利系统，群众满意度高，广泛的自我肯定为中产阶级，对女性劳动力的承认增加，社会同质性很高，少数民族的生活条件提高，国际化程度增加，宗教复兴程度高，振兴农村的力度加大。文化主义学者认为这些成绩有很多都反映了一个极富特色的文化和历史，尤其是和谐、一致性和等级制度等日本的核心价值。修正派则强调很多日本家庭压抑的本性、男女关系不和睦、社会老龄化、出生率降低、一直以来对女性和少数民族以及外国人的歧视、一些可疑的新宗教、城乡之间不平衡，以及社会流动性有限。

克莱默认为日本社会实际上呈现了新的特点，理解日本社会的

“传统”方法需要依照泛滥的消费主义而进行修改，产品被消费的主要是其象征价值。他提出了一个反问句：“这里存在的是什么样的社会组织——日本的消费群体是否构成了一个可界定的社会结构？或者说我们是否需要用新的术语来重构它？”（克莱默，1997：47）。杉本以一种类似的挑衅方式提到日本是一个不同的社会。他赋予日本一种新的理解，认为日本是一个“多文化”社会，其内部变化多端，而这一点被其主导模式，即“友好的独裁主义”所混淆或掩饰（2010a：290）。其他的分析是将日本的社会秩序看成一个“洋葱”，其中心是东京的男性白领精英，但是由许多不同的同心层所组成。这些多样的层赋予日本比传统解释更多的丰富性和多样性，强调了社会的相对同质性。

Contemporary Japan

第五章 治理结构

根据1947年宪法，主权在于人民，而不是天皇。天皇是“国家的象征”。从技术角度而言，日本没有“国家元首”，战后还试图剥夺拥有所有权力的王位。国会包括两个议院：参议院和众议院。但是，众议院是比较重要的那一个。两个议院的成员都是通过选举产生的。在很多方面，日本议会系统的正式结构反映了英国模式，其执行权力集中在内阁和首相的手中。至少50%的大臣必须是国会成员。日本有一套独立的司法制度，地市级政府拥有自治权。民权和社会权利，包括演讲和集会自由，都被包含进了宪法当中。法律面前人人平等，政府官员对民众负责，后者拥有选举和罢免前者的权利。虽然有些针对1947年宪法批评的声音称其是占领军进口到日本的“外来”产品，国会尚无正式动作要修订它。

选举体系

1994年改革之前，众议院拥有511名成员，都是从129个选区中选拔出来的，任期四年（战后，席位数和选民数被修改了五次）。因此，选区都成了多议席选区，每个区都有二到六名国会成员作为代表。选民只有一次投票机会，且不能转让该机会。换句话来说，尽管事实上选区产生的国会成员不止一位，但是个人选民只能投一次票。在实践中，政府通常在四年任期期满之前就举办选举，以获得对自己有利的政治环境。

位于东京的国会议事堂

两个议会的242位成员每届任期六年，通过两种不同的方式产生。有146位是通过日本47个县所对应的选区选举产生的（每个县根据大小，选举二到八名成员），其他96位成员是通过全国大选产生的——比例代表制的形式。参议院的选举都是在固定的日期，其中的一半成员每三年更换一次。理论上讲，参议院的成员代表的选区比众议院要广一些。因此，某种程度上他们的日常政治活动似乎有些高高在上。但是在实践中，参议院的构成密切反映了众议院的构成（宾厄姆，1989：5）。国会一年中的大部分时间都在开会，和英国一样，会上充斥着激烈的辩论；和美国一样，常务委员会担负着重要角色。

众议院的复数选区体系常因为党派之争被人诟病，因为很多选出来的人都是在自民党候选人中产生，而不是多个党派一起竞争。1991年，针对选举制度的改革因为遭到自民党的反对而搁浅。但是随着1993年自民党统治的瓦解，要求改革选举制的呼声势不可挡。1994年，短命的细川政府促成了一次类似于1991年提案的选举改革（外国记者中心，1995，1997）。在新的制度之下（对参议院没有影响），众议院有500个议席，其中300个被分给单一选区，其他的200个（分为11个阵营）根据比例代表制分配。2000年，比例代表制议席减至180个，因此众议院的议席总数减至480。这是处于统治地位的自民党为了削弱小党派的势力而精心谋划的策略，那些小党派是改革后体制的主要受益者。

选民在选举中投票两次。无党派者可以争取议席，但是只有被某党派支持的候选人有资格竞选比例代表制的议席。允许双重候选，政党们可能会把单一选区的候选人纳入比例代表制候选人的名单。对于来自大党派的候选人来说，这是一个备用方案，在选区选举中失利的候选人通过比例代表制进入众议院的机会很大。在1996年的众议院选举中（新规则下的第一次选举），通过比例代表制选出来的人里面有84个是在选区中失利的候选人，这个结果使很多选民非常不满。刚开始，新体制带来的影响跟旧体制没什么区别，并且受到了广泛批评。然而，随着时间的流逝，人们开始体会到改革的全面效果。众议院的议席掌握在自民党和民主党两大党派手中。罗森布鲁斯和蒂斯认为这些 1994 年的改革措施是一种发展，让日本政治在 21 世纪采取了新的办事方式（2010：101）。

不公平分配选区依然是个重要议题，甚至在 1994 年众议院改革后也是如此。农村选民比城市选民多，这不公平。2007 年，参议院的不公平分配选区现象更严重，为了缓解这个问题，政府实施了一些小变化，但是这仍然是个非常严重的问题（斯托克温，2008：178）。日本选举具有很多限制，特别禁止挨家挨户的游说，因为以前候选人游说的时候经常送一些“小礼品”或者送钱给选民。1994 年的改革要求加强披露竞选过程的财务状况，每次选举将近三百亿日元的公款已经被分配给党派竞选使用（斯托克温，2008：176－7）。

频繁更替的首相

理论上讲，日本的首相（专栏 5.1）都是大权在握，只有极少数的任期极短的那些例外。1955 年以来，他们就是自民党的领导人，经国会任命，掌握众多权力。可实际上，大部门日本首相都受到了从政治、商业和官僚方面支持自己的利益集团的严重控制和影响。导致弱势首相的因素如下：对“激进派”领导风格的质疑、首相们“一致发声”的传统、政府官员相对执行者的优势，以及在各派系之间游刃有余的交际能力（而非政治主张）也是一项重要的任职资格（安杰尔，1989：583）。然而，区别于一般首相风格的著名例子有勤奋的政治家田中角荣和备受瞩目的保守派理论家中曾根康弘。中曾根首相在 1986 年成功重组了内阁秘书处和安全委员会，由此大大提升了其控制权的潜力，尤其是在危机关头的管理权（安杰尔，1989：601）。虽然如此，除了小泉纯一郎之外，后来的首相都比中曾根传统得多，也低调得多。

专栏5.1 战后的日本首相

	始自	政党
东久迩宫稔彦王	1945年8月	无
币原喜重郎	1945年10月	日本进步党
吉田茂	1946年5月	自由党
片山哲	1947年5月	社会党
芦田均	1948年3月	民主党
吉田茂	1948年10月	民主自由党/自由党
鸠山一郎	1954年12月	民主党/自民党
石桥湛山	1956年12月	自民党
岸信介	1957年2月	自民党
池田勇人	1960年7月	自民党
佐藤荣作	1964年11月	自民党
田中角荣	1972年7月	自民党
三木武夫	1974年12月	自民党
福田赳夫	1976年12月	自民党
大平正芳	1978年12月	自民党
铃木善幸	1980年7月	自民党
中曾根康弘	1982年11月	自民党
竹下登	1987年11月	自民党
宇野宗佑	1989年6月	自民党
海部俊树	1989年8月	自民党

宫泽喜一	1991 年 11 月	自民党
细川护熙	1993 年 8 月	日本新党
羽田孜	1994 年 4 月	新生党
村山富市	1994 年 6 月	社会党
桥本龙太郎	1996 年 1 月	自民党
小渊惠三	1998 年 7 月	自民党
森喜朗	2000 年 4 月	自民党
小泉纯一郎	2001 年 4 月	自民党
安倍晋三	2006 年 9 月	自民党
福田康夫	2007 年 9 月	自民党
麻生太郎	2008 年 9 月	自民党
鸠山由纪夫	2009 年 9 月	民主党
菅直人	2010 年 6 月	民主党
野田佳彦	2011 年 9 月	民主党

2001 年以来，很多以前直接向首相办公室汇报的中央机关都被并入到了相关部门，整个系统现在都被精简了，内务省的权力增多。中曾根和小泉纯一郎都认为日本应该举办直接的首相选举，以此加强国家的首席执行官的权力。但是这个激进的提案似乎无法得到自民党或民主党领导人的支持，因为此举会大大破坏他们的权力。2001 年的行政改革确实扩大了首相的权力，可是很大程度上也是根据未来在任者的个性和权力根基而定的。改革的确没有减缓首相的更替。2006 年以后，日本首相比 20 世纪 40 年代以来的任何时期都更替得更加频繁。

内阁和机关部门

国会的一个重要功能是任命首相（再由首相任命内阁），内阁对国会负责。尽管国会通常会被首相解散，但是政府也可以因为不信任票而被推翻，然后一场大选便随之而来。因为2001年的改革，包括首相在内，内阁大臣已经不超过17人。原则上，日本应该只有14名大臣，但是如果有特殊需要，人数可以增加到17名，事实证明这种情况常常发生。因为频繁的改组，内阁只能撑九个月左右。然而，在很多情况下，改组并不全面，也就是说所有的大臣并不是每九个月就要更换一次，最近有延长任期的趋势。20世纪80年代，57%的大臣任期不到一年，77%的大臣任期不到两年（宾厄姆，1989：18）。但是，也没有必要让内阁对日本的影响力过大，因为像自民党这样的党派都由派系领导和权力掮客主导。这些政客和他们的追随者一般都轮流坐着长官职位。日本的内阁会议以其时间短而著名，有时候甚至15分钟就结束。

经过数年的争论，日本官僚机构于2001年1月重组，中央机关的数量由23个精简到13个，那些责任有重叠或者关系较密切的机构被合并到一起（参见图5.2）。内阁大臣的人数因此减少。典型的17人内阁包括10名大臣（环境省、国土交通省、经济产业省、农林水产省、厚生劳动省、文部科学省、财务省、外务省、法务省和总务省），内阁官房长官，防卫大臣和国家公安委员会委员长，以及由首相任命的三个新增部门。2007年，防务厅升级为防务省。

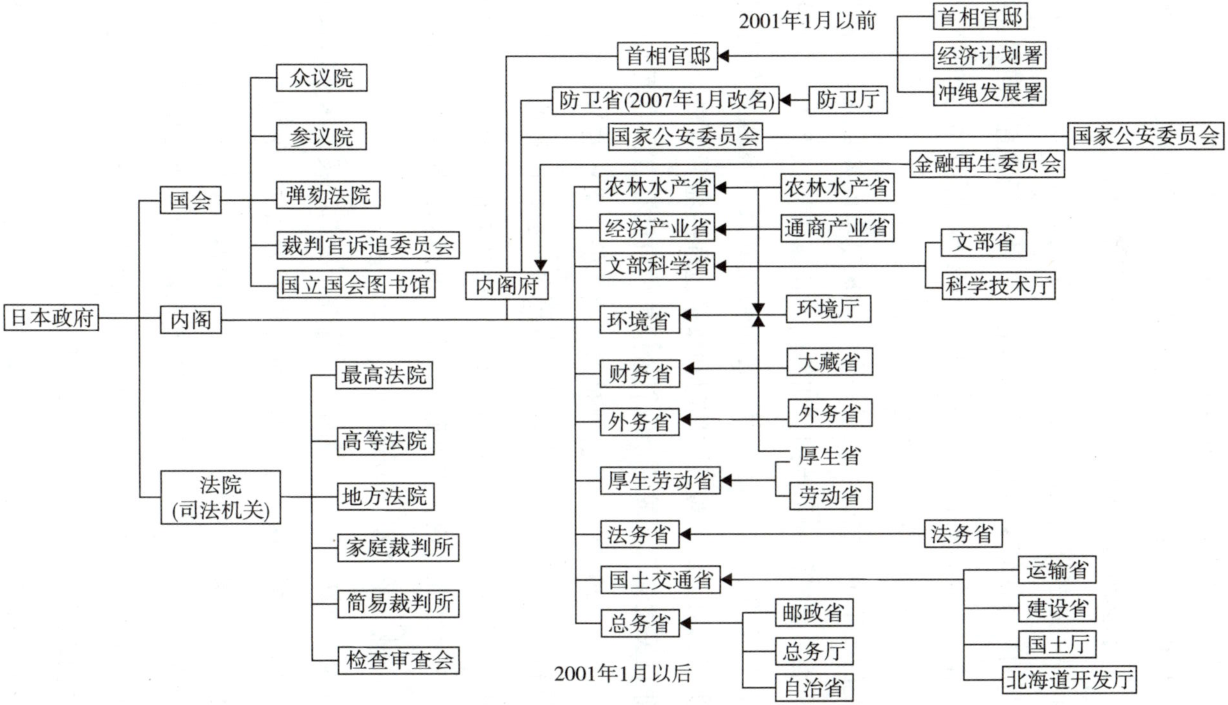

图5.2　日本政府组织

注：改编自《日本论坛》（8，1，2001：58）和日本首相及其内阁的网站（http://www.kantei.go.jp）。

这些改革应该可以提高办公效率，但也创造了一些大型超级部门，给管理带来了新的挑战。另外，对于这些大型机构的政治监管也很难。为了支持内阁大臣的工作，新生了48个副大臣和大臣政务官的职位。这些官员的诞生是为了帮助部门立法，以前，顶级官僚（所谓的事务次官，领导整个部门的公务员）经常直接向议会解释部门工作。现在，官僚不用再代表部门参与国会委员会的辩论，这个角色已经被副大臣和大臣政务官承担（竹中，2002：929）。在一场相关的改革中，国会引入了一个“国家基本政策委员会”的概念，这个委员会模仿的是英国首相答问。这场每周三下午的会议持续时间是40分钟。在讨论会上，首相会受到反对派领导的考问。这些改变都加强了议会对行政部门和政策过程的监督资格。这种变化是由非自民党党派促成的，他们希望扩大自己在自民党面前的相对权力（竹中，2002：939）。但是这些改革的效果还有待商榷。大量副大臣和大臣政务官的产生让首相有更多机会任用赞助者，以满足来自联盟的需求。尼亚里认为只要副大臣和大臣政务官在国会开会的前一天继续和官房长官见面，一起评审议程，那么他们的权力就很难被削减（尼亚里，2002：128）。

众议院在立法过程中占优势，参议院否决的法案如果被众议院三分之二的人数第二次通过，则依然可以成为法律。然而，大多数法律（尤其是重要的法律）都始于官僚机构，而非立法机关（宾厄姆，1989：11－12）。甚至如年度预算这样的主要议案没有经过内阁和国会审查就被批准了。例如，从1955年到1977年，国会只对预算真正修订了一次（宾厄姆，1989：15）。

如果说内阁和国会的权力和效率经常受到怀疑，那么有一个日本机关是被普遍公认为极其重要的——财务省。其权力之大（大部分权力由高级官员行使）使之当之无愧成为“超级部门”，其在财务部门和公共部门的收入开支方面有着极大的控制力。通过对预算的实际控制，财务省可以对政策和其他部门的优先事项产生相当大的影响，同时对接受中央政府大量资助的地市级政府部门也有很大影响。财务省设计并操作全国的税务体系（虽然实际税收是由另一个部门执行），计划并操作全国的财政体系，调节银行系统（包括监管日本银行），控制有价证券交易，设立并收取关税和运输税，在国际经济贸易中具有战略地位，还计划并实施着全国政府预算体系，包括制定获得内阁和国会批准的预算议案。因为一些可以理解的原因，财务大臣的职位受到很多人的觊觎，但是很少有政治家能完全领会该职位的内涵，更别提胜任财务省如此大范围的活动了。2001 年 1 月，该部门的日本名字被更改（由“大蔵省”改为“財務省”），这个改变具有很高的象征性，并且遭到了官僚们的强烈不满，因为旧的名字暗示了一千年的历史（尼亚里，2002：123）。重新命名后的部门功能很少，因为一些预算权力被转移到了内阁府。

憧憬自由的地方政府

二战前，日本政治秩序的集中化程度很高，占领军的改革措施期望引进一套地方政府体系，可以抑制中央政府过度的主导性，并创立地市级政府。尽管如此，全国性法律总是优先于地方性法律。在实践中，东京官僚通常对地方政府具有很强的控制力。宾厄姆提到 1947 年地方自治法案让地方长官对很大范围内的公共事务负责，这些选举出来的地方官员对事务的实际权力通常要比法律给予他们的要少得多（宾厄姆，1989：53－4）。地方政府制定的详细政策和预算方案必须要获得东京政府的批准。如果地方长官不遵守中央长官的命令，那么后者就有权罢免前者。地方自治法案这个名字使人联想到日本政治的一个核心问题，即地方政府到底能达到多大程度的真正地方自治。很大程度上讲，地方政府是被日本中央政府所控制的。同时，地方政府一直在寻求脱离东京拥有更广的自治权，这使它们和中央级官员及政客的关系非常紧张。

日本有 47 个县，其中有四个在一般意义上并不是县，而是法定地位相当于县的三个城市（东京，大阪和京都，东京都厅参见图示）和一个地区（北海道）。每个县都有一个县议会，成员由选举产生，具有很大权力。他们负责很多公共项目，尤其是社会治安（包括当地法庭和警察局），医疗和福利（包括医院、社会服务和环境保护），基础设施（包括道路、运输、土地开发、公用设施和公园）和教育文化（包括学校、图书馆和艺术美术馆）。由于很多项目都在中央部门的管辖之下，地方官员必须在预算和监管问题上和相关部门保持密切联系。大约 60% 的地方政府收入都来自这样那样的中央政府拨款（安倍等人，1994：66）。很多县和大城市在东京都设有大型办事处。这些办事处和外国使馆差不多，担负着和相关中央级官员保持密切联系的重任，以及监视着有关预算或政策事项的最新发展（斯坦纳，1965：321 –3）。自治省（隶属于 2001 年新建的一个更大部门）的官员长期控制着日本地方和县政府的重要预算和其他方面。

东京都厅

日本的市有多种形式：大城市（人口超过五十万），城市，町，村，以及东京23个“特别区”。市长通过选举产生，和县长官一样，他们拥有很大的行政权力，名义上对较弱的议会负责。尽管如此，20世纪60年代和70年代，社区团体和公民运动进入政治舞台，力图打破过去融洽的校友关系在县市政局中的主导地位，这使得地方政府越来越开放、越来越高效。大部分地方官员不是国家党派的正式成员，不过他们通常和这些党派保持着紧密的私人关系。

对于日本地方政府的积极评价倾向于强调市县在发起政策和争取更多自治权方面的成功。地方政府在福利和环境政策等领域扮演着重要角色，但是对于日本地方政府的负面评价着重于中央对地方政策的控制。里德提醒到地方自治和中央集权都是价值负载术语，社会学家应该警惕过于理想化的描述地方及抨击中央（里德，1986：3－4）。他指出中央和地方政府有着复杂的多重身份，而不是只拥有单一含义。根据一项围绕日本中央和县级政府之间关系的详细研究，里德总结道：虽然日本的政府间体系不是很好，但是也足以达到高效水平。同时，他观察到尽管日本大多数地方政策的质量较低：

> 市级和地方长官选举是日本政治体系的灵活性和反应能力的主要来源，甚至在这些貌似不利的环境下也是如此。（里德，1986：170）

尽管日本地方政府的表现乏善可陈，它的确有潜力采取果断行动并发挥重大影响，20世纪70年代发生的威胁日本经济奇迹的污染问题就是一个例子。

20世纪80年代和90年代，地方政府出现了很多新的趋势。很多80年代的选举是“非竞争性的”，结果就受到了地方派系领导者之间的交易的极大操纵（尼亚里，2002：153－8），导致选民越来越冷漠，有时还引起了选民的强烈谴责。当自民党从1994年在全国范围受到一个挑剔的党派联盟的挑战开始，选民便拒绝支持那些受到专门反自民党的群体认可的领先候选人。1995年的东京和大阪的地方长官选举由著名艺人获胜，1999年的选举又一次是无党派者获胜，而不是主流党派的候选人。尽管如此，积极活跃的县官员仍可以有一番作为。从神奈川到大分和冲绳的县，高效的领导取得了重要成果。

日本地方政府的改革如今早已过期。2011年日本东北大地震的余波清楚表明了各地区应该采取行动解决迫在眉睫的社会经济议题，而不用把所有关键决定都丢给东京的官僚和政治官员处理。日本民主党一直强调要分散权力，但是自其2009年上台后，这个议程却没有任何进展。船桥洋一挑衅地提出作为决心分散权力的标志，日本皇宫现在就应该搬回京都，政府办公也要大规模地从东京转移到各地区（船桥，2011：13）。截至目前，诸如此类比较激进的提议只得到了非常冷淡的反响。

保守的司法制度

宪法规定司法制度必须是独立的，并且理论上它在解释法律方面占据着重要地位，还能有力干预争议性问题。尽管如此，日本的最高法院（日文称作最高裁判所）行事一直很低调。一些重要的司法决定对政府的政策影响很大。例如，20世纪60年代，法庭判定大公司在制造有害污染方面有罪，这促成了一部新法律的诞生，以及一个环境机构的建立。但是厄珀姆认为对一些重要的判决，官僚机构会插手控制局面，他并不同意司法制度对社会变革有制度性作用（厄珀姆，2987：27）。

司法部门常常做一些投政府所好的决定，而且最高法院比基层法院更加保守。最高法院有15位成员，全部受首相任命。虽然理论上他们要经历定期的重选，但是至今还没有哪位成员重选失败（兰姆塞耶和中里，1999：17）。所有的法官以前都做过检察官，这个经历有助于他们从国家的角度看待问题。一些学者认为问题不在于保守派政客（例如长期处于统治地位的自民党）会直接干涉司法进程，而是高级法官通常会分担自民党的政策主张。那些加入左翼法律机构的法官，或是通过了不利于政府的判决的法官，其晋升机会比那些更保守的法官要少得多（兰姆塞耶和中里，1999：18－20）。约翰·海利的著作表现了对日本司法比较积极的看法，他认为日本法官享有相当大的司法独立（海利，2006：90－122）。大卫·奥布莱恩和大越康夫则提出了一条“中间道路”，他们针对这些议题的观点既细致入微又见多识广（奥布莱恩和大越，2001：37－61）。日本法官做决定的时候过于小心保守，一定程度上是因为他们的升迁是根据一套打分系统决定的，如果他们的判决被高一级法庭推翻的话，他们就会被扣分。

日本法律程序之长使司法部门快速有效的工作受到了限制。对于刑事案件，几乎所有受审的案件都被宣告有罪。一定程度上为了回应国内外对日本定罪率过高的批评，日本于2009年引进了一套裁判员制度（约翰逊，2009）。陪审团庭审案件要求法官准备充分，并且能快速写下判决。虽然理论上裁判员（其实就是陪审员）应该率先发表意见，并且在裁决过程中扮演关键角色，但是实际上他们常常听从专业人士的看法。裁判员制度就是一种混乱的妥协，有待完全制度化，但它已经提高了司法制度的责任性。

官僚机构及其争议

尽管日本的官僚机构大权在握又威名远扬，其规模却相对较小，花销也较少。2011 年日本公务员超过了一百万人，这个数据包含了大量邮政人员和自卫队队员。公认的“公务”核心是指行政服务，包括机关和大部分机构里的管理人员和办事员，他们的数量不到 25 万人。更高层的公务员是通过竞争极其激烈的考试产生的，他们构成了大队伍中的一个精英小圈子。高才生官员（大部分毕业于东京大学和京都大学这样的顶级学校）一般受到很多人尊敬。过去，他们常常被看作极具奉献精神且能力非常的精英，人们认为他们比大多数选举出来的政客要更可靠。同时，人们也认为这些官僚比较傲慢、压抑又顽固。20 世纪 90 年代，公众对官僚的不信任度大幅增加，这是由一系列的丑闻造成的，比如卫生部掩盖受 HIV 感染的血液事件，并且越来越多的证据表明中央级官员在视察日本各地时受到的招待过于奢侈（尼亚里，2002：119 – 21）。20 世纪 90 年代早期开始的日本经济大萧条也破坏了官僚的地位，毁掉了日本在官僚们无所不能的管理引导下肯定会繁荣富强的神话。尽管高层官僚享有很高威望，日本政府办公室一般都拥挤不堪、破破烂烂，走廊里常常堆积着塞满旧文件的硬纸箱。

一个中心问题是：谁掌握了日本的大权？这个大权属于哪里？简而言之，谁在操纵日本？大多数人一般认为权力掌握在当今政府的手中，但是就日本而言，很多学者在争论政治家们到底在多大程度上实际操控着这个国家。范·沃尔弗伦称：

> 日本首相并不有望展现多少领导力；工会组织午休期间的罢工；立法机关实际上并不立法；股票持有人从不需求股息；消费者利益团体提倡贸易保护主义；法律只有在不和权力当局引起太多冲突的情况下才会被施行；还有处于统治地位的自民党，要说有什么不同的话，就是保守又专制，并不算是一个真正的政党，实际上也不起到统治作用。（范·沃尔弗伦，1989：25）

他继续称大部分局外人都被表象所欺骗，虽然日本外在表现为一个自由民主的国家，主权却并不在于人民，不论1947年宪法是怎么说的。日本的权力属于一个政治的、官僚主义的、抱团的上层人士，但是权力的明确所属却很难言明：权力有点像是范·沃尔弗伦所描述的“难以捉摸的状态”。

当然还有另外一种视角。艾尔布莱特·罗赛切认为既然日本的权力并不像总统制国家（美国，法国）或其他拥有一党制政府的国家（英国）那样明确集中，那么日本可以和那些拥有复杂的联合政府的国家进行比较，即由五到六个关键人物构成主要的权力掮客，像意大利、比利时、荷兰和以色列这样的国家（1993：xi）。本质上，罗赛切将自民党各派别的领导等同于其他体系的党派领导。

他将日本的权力架构看作一个金字塔（罗赛切，1993：2-4），自民党的派系领导在最上面一层，然后是自民党的议会党派，还有主要机关的高级官员以及经连会企业集团的领导人。他们一共由大约350人组成。下面就是第三层，他称之为“全体精英”，由大约

1600 人组成。这包括了 250 个不能被马上归类到官僚、商界或政坛的人，例如记者、著名黑帮、学者和各行各业的代表。第四层由大约一万个“优秀的野心家”组成，还有积极进取的商界经理、地方政客和中层公务员。

罗赛切的中心思想是：一个独特的日本权力上层人士确实存在，并且可以被鉴别出来，权力并不是像范·沃尔弗伦声称的那样分散。然而，罗赛切没有太注意决策过程本身。他更关心谁掌握权力，而不是谁使用权力。大部分法律的起草者并不是政治家，而是官僚。自民党内阁大臣大约一年会变换工作一次，很少有人在在职期间能把自己的想法加给某个特定部门，尽管他们应该这么做。范·沃尔弗伦指出日本的内阁会议经常只持续 10 到 15 分钟，并且总是不经审查就批准各个部门的高层公务员所做的决定（范·沃尔弗伦，1989：32）。换句话来说，就算我们接受了罗赛切的金字塔架构，自民党的派系领导只是名义上处于顶层。不论外部结构如何，真正的权力并不总是由选举出的那些对议会负责的政客所使用。

问题的核心是很简单的一个事实，即虽然日本是多党议会制，从 1955 年到 1993 年占统治地位的一直是一个政党，并再次构成了 1994 年中期到 2009 年的政府核心。自民党是通过合并两个保守党派而产生的，这场合并是被大企业支持甚至促成的。除了一段短暂的社会党统治的时期（1947 ~ 1948），从 1947 年宪法颁布一直到 1993 年，日本政府的统治权都掌握在保守派的手中。对于同情日本的学者而言，这种政治稳定性是政治秩序平稳运行、相对无冲突的一个证明。人们经常争论说如果不是因为自民党及其前辈所体现的政治延续性，日本就不会获得战后经济重建方面的显著成功。

关于这个议题的一个问题是很多自民党政客的教育和背景与许

多日本公务员很类似。20 世纪 90 年代，大约 25% 的自民党内阁成员过去曾是官僚，日本的战后首相有大约一半人都是通过这种途径升上来的。高级公务员离开单位后，一般都会接受不错的退休工作，不是在商界和政坛，就是在其他公共机构，这是一个称作“官员空降”的过程，一些评论员认为“飞黄腾达”的描述更合适，因为这些退休的官员通常都获得很好的薪水和福利，比他们之前做公务员时候的报酬还要好。

公务员每年直接进行校园招聘，所以大家都是毕业季的同龄生。当其中一人成为政务次官（中央部门里的最高职位），其他人则马上退休，这样他一个人在单位里的资历便无人能及。新上任的政务次官必须帮助同事寻找部门以外的再就业机会（约翰逊，1995：149－50）。

公务员的高层都被东京大学和京都大学以及少数其他顶级公立和私立大学的毕业生所主导。日本的高级官僚总是和自民党政客保持着密切的私人关系，前者在政策和法律的制定上都要跟后者密切合作。大约有 60% 的公务员是法律专业的毕业生，很大一部分人毕业于东京大学法学院。这些上层官僚有很多人曾就读于东京的少数“高水平”预备高中，组成了一个主要源于中产阶级的自我再生圈子。自民党有一些“政策研究理事会”，在制定法律过程中和一个或几个中央机关密切合作。他们起草草案的过程比较复杂，会开放态度接受不同意见。

批评家认为该体系的特点是“官僚主导型”，公务员实际操控着整个进程。在美军占领期间，他们决定通过现存的公务员来管理日本，结果很多战前的官僚势力得以继续。许多日本人对于政治家的不信任——并且那些政治家缺乏合法性——使他们更加尊重“中立的”官僚。甚至最近，通过的法律有80%最初是由官僚起草的，而不是政治家。而且，法律让官僚有更多权力通过官方条例，实际上也就是新的法律。这些条例和实际法律的比例为9∶1。所以官僚本身就拥有了准立法权力。查莫斯·约翰逊直言：“统治日本的就是国家的上层官僚”（1995：13；全本请参见115－40）。约翰逊称官僚的影响力并不局限于起草法律，还包括干涉内阁的审议过程（约翰逊，1995：124）。

另一种观点认为是政党主导着国家，自民党在权力关系中占上风。这种观点从20世纪70年代末开始广泛传播，并有数据支持。该数据表明一小部分的日本高级官僚自己相信长官们的权力比他们要大得多。但是总体上两个群体的实力非常均衡，并不是一方明显超过另一方。许提到根据查莫斯·约翰逊的观点，近期官僚们的“本位主义”和“窝里斗”加剧。也就是说，官僚们已经经历了那些政治家们一般要经历过的类似问题。

许（1989）给出了第三种观点，他将自民党和官僚当作两个势均力敌的队伍，没有一方能主导另一方。尽管天平有明显向政党倾斜的趋势，但是没有总体上居于主导地位的队伍。基恩持有类似的观点，他认为这两派之间存在着一个“共生关系”，即“大部分上，大权在握的官僚符合自民党的利益”（1990：1037）。海利称政治家、官僚和商界领袖的“三巨头”形象是一个错误模式，掩盖了日本政府控制私营部门的有限能力（海利，1987：357）。他将日本政治进程比作一种“协商式管理”。

不管官僚究竟有没有真正地掌管日本，自民党于1993年丧失垄断政治权威之后，政治家和公务员之间的亲密关系就变味了。罗森布鲁斯和蒂斯认为早期的时候，自民党常常把制定日常政策的工作委派给官僚。1994 年选举改革之后，政治环境风险更高，所有党派选举出来的政客对政策议题的参与度比过去高得多（罗森布鲁斯和蒂斯，2010：115－16）。结果，自民党和民主党对公共部门的改革都有很大兴趣。自民党于 2001 年展开了主要的行政管理改革。2008 年，国会通过了“国家行政部门改革基本法”。2009 年年中的时候，自民党解散了众议院，实施改革的详细法律也因此失传。但是，人们选举民主党上台的目的就是希望它能进一步遏制官僚势力。新的行政机关对一些资深官僚持完全怀疑态度，认为他们是自民党的天然盟友，而非政治中立的技术统治论者。然而实际上，民主党一直尽力绕开行政部门，在面临像福岛核危机这样的重要灾难的时候，也没有适当利用那些经验丰富的官僚精英。

复杂的政治过程

以上所有分析的一大弱点是它们都忽视了商业部门在日本高端决策中的角色，特别是大公司的角色。一些学者认为日本实际上是由政治家、官僚和商人这个“铁三角”统治。根据克劳斯和村松（1988：208－10）的观点，日本所操作的是一种“模式化的多元主义”体系，具有以下特色：拥有一个强有力的政府和官僚；国家和社会的界限不明显；社会团体融入政府；在政府和利益集团之间斡旋的政党；政府已经彻底被政党这样的中介组织所渗透；利益团体和政党及官僚机构结成联盟。

简而言之，1955 年体系下的日本的主要统治特色是政府、执政党、官僚和利益团体的职责和目标能非比寻常地融合到一起。这种统治反映了自 1955 年到 1993 年自民党的任期之长。很重要的一点是，日本的上层人士是比较单一的，大部分成员是东京大学、京都大学、早稻田大学和庆应大学等少数顶尖学校的毕业生。这些大学的某些学院，尤其是东京大学法学院的毕业生构成了很大部分的国家领导人。例如，1986 年，日本有 22 位政务次官（最高级公务员职位）：有 16 人是东京大学法学院的毕业生，有 3 人毕业于东京大学的其他学院，2 人毕业于京都大学，只有一人毕业于其他学校（许，1989：141）。

政策制定的过程是如何运作的？中野（1997）认为日本的政策制定过程很复杂，像“官僚主导”和“政党主导”这样的词语混淆了不同参与者之间复杂的相互作用。根据每个事件的情况运用多种决策过程，体现了优势次序所包含的多种成分为各自利益所做的努力。中野认为“政策引起政治”（1997：14 – 16）。他的意思是官僚发起的政策议程需要立法，这会激活从政府到非政府部门的一系列利益团体。立法过程的每一个阶段都会形成连锁反应，不同政府部门之间也会进行磋商。政客和政党之间会举行会议，咨询委员会和调查委员会之间也会举行会议。内阁是这么走程序的：首先是委员会，然后是和反对派针对可能的修订而进行协商。之后，法律被所有内阁成员通过。

议会立法不是所有政策制定的中心，重要决策通常涉及商业领袖、官僚和政治家。中野认为这里有两个主要模式：精英式政治，即大公司其关键作用，以及顾客导向式政治，即小公司和其他利益集团共同分享利益分配（中野，1997：65）。

由精英上层人士来调解政治，可以将所谓的“铁三角”三元素聚集到一起：杰出的政府官员、经团联（经济团体联合会）领导人，以及经济部门和机构的高级官员。经团联主要代表了核心工业，这些工业受益于为战后重建日本经济而发起的政府引导项目——铁、钢、银行和电力。1960 年的安保条约暴乱引发了日本的政治危机。之后，工业领导者同官僚和政治家合作，结成联盟共同压倒挑战资本主义秩序的左翼势力（中野，1997：90）。正如池田首相通过“收入翻倍计划”收买公众异议一样，日本大公司支撑着快速经济增长的策略，而这又必须和执政的上层人士保持密切联系（参见图示）。企业为了更多地参与政策形成，会接受更多监管。快速经济增长策略实际上是一个精英协定，为了彼此的持续而形成。因此，模式化的多元主义其现在的形式是随着时间产生的，是共同的政治和经济需要的结果。

右翼抗议者利用广播车在国会门前进行抗议活动

“铁三角”联盟三元素之间有着多种联系。过去，自民党的政客通过他们的任命权来影响官僚，并且雇佣前官僚成为自民党内阁成员。官僚可以通过他们在“管理引导”方面的权力影响商业，而且他们有权威以调整的名义策划次级法律。作为回报，商业为自民党提供了绝大多数的资金支持。然而，20世纪70年代的经济衰退有助于在三个成员之间产生更灵活、整体性较弱的关系。经团联的影响力明显下降，使个体工业和公司有更多自由通过竞选资助和“族”的诞生同政客保持直接的双边关系。中野（1997：91）认为铁三角现在比过去越来越不“铁”、越来越生硬，对政治和政策制定的影响力越来越小。

中野描述的管理模式一般排除或限制了公众在决策过程中的参与。政客、行政人员和利益集团形成的紧密圈子通常是重要决策的唯一派系，对公众利益考虑甚少。自民党在把反对派（例如环保分子）转变为忠心耿耿的支持者方面有着令人印象深刻的记录，通过给他们好处来换取合作。按照类似的方式，考尔德（1993：246）将日本行业部门和官僚机构之间的关系描述为是基于“相互补偿的怪圈”之上的，这些怪圈包括管理者和被管理者。怪圈的成员受到政府给予的利益，作为回报也为官僚机构提供各种各样的支持。对于新手和局外人而言，要想渗透这些迷人的怪圈并不容易。日本的精英治理是有些矛盾的，它既包容又排外。人们努力在政策制定过程中尽量包含更多的意见，但同时这种策略又排除了反对者的利益和少数派观点，同时低估了公众的利益。政治进程新形式的一个不错的例子就是小泉纯一郎于2005年成功地强迫通过了邮政私有化法律。尽管既得利益集团和游说议员都对该提议表示反对，并且他们跟当时处于统治地位的自民党都有很强的内部政治联系，但是首相可以举行大选，为自己的政策博得人民群众的同意（参见麦克拉克伦，2006）。

自民党于2009年结束统治，意味着关于政治过程和“铁三角”

三元素相互关系（已经被桥本改革盖过）的以往研究如今看来早已过时，非常需要针对这些主题的新研究。像罗森布鲁斯和蒂斯这样的主流派认为政客现在都坚守政策驱动岗位，私营部门和国营部门之间再也不像过去那样相互勾结了。相反，出现了一种“制度上的互补性”（2010：124－6）。雪莉·马丁认为有一种从精英主导的权力政治向基层授权和民主运动（常常由女性领导）转移的趋势（2011：6－7）。然而，福岛核危机灾难的观察员却对是否真的存在这种根本上的同过去的转变表示怀疑，这些观察员既不来自核电站的拥有者——东京电力公司，也不来自其管理者——被人们指控没有信用的官僚阶层。

小结

按照正式的结构，日本的政治秩序很像那些西方的自由民主政治。学术争论更关心权力是如何掌控以及在实践中如何操作，而不是正式秩序。对于主流派学者而言，内阁在战后期间的权力越来越大，而且相对官僚，政党占据着统治地位。对于修正派学者而言，日本是一个“表面民主”的国家，选举出来的政治家大部分都是官僚和商业利益的俘虏。对于文化主义学者而言，日本拥有自己独特的政治制度和制定过程，这应该作为本土对西方模式的采纳而理解，用传统社会科学种类和标准则难以理解。

Contemporary Japan 第六章

政治社会：政党和反对派

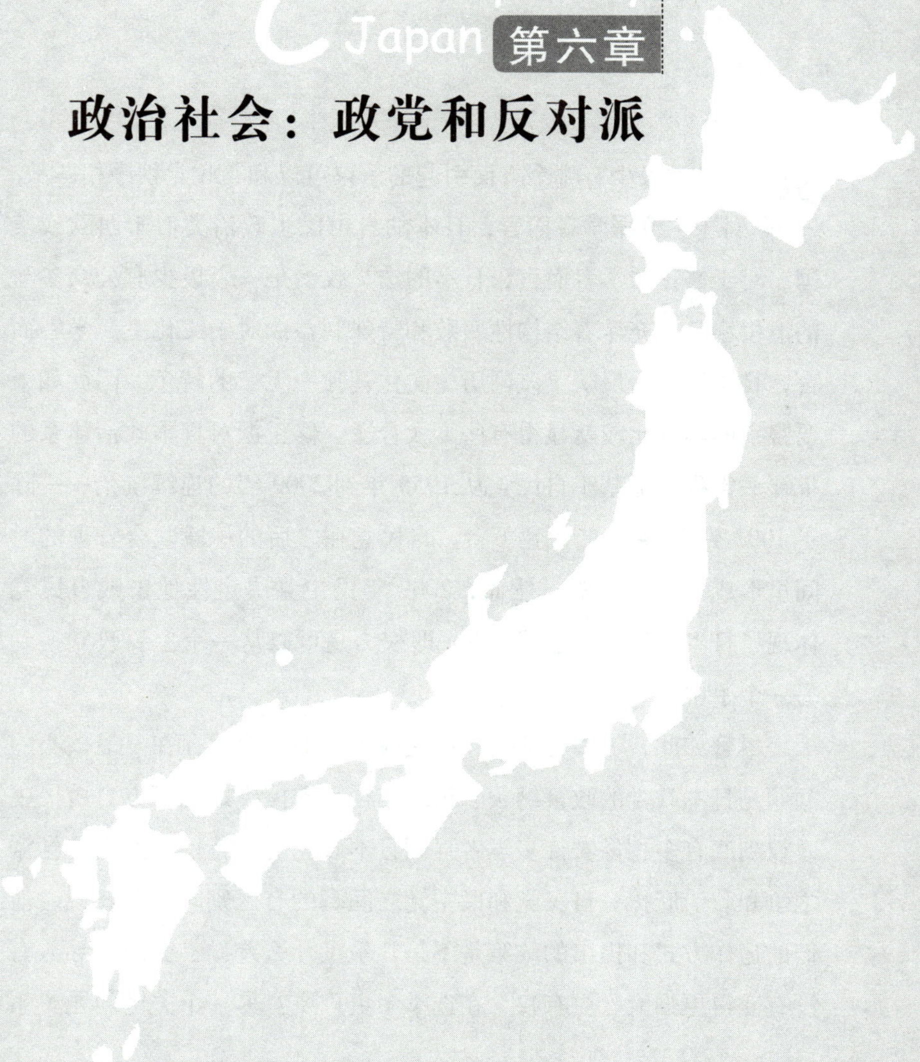

当代日本极少有哪个方面引起的争议可以和其政党秩序相匹敌。对于主流派学者而言，日本的自由民主政治类似于西欧或美国。对于修正派学者而言，日本的选举政治是一个极少有公众参与的滑稽小品，充斥着结构性腐败和特殊利益。对于文化主义学者而言，日本的政治反映了该国历史文化其独一无二的特色，因此如果要跟别的国家比较就显得有些不太合适。修正派对日本政治体系的批评一定程度上基于自民党从 1955 年到 2009 年的连续统治——除了 1993 到 1994 年的短暂下台，自民党在之后的一段联合管理的时间里形成了最大政党。然而，2009 年民主党决定性地击败自民党体现了日本政治的“正常化”，即权力是可以从一个主要政党换到另一个手中。

尽管如此，一些有趣的、可能棘手的问题依然存在。最核心的问题是日本政党的政策纲领、组织结构和支撑模式同西方自由民主政权到底有多相像？许多学者强调日本政党的独特性，尤其是党派之争和政治庇护。自民党和民主党之间真的有区别吗？或者说，他们的运作方式和提出的政策是不是几乎没什么差异？党派领导人有没有变得更强大、更有权、在选举中更重要？另一个关键问题关系到政党体制本身的特性：日本是不是正处于采用两党制的进程中，而非运作了几十年的多党制？

20世纪50年代和60年代早期，很多评论员期望日本社会党可以最终替代自民党掌权。20世纪90年代初，确实有一个七党联合短暂地取代了自民党，后来也尝试过把反对自民党的势力合并成第二大党。对于日本政党体系的争论之下潜藏着对改革的呼唤：改革选举制度（1994年颁布）、改革选举资金、改革门派体系，以及通过改革创造一个英美式的两党制。这些改革议程所获得成功程度不同。修正派认为自1993年开始的选举政治改革明显是不成功的，这一观点也加强了他们对政治秩序的批评。主流派学者倾向于寻找改革成功的更多证据，举例证明日本与西方自由民主模式和实践的逐渐融合。文化主义学者则认为日本政治和其他国家的政治明显不同，只能通过文化特殊性的方式来理解。

日本民主党的崛起

日本的自民党几十年来在选举中都很反常，自从1955年后，几乎连续不断地走上统治地位。然而，在一个开放竞争的政治体系之中，自民党可谓是一党专政的笑柄。自民党只在1993～1994年间短暂下台。但是2009年8月30日，反对党——日本民主党——在众议院的选举中上位，那是一场相对四年前投票结果的大逆转。这是怎么发生的？这意味了什么？

自民党是1955年由两个保守主义、亲商、亲美的自由党和民主党合并而成。后来的四十年，其主要反对党是日本的社会党（后来改名为日本社会民主党）。1993年，自民党下台，被一个难以对付的七党联盟短暂夺去了位子。这七个政党联合起来仅仅是因为都反对自民党统治。实际上，自民党下台主要是因为出了一批有名的叛徒（由“影子将军”小泽一郎牵头），他们组成了新的、“改良主义”竞争政党。但是1994年，自民党和社会党进行了实际的、令人难以置信的联盟，终于重回宝座。然而，2003年，社民党实际上已经崩溃，而大部分反对自民党的人物联合起来加入了全面突击的日本民主党。可是凝聚力更强的民主党反对派面临着一个强大挑战，即小泉纯一郎，他是日本战后自民党最著名、最有远见的首相之一。2005年，小泉带领着自民党获得了1986年以来最好的众议院选举结果，赢得了304个议席，而民主党只有113个议席。四年后，风水轮流转，民主党获得了308个议席，而自民党只有119个。

2005年和2009年的大选结果证明了日本选民根本上的反复无常。自民党和民主党都没有一个特别忠心耿耿的投票群，一切都由一大群摇摆不定的投票人决定。众议院分成了两个部分，一部分是300个选区议席，另一部分是180个比例代表制议席。民主党赢得了221个选区议席，但只有87个比例代表议席。自民党获得了64个选区议席，但也只有55个比例代表议席。换句话说，如果没有比例代表议席，自民党就会被完全击溃。余下的比例代表议席分给了一些小党派，其中的几个党派甚至没有获得一个选区议席。

同时，正如曼纽尔·阿尔瓦雷斯·里维拉所说的，这个“第一过杆制（即最多票数当选法）”有着夸大民主党胜利规模的效果（阿尔瓦雷斯·里维拉，2009）。该党获得了73.7%的选区议席，但是在单一席位选区中只获得了47.4%的投票。而自民党虽然获得了38.7%的选区议席投票，却只有21.3%的单一席位选区投票

（详情参见麦卡戈，2010）。在很多选区的投票中，自民党和民主党都不分上下。自民党受助于其联合伙伴——公明党，在大部分选区都压制了在野党候选人（但失去了他们有提名候选人的八个席位）。尽管如此，民主党赢得了日本所有11个比例代表地区的大部分普选投票，总共获得48.3%，在除了中国（指本州岛上的广岛县、冈山县、岛根县、鸟取县、山口县）和九州的所有地区，选票都超过了40%。相反，自民党仅仅在两个地区的选票超过了30%。自民党在比例代表议席中的表现很可怜，虽然出席的投票人超过了69%，是将近二十年来的最多人数，但自民党一共才获得了26.7%的选票，创历史新低。在比例代表议席选票中，民主党获得了29844799计投票，和2005年大选相比几乎多了九百万计。而自民党获得的投票下滑了七百万计，只有18810217计。在选区投票中，民主党获得了33475334计，比2005年高出将近八百七十万计，而自民党只有27301982计，少了五百多万计投票。这些数据表明自民党的投票组织得不错，所获的比例代表议席投票比选区投票中多出八百五十万计，说明许多投票人就算在选区投票中把票投给了其他候选人，但在比例代表议席投票中仍然投了自民党。

尽管如此，民主党赢得了极具说服力的票数（获得了480个议席中的308个），但是对投票结果过于乐观，他们最终获得的票数尚未达到320份，因此没有达到可以驳回参议院的立法否决权的程度，并且民主党在参议院的席位并不多。为了避免这种可能，民主党必须和两个小党派达成联盟，即社会民主党和国民新党。从这方面来看，民社党的大选胜利不像最开始那样惊人。尽管势力薄弱，联盟伙伴却试图以政府为人质，极力限制民主党针对一些诸如冲绳美军基地未来走势等敏感议题的决策自由。

民主党胜利的意义

很大程度上，2009 年众议院大选是基于自民党常年统治表现的一场全民公投，民主党的主要吸引力就是它是民主党，而非自民党。现任者自鸣得意，和官僚、大企业领导人保持着长期的、亲密的勾结关系（所谓的“铁三角”），投票者通过自己手中的选票来表达对他们的失望。同时，贫富差距越来越大，投票者对经济的未来充满不确定感，又担心日本在区域和全球的影响力会越来越低，尤其中国正在崛起。自民党在 2005 年的强势表现和其在 2009 年的大败形成了对比，也许意味着自民党命运的戏剧性反转，但这具有误导性。小泉是一个特立独行的领导人，他不断宣称自己决心“粉碎”自民党，并且要屠杀那“不可侵犯的圣物”。虽然他所属的政党有很多重要人物并不信任或不喜欢他，小泉成功越过自民党机构，吸引了广大投票者的注意，并通过日间电视节目等媒体展现了极具个性的领导形式（参见麦卡戈 2003：69－76）。换句话说，自民党在 2005 年表现这么好是因为小泉成功地将自己塑造成了一个“反自民党”候选人。但是，2005 年大选获胜后不久，小泉就被自己的政党打发走人。很奇怪，这一次自民党没能继续小泉那变戏法一般的选举策略，没有再次说服公众控制一个政党的最好办法就是把票投给它。

小泉的后继者是三个倒霉的、只当了一年就下台的首相：安倍晋三（2006～2007），福田康夫（2007～2008）和麻生太郎（2008～2009）。每一个都出自日本世袭政治精英阶级，他们分别是前首相的孙子、儿子和孙子。在日本战后经济长期发展的那段时间，经过日积月累，出现了自民党贵族，国会议席被父亲传给儿子，几乎是悄无声息的水到渠成。但是20世纪90年代长达十年的经济萎靡期之后，日本选民看到终生雇佣制和其他福利已经被腐蚀，开始质问政治阶层的财富和特权。如今，旧的意识形态分歧在很大程度上已经没有那么显著，反对党们聚焦于“改革”（即“唯自民党独尊”）这个说不清、道不明的概念，形成了民主党。简而言之，同样的选民因为自民党的失败而愤愤不平，在自民党漫长的、安逸的统治期间，他们也在成长，并且对当权的政党感到舒适，对将日本交给别人统治感到紧张。因此出现了反自民党的自民党选民现象，小泉就是一个领头人。小泉离去之后，反自民党的选民终于跨过界线，把票投给了别人。

民主党的本性

民主党是一个混合党派，1996年组成初期雏形，1998年又和三个其他党派形成了目前的状态。2003年，民主党和自由党合并，实力也随之增长。该党宣称会坚持一种“民主中间路线”的意识形态，奉行五项其实并不明确的原则。最具实质性内容的是第三项原则，即呼吁建立一个“分散的参与性社会”，这是对“铁三角”和自民党与官僚之间亲密关系的含蓄批评。该党宣称的政治立场很崇高，即“我们代表的是那些被特权阶级排斥的人” （民主党，2011）。

民主党是一个“包罗万象”的政党，包括很多从自民党过来的著名叛徒，以及一些在社会党或其他小反对党中发迹的人物。民主党成立初期，领导权由两位杰出人物轮番掌握：鸠山由纪夫，一位出身于自民党的名门右翼分子；菅直人，一位在20世纪70年代市民运动期间步入政坛的左派分子（斯托克温，2008：195－7）。然而，2003年小泽一郎加入民主党之后，该党的内部政治变得更复杂。小泽一郎在政坛属于重量级人物，他策划了自民党1993～1994年间的短暂下台。他先是自民党（1969～1994），后转入新进党（1994～1998），又转到自由党（1998～2003），最后加入民主党并于2006年担任民主党领导人。但是小泽的政治生涯饱受争议，他被人称为机会主义“中间人”，跟金钱政治脱不开关系，许多日本选民都把这一点看作为政治体制的主要问题。2004年，因为一项养老金丑闻，小泽撤销了自己的民主党领导人候选资格。2009年5月，他因为一项筹款丑闻而被迫辞去民主党领导人一职。

2009年政治领导权交由民主党掌控，这件事极具意义，该党因此获得了大量群众支持。这样说似乎符合逻辑，但是这种解读显得过分简单，民主党甚至在2009年都没有形成良好的运作形式。鸠山由纪夫取代小泽一郎，并在其支持下率领民主党赢得2009年8月的大选，但是他成为首相时仅仅做了四个月的民主党领导人。针对小泽一郎的争议严重破坏了民主党的公信力。鸠山由纪夫和他之前的三位自民党首相一样，也出身于一个杰出的政治家庭。他的祖父鸠山一郎是1954年至1956年的首相，他的弟弟鸠山邦夫是麻生太郎内阁的一名大臣，任期直到2009年年中。鸠山家族被人滑稽地冠以“日本的肯尼迪家族”称号。在鸠山由纪夫的领导下，民主党的领导面临着自民党一样的问题，即财政丑闻和普遍的精英主义迹象。在很多方面，自民党和民主党都很像。

尽管有很多缺点，民主党在2009年大选期间非常成功地在选民中塑造了一个积极的形象，尤其是对那些摇摆不定的选民。其成功的关键是该党饱受好评的竞选纲领，一份看起来头头是道的23页的文件，纸版和电子版的文件都受到了广泛传播。这是竞选纲领第一次在日本获得了这么多关注。这份文件特别展现了鸠山由纪夫对儿童、老年人和弱势群体的关心，因此击败了麻生太郎在大众心中不关心他人疾苦的冷漠形象。该纲领还包含了很多特别的选举承诺，尤其是保证每个家庭每月能获得26000日元（大约每个孩子有260美元）的补助。在这个经济严峻、财政不稳的时代，这样的承诺为大家提供了一个投票给民主党的强烈动机。民主党还成功地雇用了一大批“新面孔”候选人，包括许多女性（被戏称为“公主军团”），比起中老年男性主导的自民党，她们更多地吸引了年轻选民。2009年，有54名女性被历史性地选为国会成员。

不是所有关于民主党的信息都是正面的。大众对于自民党的沮丧心情是因为鸠山由纪夫担任首相后第一次记者招待会的讲话主题：

> 在这次大选中，我们常常听到来自无数全国群众的愤怒、不满和悲伤的声音。日本怎么会变成这样？为什么我们的祖国会变成这样？这些想法必须被我们铭记于心。我们必须担负起解决这些担忧的重要责任。（鸠山由纪夫，2009）

大选结果反映了群众对自民党的厌恶和民主党的优势。民主党国会成员山花郁夫认为他的党派成功利用了大众心理，包括对自民党的失败领导，还有小泉以后的首相频繁更替的现象（采访，2009年12月7日）。山花郁夫认为如果自民党把自己的形象和表现弄得稍微好一点，他们也不会败得这么惨。民主党能够将选举明确至一个关键信息，即极具号召性的“改朝换代”（政権交代）。这个信息的核心是官僚势力太过强大，和普通群众关心的事相去甚远。针对民主党在大选时的媒体策略的评价有好有坏，但是该党的确受到了很多电子媒体和一些主要报社的正面报道。新媒体在鼓动选民方面的作用很小，比如博客在日本很流行，但政治博客对于选民而言并没有施展太多影响（麦卡戈和李，2010）。

前自民党金融担当大臣伊藤达也（在大选中失去议席）表示同意，他认为2009年的失败证明了广大群众对自民党的普遍反感心理，而不是真正的支持民主党（采访，2009年12月4日）。伊藤还将自民党的差劲表现归咎为麻生太郎那咄咄逼人的“混混”风格，这一点尤其让女选民讨厌。麻生在早期当首相的时候就已经失去了公信力，当时他连方便面的真正价格都不知道。讽刺的是，民主党在2009年大选中的表现非常像小泉在2005年大获成功的自民党大选中的风格，直接吸引了选民，因此没有理睬那些名誉扫地的旧式政客（白眞勲采访，2011年12月11日）。结果表明了大众对于享有特权的自民党世袭政治家的愤怒之情。2005年至2009年众议院的自民党成员中有112位（37.8%）是其他政客或前政客的亲戚，包括麻生内阁17位大臣中的11位（永田，2009）。民主党虽然也有这样的问题，但是并没有那么严重，同时期在众议院中只有20位系出名门。尽管如此，这些名门子弟施展的影响力是非比寻常的，比如领导人鸠山由纪夫和王者小泽。2009年大选见证了世袭政客的数量从大约占众议院的25%下降到仅仅15%（ABC广播，2009）。在一定程度上，这种变化反映了对现实的反击；另一方面，考虑到前执政党的“世袭者”比其他党派要多得多，它还反映了自民党整体的糟糕表现。

长期变化的标志？

“传统”价值观和组织形式到底在多大程度上被更“现代”的现象逐渐替代？关于日本大选的文献资料多年来围绕这个问题争议纷纷。杰拉德·柯蒂斯在他1971年的研究中提出：在城区，大选候选人通过组建自己的个人后援机构而获得成功，即“後援会”（柯蒂斯，1971）。比起政党，这些机构更忠于候选人，并且比西方的选区协会更具有恩庇侍从的关系。尽管如此，柯蒂斯在书的结尾提到“後援会”已经慢慢地被更现代的竞选形式取代，这种更现代的竞选形式没有基于个人关系（1971：252）。实际上，“後援会”的贮存期比柯蒂斯预期的要长得多，并且成为自民党在1955年以后的大选中获得成功的关键因素。斯科特·弗拉纳根及其同事在1991年出版了《日本选民》一书（弗拉纳根等人，1991），这是一部经过精心酝酿的作品，堪比经典《英国的政治变化》（巴特勒和斯托克斯，1974）和《美国选民》（坎贝尔等人，1960）。《日本选民》记录了自民党选票的长期减少过程，见证了有助于反对党的“现代价值观”的崛起。大约在2009年民主党大胜的20年前，弗拉纳根就认为选民陷入了一种在不喜欢的执政党和不信任其就职的反对党之间的“徒劳选择”（1991：446）。保守的日本选民虽然对政治家和政治体制高度不信任，他们仍然花了20年时间才硬着头皮将执政党驱逐出去。

这种观念出自2007年的一项调查研究，该调查是“亚洲民主动态调查”的一部分。通过该调查发现，不同时代的人对政治的态度有很大区别：

那些七十多岁或更大年纪的人重视独裁主义和集体主义，同时对当代日本民主表示欣赏；战后婴儿潮出生的人在年轻的时候经历了学生运动，对政治有着最积极主动的看法；那些三十多岁的人则对政治持悲观态度；那些二十多岁的人倾向于注重政府行使权力的方式，除此之外，他们的态度似乎比较负面；更年轻的一代对民主还没有什么概念。（池田等，2007：12）

一般说来，这些调查结果表明年轻的日本人对政治抱着更怀疑和批判的态度。当“现代”政治价值观对新的想法和反对党更加包容的时候，在日本，这些价值观同样能说明幻灭感和不满心理。这些选民可能很容易就被一些受普遍关注的议题和负面竞选主题所动摇，也可能一下子就变得冷漠疏离。这种态度有助于解释自民党为何失势以及2009年民主党为何掌权，却不能预言未来。民主党一旦有任何疏忽或过失，这些反复无常、幻想破灭的年轻选民就会马上转向支持自民党，以此作为对其的惩罚。

混乱的后来

2009年大选之后的几个月，民主党的支持率迅速减少。民主党为了保住支持率付出了很多努力，包括创建日本政府复兴办公室来召集官员进行预算督查会议，并在东京一个体育馆进行网上现场直播。官僚也因为负责的政治拨款项目遭到了群众批评，还被迫大幅裁减不必要的市政工程，打着“从钢筋混凝土到以人为本”的口号——这是一次对自民党和建筑业那扑朔迷离的关系的赤裸裸的探究（《读卖新闻》，2009年11月13日）。但是这种亲民态度并没有阻止民主党支持率的下降，反映了大众对一直被财政丑闻缠身的民主党代表小泽一郎的担忧。2010 年 1 月继三位过去或现任助手被逮捕之后，小泽一郎也受到了检察官的问话。事实证明，2009 年自民党统治结束所引起的高度期望只是昙花一现。鸠山由纪夫糟糕的领导能力越来越成为民主党选举的一个严重潜在不利因素。针对美军在冲绳的普天间基地的未来走向，他的态度变来变去，令人困惑，而这个引发情绪的议题正是区分选民大众的重要因素。2010 年 6 月，鸠山由纪夫辞职，他只作了九个月的首相。民主党代表和权力掮客小泽一郎跟他一起辞职。然而，当鸠山由纪夫已经成为历史，小泽一郎还手握一个由约 150 位国会成员构成的派系，仍然是一股让人难以对付的势力。小泽一郎因为缺乏公信力而难以返回领导宝座，他却依然有能力让每一位民主党首相的日子不好过。

民主党很快就选财务大臣菅直人出任党代表和首相。作为一名前社会活动家和 14 年来首位非名门政治家庭出身的日本首相，菅直人一上台就面临着严峻考验，2010 年 7 月 11 日的参议院议员大选就是一个例子。总的来说，民主党仍然是参议院的最大党，拥有 106 个议席（原有 116 个），自民党拥有 84 个议席（原有 71 个）。但是这次大选让民主党失去了占大多数的地位，而过去一切似乎都很好得处于民主党的掌握之中。2010 年大选最有意思的是“大家党”初出茅庐，拥有 11 个议席，并且令人惊讶地赢得了 13.6% 的比例代表选区的投票。这个现代化保守党大大吸引了雅皮士选民，有潜力将那些幻想破灭的前民主党和自民党支持者招致麾下。

但是造成民主党命运逆转的主要原因还是大众对于该党执政表现的失望。民主党没有兑现它在 2009 年的过度承诺，也没能力结清账簿，而且对于美日安全关系的立场也总是不明确。2009 年 8 月备受瞩目的成功大选过去两年后，由于政府对 2011 年 3 月地震、海啸和福岛核危机一连串事件的处理不力，菅直人备受指责，引咎辞职。菅直人是被他的老对头小泽一郎轰下台的，后者动员民主党反对派，让菅直人无法继续担任该党领导人。然而，这是一场危机四伏的游戏。民主党政权看起来摇摇欲坠，大众支持率也少得可怜。当野田佳彦在 2011 年 9 月当选为五年来的第六位首相时，这个国家的未来政治方向非常不明确。正如菅直人，野田佳彦也没有精英上层的背景，但是和高傲的菅直人不同，他显得谦虚又会自嘲，直言自己是“道场泥鳅”，即一种在河床底下生存的生性害羞、长得像鳗鱼的清道夫鱼。

自民党的沉浮

很多年来，研究日本政治就等于研究自民党的政治。不管怎样，派系（日语：派阀）在自民党自 1955 年到 1993 年称霸 38 年的过程中起着中心作用。最近几十年，自民党通常有五个派系，每一个都有自己的派系领导人，也就是那些为议会里的合伙人提供经济资助（差不多达到数百万英镑）的人，提供赞助是为了在大选后的政治交易中获取对方支持，而这种政治交易则决定了部长职权的分配。在那个众所周知的烟雾弥漫的房间里，工作就这样被分配好了。正如赫瑞伯纳和中村所说的，派系体制是指“自民党内阁成员是通过‘不合逻辑的’标准选举出来的，这个标准和政治家自己的能力没什么直接关系”（赫瑞伯纳和中村，2000：125）。这意味着派系领导人和长期在职的内阁成员获得高位，包括首相的职位，多多少少是和他们自己的能力无关的。1998 年，著名的桥本龙太郎的首相职位被平淡无奇的小渊惠三取代，仅仅因为小渊惠三掌管着一个大派系，就算很多年轻的内阁成员反对他的参选也没用（赫瑞伯纳等人，2000：110）。当小渊惠三于2000年突然死亡之后，被公认为非常不称职的森喜朗也因为同样的理由当选首相。这个体系诞生于柯蒂斯所描述的“自鸣得意的政治”（1999：28），政党领袖则完全是通过内部原因选出来的，根本不考虑他们获得选举支持的能力。

2001年，小泉纯一郎击败森喜朗成为首相，他对自民党的派系体制提出了直言不讳的批评（虽然他自己也是同样体制下的产物），并且没有考虑派系配额就选出了第一届内阁。2002年9月，在第一次内阁改组中，他再次拒绝和派系领导讨论选大臣的事宜，并且打破了传统，让大部分在任大臣（17人中有11人）待在办公室以获得继续任职。一个评论员提到：“这种新式的改组让派系领导们感受到了危机和无力感，使自民党内部暮气沉沉”（铃木，2002：33）。如果未来的自民党领导人以小泉纯一郎为典范，那么派系体制将注定灭亡。结果，小泉在2006年卸任后，这些派系马上重申了自己的主张，这证明修正派对他们是否曾经消失的怀疑论是正确的。

自民党在1955年到1993年期间的杰出地位一部分源于《公职选举法》。在1995年改革之前，沿用的一直是多议席选区体制，该体制博得了自民党的喜爱，因为只有自民党拥有财力资源可以在一个选区提名多个候选人。这种做法导致选举竞争性的缺乏，因为大约有80%的议席被人称为“稳妥的”。例如，在1989年众议院选举中，只有838位候选人竞选512个议席——每一个议席只有1.64位候选人竞选。自民党拥有强大选举实力的另一个原因是日本城市人口在众议院选区里的代表名额不足。后果就导致了代表名额分配不均的问题：每一个内阁成员对应的选民人数从大约106000到

336000之间都有。自民党的强项集中在保守的乡村地区，在这些地方，党派培养了规模很小但是影响力却非常大的游说集团。结果，城市选民败北，他们必须为日本农民支付昂贵的水稻生产补贴，还要支付那些限制了如牛肉等外国进口产品的贸易保护主义政策。较小的反对党派几乎不可能赢得乡村的议席，并且被迫为了极其有限的城市选民而互相竞争，而不是在全国和自民党更加平等地竞争。同时，一些学者（例如柯蒂斯，1988：49－52）强调乡村的选票并不完全是自民党成功的原因。20世纪80年代末，只有大约四分之一的自民党选民居住在乡村和小镇里，46%的人居住在城市，人口超过了十万人。尽管如此，选举对乡村的偏爱对于建立自民党的强大实力具有历史性的重要性。

在西方国家，政治学家倾向于根据选民的经济和社会地位来分析他们，但是一些作者认为日本的政党并没有和社会上的社会文化部门有较强的联系。虽然确实没有能直接等同于美国犹太裔或拉丁裔人那样的选票，但是斯科特·弗拉纳根等人所做的一份关于日本选民的重要研究表明，“价值分歧”和“社交网络”在选民决定投票时起着关键作用。正如弗拉纳根提到的：

> 社区集团投票，经常是通过社区投票来换取政府对地方工程的财政资助，并且收集个人因为感激而献出的投票。这种集团投票受到了执政党的喜爱，有助于解释执政党对内阁超过三十年的连续掌控。(弗拉纳根，1991a：196－7)

很明显，社交网络使候选人可以获得集体投票，而不是个人投票，这种方式更适用于乡村地区，而不是东京、大阪或名古屋。自民党在农村很容易获得佳绩，但是在社会结构更加复杂的大城市却面临着很多困难。理论上讲，日本人价值观的逐渐改变，以及社会组织的变化，最终损害了自民党的命运。然而，这个政党直到1993年才展现了它在更广泛的社会中遭遇变化时的强大弹性。柯蒂斯认为关于选民价值观的改变所引起的争论是有缺陷的：

> 但是随着日本人不断发展的经济，他们证明了“传统的”和“现代的”并不像很多人猜想的那样相互对立，而是更加相容……日本成功地按照自己的方式实现了现代化。（柯蒂斯，1999：32－3）

改革的政党资金体系

20世纪90年代的日本，要求进行政治改革的呼声越来越高，主要围绕两个议题：改革选举制度（第五章讨论过）和改革政党的资金体系。为了应对公众对于政治筹款事项的关心，1994年通过了一项法律，引进了一套为政党提供补贴的体系，旨在避免政客和商界之间的不正当关系。该项补贴极其丰富，但是人们非常担心这些资金会被如何使用，尤其是在这项补贴制度实行的时候，企业捐助尚未被宣布为不合法（外国记者中心，1995：86－8）。根据各党派在内阁所占席位和他们在最近选举中获得的票数，按照这个公式计算得出：所有的主要政党都有权享有政府资助（赫瑞博纳等人，2000：79－80）。然而，只有在内阁中至少拥有五个席位或者占有2%的民众选票的党派才拥有资格。新制度实行的第一年，日本政党获得了相当于272000000美元的资助。同时，宣布捐赠的规则有所改变。过去党派不需要宣布少于一百万日元的捐赠，而现在这个数字被降低到五万日元。企业和个人捐赠也有了最大额限制，尽管“政党聚会入场券”的售卖——一个长期的漏洞——仍然在允许范围内，甚至身为“改良派”的民主党都因此获得了无法估量的收入，1997年该党派通过这种途径获得了二百六十万日元的资金（赫瑞博纳等人，2000：80）。日本共产党是唯一坚持原则的党派，拒绝接受政府补贴。对于财务和选举上的违规行为处以的罚金被大大提高，企业捐赠应该最终被完全废止。

不成气候的反对派

1955年体系下的日本党派政治实际上处于停滞状态，缺乏一个真正的敌对势力。这种观点看起来不错，但是太过简化。从1967年起，超过一半的日本选民在众议院选举中把票投给了非自民党议会候选人。支持在野党的人比想象得多很多。但是，自民党并不一定会被其1955年到1993年期间的主要反对派——日本社会党（后易名为日本社会民主党）所取代。日本社会党在1992年的参议院选举中的表现明显令人失望，开始走下坡路。1993年，当自民党的统治终于结束，日本社会民主党是组成新政府的七党联盟中最大的党派。然而，该党同时也是那场选举中最大的失败者，仅仅增加了70个众议院议席，只超过1990年所赢得的136个议席的一半。1994年7月，形式变得更加复杂。当时，两个反自民党联盟交接完毕后，形成了一个匪夷所思的社会党与自民党之间的联盟，这在以前是不可想象的，社会民主党领导人村山富市出任首相。两个主要党派之间并没有维系理想的平衡状态。直到1998年，日本依旧处于旧敌对势力的统治之下。在2000年的众议院选举中，日本社会民主党的议席下降到了只有19个，该党与自民党之间糟糕的联盟关系最终让自己走向毁灭。

劳工运动

虽然大多数日本工会都存在缺陷，工会会员和投票偏好之间有着紧密联系。事实上，相较于白领和蓝领之间的区别，工会会员是更有用的变量。工会会员比非会员更有可能支持左翼政党（绵贯，1991：70）。美军占领日本期间，为了在日本建立大范围的政治力量，美国人创建了工会势力，但是后来他们取缔了一次计划中的罢工，并且禁止公务员参与罢工行动。战后的日本存在着无数的劳务纠纷，20世纪50年代的某一时期，丰田公司为此差点崩溃。日本国有铁道公司则因为其后果严重的定期罢工而声名狼藉。但就在野党来说，日本的行业工会在历史上经历了多次分裂和失败，不足以有效地挑战处于主导地位的保守秩序。1995年，大约24%的工人加入了工会（日本劳务研究所，1997：48），比1970年的35%和1980年的31%都下降了。以前不同的工会隶属于不同的党派（例如民主社会党和同谋通讯社，由私营企业工会主导；还有社会民主党和日本劳动组合总评议会，由国有企业主导），1987年，大部分工会都加入了一个名为"連合（日本劳动组合总联合会）"的全国性工会，1995年该工会的会员达到了七百七十万人。連合的诞生削弱了日本社会民主党的传统后援力量，其后援力量之前已经因为国有企业的私有化而遭到破坏，这些国有企业原是日本劳动组合总评议会的支柱。

大约94%的劳工组织是所谓的“企业工会”，它们都专门指向特定的公司，而不代表广大雇佣工的职业范畴。这就让工会的领导者和公司管理层之间建立了亲密的关系，也可以使劳务关系变得融洽，因为罢工活动是在午餐时间发生的。这些工会受到了经济学家和管理顾问的褒奖，他们把工会看作日本战后获得成功的秘诀之一。并且，这些工会激励了人们去创新和改革，有助于日本工人获得更高薪资。人们认为它们有时候也为工人的工作和条件发声，在这方面做了更多努力。批判性分析则认为大部分工会不过是工人的兴趣小组。

比企业工会更激进的是国营部门工会，比如旧日本国铁（直到1987年被私有化），还有日本教职员组合。这些工会有着反对自民党的完整记录，但是它们特有的不满情绪使得它们对日本社会民主党的支持有好处也有坏处。社会学家和国营部门的工会之间的紧密关系限制了日本社民党的吸引力。但是在选举期间，工会为日本社民党的候选人提供了大量支持，还为该党派提供了财力支持。并且，很多社民党议会成员（有时候达到人数的一半）过去就是工会的官员。随着很多进步的国营部门工会越来越少，导致成员数量也随之减少，20世纪80年代的国营部门也开始私有化，其作为左翼政党传统支持力量的一个主要来源的身份也逐渐消失。这种衰退是20世纪90年代早期日本社民党选举渐渐失利的一个原因。連合如今和日本民主党之间关系紧密，并且直接支持着很多民主党候选人。

1993年自民党统治的终结

自1955年起，自民党连续执政了38年，在1993年7月的大选中暂时下台。旧秩序有没有瓦解？或者说，旧秩序有没有变化为某种新的形式？为了解 1993 年自民党统治的终结，需要回首往昔，先是 20 世纪 80 年代末和 90 年代初，再到 1992 年五月跟随自民党的一系列丑闻。在那个五月，前自民党议员细川护熙，同时也是县知事，来自于贵族家庭，建立了日本新党，该党的政治改革计划比较模糊。细川对现行政治秩序进行了明确的改组，打破了自民党长期掌控权力的状态。1993 年 6 月 18 日，首相宫泽喜一失去了一个关键的不信任票，而这正是由他自己的党派成员操作的，50 多位议员因此离开了自民党。这些离开的背叛者创立了两个新党派，这两个党派是从政治团体中产生的，已经筹备了几个月，即日本新生党和先驱新党。日本新生党（开始由 36 位议员组成）是这些党派里比较重要的，因为它的两位关键人物羽田孜和小泽一郎（参见专栏 6.1）曾是自民党年轻一代的杰出领导人物，并且在前一年组建了他们自己的派系。先驱新党由资历较浅的自民党议员组成，这些议员只经历了一次或两次任期。跟日本新党一样，这些党派都大声呼吁支持改革，并声称赞成整顿政治，摆脱体制性腐败。

1993 年 6 月 18 日，日本进行了一次大选，在 512 个席位的众议院中，三个新党派赢得了 100 多个议席。虽然自民党拥有 220 个议席，到那时仍然是最大的党派，但是新党派能通过与四个老反对党（包括社会党和公明党）联合，建立一个七党联盟，阻止一个自民党少数派政府的形成。新政治秩序的很多特色都引人瞩目。首先是自民党因为选举结果而受到的冲击极小，削弱这个党派的因素主要是其内部成员向新保守党派投诚，而不是大选的实际结果，因为自民党议会成员有自己私人的后援会，或者说是选民组织。当背叛者加入新党派时，他们可以带走大部分支持自己的选民。相反，旧的日本社会党在大选中损失惨重，从 134 个议席跌至 70 个。似乎有很多希望向自民党表达不满的选民喜欢这么做，他们把效忠的对象改为新的保守党派。在某些方面，这些新党派包括很多拥有议席的前自民党官员，这实际上让选民转变所支持的对象变得更容易了，因为别人会认为他们在选择拥有大量政府工作经验的、能够以历史悠久的战后方式继续统治国家的人。

专栏6.1 小泽一郎（1942－）

小泽的家乡是岩手县，他的父亲是一名自民党政客，曾在吉田茂的内阁中任职。在 1969 年继承他父亲的国会议员一职之前，他并没有成功申请到东京大学的法律专业，后来进入庆应义塾大学学习经济。作为长期以来田中派系的关键人物，小泽于 1989 年成为自民党的干事长。1993 年，他脱离自民党，成立日本新生党，并因此终结了自民党 38 年的统治。

作为细川和羽田政府背后的关键人物，小泽曾经一度是美国媒体的宠儿。在他 1993 年的畅销书《日本改造计划》中，他提倡日本应该在国际上更自信。但是，小泽并不受欢迎，加上他备受争议的名声，导致 1994 年反自民党联盟的瓦解。日本新生党后来并入了新进党，之后改称自由党。小泽于 1997 年成为自由党党首。在和自民党联合了一段时间（1998 年末至 2000 年）之后，小泽的自由党重新加入反对派阵营。2006 年至 2009 年 5 月，他是日本民主党代表，因为一场基金丑闻辞职。2009 年至 2010 年，他是民主党干事长，却再次因为一场经济丑闻被迫辞职。2010 年，他又一次竞选民主党党首，被菅直人打败。尽管如此，他在民主党内仍然是一个非常厉害的人物。

成为改革者的另一个要素是渴望看到一个有力的两党制的出现。正如柯蒂斯提到的，两党制的建立是很多分析员和日本政治工作者长期以来梦寐以求的东西，他们似乎相信如果日本模仿英国单议席选区的选举制度，“政策导向的、由政党控制的、花销少的选举和一个两党格局”就会自动随之而来（1999：162）。可实际上，1994年，选举改革的倡议者勉强接受了最低一般标准，即单一席位选区和比例代表制的混合制度，这种制度的结果就是谁都没有取悦到。还有一拨人继续支持第二轮选举改革，但是在如何达成目的这方面没有获得一致意见。

1993年大选产生的新一代保守主义政客的另一特色是他们渴望日本在国际舞台上承担更加重要的政治角色，并且在外交政策目标方面可以更加坦率。换句话说，自民党希望剔除腐败，而新党派在这方面可能没有那么保守。改组实际上是新保守派项目的一部分，该项目旨在复兴和重振日本，使之可以在国际上扮演着更加自信的角色，让日本和美国的地位能比过去更加平等一些。

1993年后的日本政治：第二个政党体系？

赫瑞博那等人（2000：4－7）认为1993年后，日本采用了一套新的政党体系，从根本上和1955年的体系区别开来。1955年的体系是“一个半政党”的政治秩序，处于自民党统治之下。他认为“占主导地位的政党体系”（出自乔瓦尼·萨托利的作品——参见赫瑞博那等，2000：9）最能描述1955年的体系。相反，1993年后产生的新的日本政党体系是一个多党体系。自民党仍然是最大的党派，但是它在国会的两个议院里的议席不再是占多数的那个。因此，自民党不得不依赖于和其他党派之间的联盟或者紧密的工作关系。在 1955 年的体系之下，社会党形成了最主要的反对派势力，在新的政党体系下所出现的保守主义反对派不仅模仿了自民党，也对其构成了挑战。1993 年后，这些党派在迷茫中经历了一系列分裂、转型和重生。由杰出的政治人物所领导的不同派系的“改革者”一直在重塑自身，其外观都大同小异。这些派系和政党有很大部分都是由前自民党政客领导和组成的。这些政党所潜在的问题已经被杰拉德·柯蒂斯总结得很清楚：“如果一个新党派的言行举止都跟自民党一样，那么选民似乎没有理由不再支持自民党”（柯蒂斯，1999：36）。新的政党可以在危机期间打败自民党，可以诱惑一些国会成员向反对派投诚，可以大胆地宣称他们保证施行改革，而最终的结果却并不需要对选民解释。作为经常闹腾自民党的反对派，这些政党并没有充分准备好取代这个最大的党派，除非它们以某种方式复制自民党庞大的支持力量。

1994 年 4 月，细川被迫卸任，一部分是因为过去的一个腐败丑闻；一部分是因为他在首相的职位上无法站稳脚跟。当时他努力推行一场政治改革，但是他的很多合作伙伴却并不买账；还有一部分是财务省的敌对官僚给他施加压力所导致的结果。细川辞职之后，羽田孜担任首相，但是日本社民党抛弃了他，使得统治联盟在议会中只占少数议席。这次的抛弃行为是因为小泽要创建一个新的议会核心机构，这个机构是由反自民党的主要势力联合而成，社会党不在其中。小泽决心奠定一个新的“全方位”政党的基础，他认为日本社会民主党无法被纳入这样的团体（柯蒂斯，1999：173 – 83）。但事实上，小泽在那时已经不敌他的政治对手。令大多数分析员惊讶的是，1994 年 6 月末，日本社民党和自民党以及小小的先驱党一起形成了一个特别的新联合政府。这个联合政府由村山富市领导，他是20世纪40年代以来的第一位社会党首相。村山富市宣布放弃日本社民党的大部分重要原则，其中包括反对成立自卫队和日本国旗。他证明了一个受欢迎的首相的个人魅力，但是从那以后，他的党派无法可靠地兑现选举期间所作出的承诺。

1994年末，日本新党和新生党、民社党一起组成了新进党（NFP），后来改名为自由党，包括一些公明党成员。小泽一郎和公明党党首市川雄一的关系很亲密，大众普遍称之为“一一联盟”（柯蒂斯，1999：122）。这个联盟有好处也有坏处，让群众对公明党产生了广泛的不信任。新进党代表了小泽一郎野心的巅峰，他总是不信任社会党，试图让一个“全方位”的反对党派取代他们，这个反对党派是一个保守主义的、改良主义的派系。

1996年初，自民党重新登上首相宝座，尽管该党仍然依赖于日本社民党和先驱党的支持。有一段时间，似乎一个由自民党和新进党统治的新秩序要诞生了，即一个由孪生同胞组成的两党制。自民党可以在1996年10月的众议院选举中巩固自己的地位，就快要重新占据大多数的地位。但是，新进党在选举上的吸引力有限，尤其是在不断失去民意的小泽的统领之下，为另一个改良主义政党的兴起开辟了道路，即民主党。在1998年参议院选举中，民主党大获成功。民主党领导人菅直人（曾是先驱党）担任过厚生劳动大臣，他因为揭发厚生劳动省在允许使用被HIV污染的血液事件上的同谋行为而成为英雄。有一段时期，他是日本最受欢迎的政治家，但是他的形象因为一个性丑闻事件而遭到破坏。同时，社会党已经穷途末路，公明党重新整合为新公明党，现已同自民党联合。共产党有一段时间表现不错，是和保守派竞争的唯一党派，但是他们的成功只是昙花一现。

1998年末，一切都恢复原状。小泽的自由党和自民党联合，其如今的领导人是平凡勤勉的小渊惠三。旧的守卫者和“改革者”又走到了一起，证明了很多人曾经的、长期的怀疑：自民党及其对手并没有什么实质差异。1993年的希望和承诺显然以失败告终。正如斯托克温提到的，1993年后的发展充分展示了“日本党派政治的本性是分裂”（斯托克温，1996：274－5）。和日本大众一样，日本政党几乎失去理智。在这种不稳定的状态下，没有什么事情是必然的。尽管自民党不再能够承担领导者的角色，新的势力最后也无法取代它的统治地位。柯蒂斯曾经具有讽刺意味地提到他1998年去东京访问的时候，许多国会成员在名片上不再标明他们的党派，这一点让他震惊不已，有些人在过去的五年就转了五次党派（1999：25－6）。

为了破坏日本政治其庞大的老党派，和官僚相比，新一代保守主义者可能更削弱政客的相对地位，因为官僚更有能力在联盟成员之间挑起争端。范·沃尔夫伦曾推测：

> 由从自民党分裂出来的现有势力、新的分裂势力、自民党剩下的势力和老的、较小的党派一起组成的未来的联盟同自民党之间的差别甚小，即日本政府里的一个被动的、次要的参与者。（范·沃尔夫伦，1993：60）

换句话说，考虑到“体系”的适应情况及其中和挑战（无论是来自内部还是外部）的能力，前自民党的反抗者的野心和狂妄自大实际上会破坏他们曾经宣称要信奉的改良主义目标。后来的发展确实支持了修正派的观点，即 1993 年后剧变的影响没有看起来那样深远。

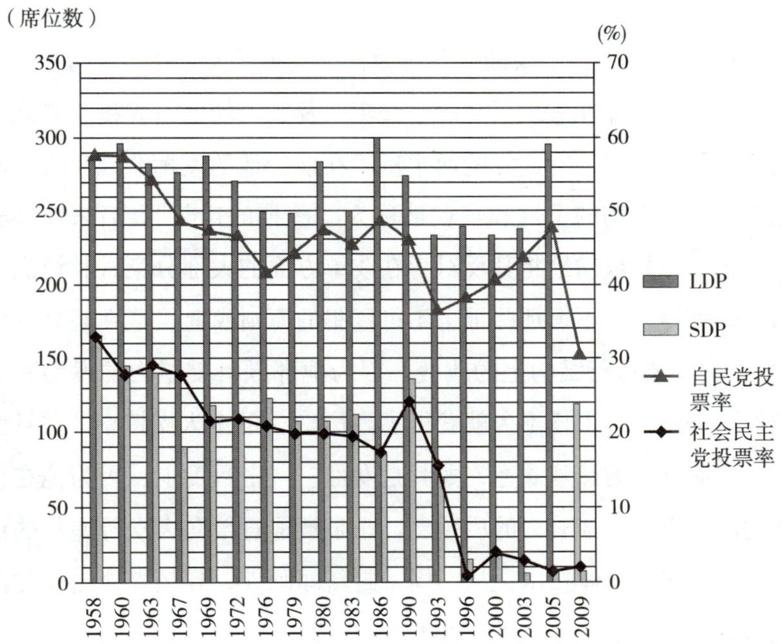

图 6.1　自民党（LDP）和日本社会党（JSP）/社会民主党（SDP/SDPJ）在众议院的选举结果（1958～2009）

注：1955～1991：日本社会党；1991～1996：日本社会民主党（SDPJ）；1996 年起：社会民主党（SDP）。1996 年起，投票率是单议席选区的数据。

资料来源：《日本年鉴》。日本总务省统计局，2000、2002 和 2003 年的《日本统计年鉴》。选举结果，日本总务省，参见：http：//www. soumu. go. jp/senkyo/senkyo_ s/data/index. html。

有没有一种新的日本政治？

21 世纪刚开始的那几年，有另一种观点也开始流行起来：现在，一场根本性的改组真的开始了。两种同时发展的势态支撑了该观点：小泉纯一郎领导下的自民党的复兴，还有民主党的出现，对自民党的统治形成了重大挑战（1958 年至 2009 年的大选结果一览参见表 6.1）。

2001 年 4 月，小泉纯一郎成为自民党领导人，并当选为日本首相。小泉纯一郎在表现平平的小渊惠三及其无能的右翼接替者森喜朗之后执掌大权，有这样的两个例子在前，他的发挥余地很大。小渊惠三因其沉闷的个性和表现被称为“冷掉的比萨”，后来在办公室死去。小泉成功地将其反对者在改革方面的大部分豪言壮语据为己有，宣称自己不惧那些神圣不可侵犯的原则或者“藏在暗处的圣殿”，决心要进行结构上的改变。因为他那颇具震撼力的发型和上镜的演讲方式，上任不久就获得了高达 80% 的个人支持率，并且受到了普通选民的热烈欢迎，尤其是女性。一定程度上，因为他在自民党内缺乏一个强有力的后援会，小泉被迫直接向大众传递他的信息，利用多种媒体技术，从一周一封新闻邮件，到频繁地出现在白天的电视节目上（麦卡戈，2003：69 – 74）。

当小泉的受欢迎度逐渐下降——尤其是在他对 2003 年 3 月美军领导的入侵伊拉克事件上表示强烈支持之后——他成功地开辟了日本政治的新模式。该模式怀疑“主流派”政治学家所强调的诸如社会分歧和相关政策项目之类的可能具有决定性的因素。和托尼·布莱尔很像，他似乎展示了一个有魅力的领导者可以重新包装一个已经失去传统支持力量的政治品牌。一些分析员认为小泉的出现是实际政治改革遇到的一大挫折，有助于在自民党处于危机边缘时争取他们的支持。考虑到小泉在自民党内的弱势地位，很多人推测他几乎没机会执行任何重要的结构性改变。但是，他要实施深远改革的公开宣言削弱了民主党的存在意义。2003 年 11 月初那场出人意料的大选表明一个两党制正在更明确的形成中。然而，在2005年再次为自民党赢得大选后，小泉于次年离职，他那一年的首相当得有名无实。

表6.1　　众议院里各政治团体的力量

代表人数						
	2002.12	%	2003.1	%	2010.10	%
自民党	240	50	243	50.63	116	24.16
社民党	18	3.75	18	3.75	6	1.25
公明党	31	6.46	31	6.46	21	4.37
日本共产党	20	4.17	20	4.17	9	1.87
保守新党	7	1.46	10	2.08		
日本民主党	125	26.04	118	24.58	307	63.95
自由党	22	4.58	22	4.58		
自由连合						
大家党					5	1.04
国民新党					4	0.83
奋起党					3	0.62
维护国家利益和生存的团体					2	0.41
无党派人士						
其他独立人士	15	3.13	15	3.13	5	1.04
空缺	2	0.42	3	0.63	2	0.41
合计	480	100	480	100	480	100

资料来源：日本内务省，“众议院里各政治团体的力量”，http：//www.shugiin.go.jp/itdb_ main.nsf/html/index_ e.htm；总务省统计局，《2003日本统计年鉴》；日本信息网，http：//jin.jcic.or.jp/stat/index.html；日本众议院，“众议院里各政治团体的力量”（2010年10月6日访问），http：//www.shugiin.go.jp/index.nsf/html/index_ e_ strength.htm。

到2003年，来自早期“新”党派的所有杰出政治人物如今都在民主党里汇聚一堂。日本社民党的终结和日本民主党的兴起让很多评论员都认为 1994 年的政治改革为两党制的产生做出了贡献。史蒂芬·里德和凯·清水认为——在法国政治学家莫里斯·迪韦尔热之后——一个由单一席位选区为主导的选举体系的产生会不可阻挡地走向两党制（里德和清水，2009：29）。弗朗西斯·麦考尔·罗森布鲁斯和迈克尔·蒂斯想得更远，认为新的选举规则为一个“新的日本政治”的产生创造了条件（罗森布鲁斯和蒂斯，2010：95－122）。这种新政治的特色包括“这些党派比在统治期间讲究个人主义的一盘散沙的自民党更具纲领性、更中央集权”（2010：96），从而更加注重“明确的党派宣言、党首的个性和能力，以及全国范围的选举活动”（2010：97）。同时，“选区范围的人格主义”已经明显下降，并且允许普通选民的费用由特殊利益集团承担。

罗森布鲁斯和蒂斯继续提出：尽管一个纯粹的两党制依旧不太可能出现，但只有少数小党派——公明党和日本共产党——还在活动，并且他们只能依靠政党名单比例代表制才能维持下去。单一席位选区有一种“赢家获得一切”的逻辑，对蒸蒸日上的小党派有不利影响。“我们期望政权的轮替能成为日本政治的固定特色”（2010：104）。他们还提到 1993 年后的所有日本政府都有联盟，甚至当处于统治地位的政党有足够的国会投票可以独自掌权，他们也选择不这么做。根据罗森布鲁斯和蒂斯的观点，自民党派系虽然还在活动，但是已经不如当初那样有权了，更多数量的小团体已经取代了自 20 世纪 60 年代到 80 年代统治自民党的“五大”集团（2010：110－11）。派系的减少伴随着自民党内权力的更大集中化，包括兼任首相的党派领导人拥有更多权威。强有力的领导力变得更重要，不仅是内部——管理政党——还是外部，在一个竞争更激烈的政治环境中为选民展现一个积极有活力的形象（2010：116）。

按照罗森布鲁斯和蒂斯的观点，“新逻辑”（2010：122）让21世纪第二个十年期间的日本政治与20世纪最后一个十年期间的政治模式大为不同（21世纪第一个十年期间，不同政治团体的优势总结参见表6.1）。根据这种逻辑，“新的多数选举规则鼓舞了政客们结为两个寻求占多数比例的大型政党，其目标是处于政治中间地带的大批选民”（2010：186）。这个新逻辑明确体现在了2009年的大选结果中，在城市选区，老旧的后援会式政治变得最为脆弱，选民倒戈严重。罗森布鲁斯和蒂斯认为日本民主党是作为一个更有凝聚力的中间偏左的政党而出现的，它让自民党有了一个理想对手，虽然这两个党派都需要“紧紧地倚靠政治中间团体”（2010：192）。

里德、清水、罗森布鲁斯和蒂斯都受到了他们所阅读的关于小泉时代的文献的深深影响。自2006年起，日本就没出现过一位强有力的首相，没有谁拥有勇敢的公众形象，也没有谁的政策动议决定了国家政治议程的发展方向。在自民党和民主党的统治之下，首相一年一换。大多数首相很快就证明了自己是个笨拙的沟通者，缺乏与公众的接触。他们也因为自己党内长期的派系内讧而伤了元气。于是，其他评论员就更在目前的政治秩序里挑刺。斯托克温认为民主党实际上就是“第二个保守主义政党”，在一些经济议题上可能和自民党持相同意见（2008：196）。理查德·塞缪尔斯认为日本民主党存在着至深的难以消除的分裂：

> 人们通常认为“中间－偏左”在意识形态范围内是一个单独的定位，但是就日本民主党而言，这个连字号应该被当作加号。那些来自中间的和来自左边的人在很多重要议题上从没有

> 真正地达成一致。因此，有些人说日本民主党一直是一个“杂种狗”，而我认为一个又有狗又有猫的“动物园”可能是更恰当的形容。在每一个竞争激烈的民主政权的政党中，内部领导这方面的挑战是很普遍的，但是日本民主党一定是全世界执政党中最难对付的。（塞缪尔斯，2011）

这类文献让人们对主流派作者所呈现的日本政治的美好蓝图产生质疑，主要是质疑英式两党制。该制度的特征是：有强有力的领导者，并以赢得选票为政策宣言。塞缪尔斯还认为自民党和日本民主党都没有核心的选举支持力量，使得这两个党派处境软弱，选民一时兴起可能会投一票，也可能忽然倒戈，一下子喜欢，一下子又不喜欢。在投票通过国会的措施这方面，日本民主党越是向自民党妥协，就越容易失去保持其独特选举身份的东西。日本民主党的支配者小泉纯一郎让鸠山由纪夫成为首相，迫使菅直人离职，并且通过野田加彦所做的重要约定保留了自己的任免权，因而使分裂的自民党式风格的党派之争永久保存了下来，破坏了党派的选举公信力。当罗森布鲁斯和蒂斯的主流派文献表达了一种日本政治的安定的梦之场景，塞缪尔斯的修正派评论则提到了进一步垮台的真实可能性。杰拉德·柯蒂斯是一位主流派学者，以正面评论闻名，他认为日本政治目前陷入了一个“创造性破坏”的过程中，显然破坏大于创新。他提到，除非日本政治家能在福岛危机后展现其领导力，“公众将比二战后的任何时候都要更加完全地远离政治制度，并且日本的衰弱是不可抗拒的”（柯蒂斯，2011a：182）。

2012 年 7 月 2 日，小泽一郎离开民主党，成立了一个新的分离出来的党派，带走了国会里的大约 50 名成员。虽然数量上的损失给野田政府造成了一定风波，他们可能为执政党带来了一些新的生机，终于从小泽专横的影响及其无止境的哗众取宠中解脱。小泽的离开一下子除掉了民主党动荡不安的一个主要源头，也大大巩固了野田的地位。

前首相鸠山由纪夫的海报

政治宣传海报

小结

对于主流派分析员来说，1993 年以来日本政治的发展证明了他们争论的中心内容。日本的确是多党制，权力会易手他人，派系逐渐衰弱。民主党已经证明了自己可以打败自民党，而小泉纯一郎统治下的自民党也摆脱了党派之争的负面特征，并且通过大众媒体直接向选民提供援助。修正派持更加怀疑的态度，认为近年来的分裂是日本秩序紊乱和崩溃的证据，而非多党制。对他们而言，日本政党已经沦为难以辨别的局部利益集团，缺乏真正的公众支持，而且选民越来越无法积极参与世界政治。那些从政治经济学角度看待日本党派政治的人常常认为整个政治秩序已经不可避免地被结构性腐败破坏了，还被特别利益集团歪曲到了无可救药的地步。文化主义分析员则认为日本政治具有高度辨识性，没有遵照西方政治学的原则，却按照自己的逻辑运行得很成功。

Contemporary Japan

第七章 社会化和公民社会

日本人是如何融入盛行的政治秩序中的？日本社会的不同成分依靠国家和统治阶层来实现相互制衡的情况已经到了什么程度？本章节调查了日本社会的两个方面：社会化的来源（例如教育和治安），还有公民社会的本性，正如媒体、社区组织和抗议运动所表现出来的一样。大部分主流派学者认为日本的制度非常成功地培育出了好市民，大多数日本人在政治和公民秩序中扮演着积极角色。修正派一般持怀疑态度，认为日本在某些方面强迫或强制其公民屈服和表面顺从。那些运用文化主义方法的分析员认为日本社会主要是被文化标准和传统塑造而成，而不是政府引导的社会势力和制度。

社会化的源头以及社会控制

教育体系

日本教育的历史是个复杂的研究课题。在这个历史中最重要的一段是明治时期和战后美军占领时期。在明治时期，19 世纪下半叶，日本沉浸在“赶上”西方的任务中，忙于极其快速的工业化和现代化进程。现代化的一部分就是创立一个教育体系，这个体系受到了法国、德国、英国和美国例子的启发。这是一个高度集中化的体系，围绕着纪律严明的公立学校和少数精英公立大学（参见古德曼，1989：32－3）。到1905年，95%的孩子接受了基础教育。学校系统旨在反复灌输民族主义原则，这些原则已经被编入1890年的诏书《教育敕语》里（参见帕辛，1982：151－2）。这个官方声明强调了日本教育的民族主义目标，注重孝道和对天皇的忠诚，包括一个军国主义命令，即在紧急时刻能为国当兵。

美军占领日本期间，人们认为战前教育体系是导致军国主义在日本兴起的主要因素之一。占领军当局组织一群老师和教育官员重新编写了“军国主义”教材，并且限制了中央政府对学校的控制。学校和老师有权决定他们的课表和课本，选举出来的本地学校董事会是按照美国模式成立的。1947年教育基本法和宪法有平行的部分，重点强调机会平等。它反映了平等主义和民主化，其中的一则条款是“教育不应该受到不正当的控制，而应该直接对全人类负责”（萧邦，1991：32－4）。自从战争开始，两种针对教育究竟是什么的观点一直在互相激烈地斗争。一种观点认为教育是由国家为了国家目标而执行的一套中央集权的体系，另一种观点则认为教育是在民主的路线上运行的一套分散的体系。

美军占领结束后，保守派试图对教育体系做一些改变，尤其针对文部科学省对教材和课程的控制。尽管受到日本教师工会的强烈抵制，占领结束后不久，保守派取得了一些重要的成果。1956年，经选举出的本地学校董事会被废除；1958年，文部科学省的课程表成为必修；1963年，由当地相关部门来决定选择什么样的教材，而不是教师。到20世纪70年代，以选拔学术人才的入门考试为基础的一套体系所造成的人才同化越来越成为一个问题，要求体系多样化的压力也越来越大（萧邦，1991：34－48）。

今天的教育体系

日本学校在核心技能方面的教育受到了广泛赞扬，日本学生一般在国际比赛中表现得都很好。由于他们出色的读写能力、计算能力和科学知识，他们的排名都很靠前。这些令人印象深刻的技能水平反映了一个要求苛刻的学校系统，其组织架构是为了准备各类入学考试而定的。甚至一些幼儿园和小学都有入学考试，中学也有，但是最重要的一般是那些高中和大学入学考试。很多——虽然不是全部——入学考试使用的是一种多选题的标准格式。它们一般测试机械学习的能力和死记硬背，而不是创意或批判思维。

由于是否通过入学考试的确在很大程度上决定了孩子的未来（许多公司和其他机构或多或少都从特定的职业学校、学院和大学直接雇佣员工，而且在日本没有什么“终身学习”的概念，也没有什么“后期开发”的余地），所以是否通过考试的压力是巨大的。入学考试的专制地位导致了高度结构化和通常无聊到极致的课程，教师机械地照本宣科（通常一学时上一页）。课本的内容有很多自相矛盾的地方，因为文部科学省强迫教师使用经批准的教材，而且批准的过程非常政治化，尤其是对历史和社会研究这类课程。持批评态度的学者和教师对文部科学省审查教材的行为进行了谴责，其中特别针对了他们弱化日本在二战前和二战期间的侵略行为的问题（参见赫尔佐克，1993：196－217）。但是其他人认为广泛传播的1982年的教材被左翼集团和中国政府过度地政治化了（井尻，1996：64－5）。然而，米山认为教材审查制度没有受到政治敏感话题的限制。她提到了一个例子，一位赢得诺贝尔奖的日本物理学家编写的新教材却没有通过文部科学省门的批准，因为那本教材推崇批判思维，而不是为学生提供明确的答案（米山，1999：148－9）。

在教育体系中成功的压力主要来自于家长。和很多其他亚洲社会一样，日本有一个特别的妈妈群体，被称为“教育妈妈”（教育ママ），这些母亲从来不会停止教育她们的孩子。“教育妈妈”一般会经常去孩子的学校参观，成为家庭教师协会的活跃人物，讨好校长和其他老师，还会为孩子寻找最好的私人补习学校（学習塾），让他们晚上和周末去那里上课。补习学校是一个很庞大的行业，对于准备考试至关重要。高中教师的一个普遍抱怨就是由于学生花很长时间在放学后参加补习学校，导致他们累得无法正常上课。

很多国家的中学生在上下一堂课的时候都会从一个教室走到另一个教室，而日本的学生则所有的课都在一个属于他们自己的教室里上（除了科学实验课和体育课），他们一整天都待在一个小组里。他们很少针对不同的课分成不同的小组。学生在课堂上通常只限于抄写黑板上的板书，以及回答一些关于作业的即兴提问。一个典型的“教室”有48到50名学生。因为大一点的孩子和十几岁的少年极少在班上主动发言，中学教师就利用多种手段（例如用学号来叫学生，或者一排接一排地点学生）来保证所有学生轮流回答了问题。每个班都有自己的班主任，这个班主任为班级成员的福利担负着很大责任，甚至包括课堂时间以外。一旦学生遇到了任何特殊问题，班主任就要常常去学生的家里拜访家长。尽管学生的课业繁重，补习班任务很多，很多人会把大量时间和精力投入到社团活动中，尤其是体育活动，从传统的例如剑道等日本体育运动到棒球、游泳和排球。一些社团早上7点开会，每天早上在上课前花一个半小时练习，课后再花两小时练习。

大多数日本学校都纪律严明。教师走进教室后，学生要起立，在班长下令后一起鞠躬，最后才能坐下，类似的一套程序在每节课结束时也要来一遍。每节课结束后，学生负责擦黑板，他们还要穿制服（很奇怪，当地大部分的权威学校的男生制服都是模仿 19 世纪的普鲁士人制服制造的），学校密切监督着他们有无违反统一规则。打扫学校（包括公共区域）是学生的职责，在放学后完成。很多日本学校非常洁净，而一些管理体制比较自由的学校对打扫的要求就没有那么一丝不苟。学校越干净，纪律越严明。日本教育的黑暗面包括霸凌、拒绝上课，以及非法使用体罚（冈野和土屋，1999：195 – 210；米山，1999：147 – 241）。一些学生太过疏远学校体制，变得不爱与人交往，沉默又反叛。

穿着校服的学生

美军刚刚结束对日本的占领时，日本教职员组合势力很大，成员众多，在为教师提高薪水和待遇方面成功举办了一系列活动（瑟斯顿，1973：40－79）。日教组和日本社会党联系紧密。实际上，日本在冷战期间的两极政治体现在全国的学校里，例如组成工会的左翼教师和保守派校长及学校董事会一起争权夺利。但是，正如萧邦提到的，这种意识形态的僵局变得越来越空洞，和教育体制存在的真正问题相差得越来越远。“经过了多年艰难的意识形态斗争，这些人却几乎没注意到主题的改变”（萧邦，1991：22）。理论上，工会教师喜欢一个更开放的教育体系、更自由的纪律制度，并且可以随意使用未经批准的教材。在现实中，他们是秩序井然的学校制度和机械式教育方法的主要受益人。尽管工作时间长，文书工作过多，在大部分日本学校里，教学是一个相对直接的行业。微不足道的课前准备，年年都使用一样的教材，学生极少提问，教师工资不错，假期很长。实际上，左翼教师和右翼文部科学省门之间建立了一个和谐的相互勾结的默契，即一种具有实用性的权宜之计。

虽然教育现状存在着这种共享的既得利益，越来越多的人意识到学校体制没有产出更多的创新能力。中曾根康弘首相（1982～1987）竭力主张教育改革，认为校园暴力和霸凌行为意味着人们需要更好的教学、更多的教育国际化，以及高考改革（萧邦，1991：211－50）。接替的政府也持有类似观点。由于日本开始经历从一个工业社会向后工业社会的艰难转变，劳动力却没有准备好去适应新的全球信息经济。日本也许有能力制造硬件，例如电脑，但是软件却越来越多地来自于西方，来自于更具灵活性的社会，比如美国和欧洲。过度集权的教育官僚机构和工会运动日益减少的教师（参见瑟斯顿，1989：186－205）都没能力面对挑战，这些教师压根就没有动力去提高他们自己的劳动量或技能。理论上，官僚、教师和父母都希望有影响深远的教育改革，但是实际上所有人都受困于现有的注重应试教育的体制。正如古德曼所说的：

> 父母想要一个更自由的体制，却又害怕自己孩子的机遇会受到影响；雇主想要一个更具创新意义的产品，却又不想失去由教育灌输到产品中的一致性；政治家们为了获得选票，在公开场合都表示支持体制的自由化，却又常常心照不宣的赞成似乎直接通向日本“经济奇迹”的一套体制；官僚们仅仅是“人民的公仆”，而文部科学省会为阻止其中央集权受到一丁点损失而战斗到底。（古德曼，1989；34）

1998 年，文部科学省宣布了政策的一项重要转变，被世人称之为“宽裕教育”（压力低，不再填鸭式教育）改革。这些改革由日教组支持，提出要减少学时、更以学生为中心、跨学科和进行问题导向的学习，符合减少机械学习的国际趋势。这些改革的核心是希望学生可以“对生活有热情”。但是 2003 年国际学生评估项目——由经济合作与发展组织合作——对日本产生了巨大影响，日本在该项目中，数学素养排名第六，阅读能力排名第十四，科学素养排名第二，问题解决能力排名第四。大部分国家对此结果应该感到满意，而日本的排名与 2000 年相比有明显下降——2000 年日本数学排第一名——并且形成了一股 20 世纪 80 年代初以来日本在此类国际测试上排名下降的趋势（高山，2008：395）。媒体和群众对 2003 评估分数的激烈反应恰恰给了那些对饱含争议的“宽裕教育”改革持批评态度的人以可乘之机，而教育改革那时候几乎还没开始。保守派认为改革计划不周，体现了教育标准的下滑，破坏了日本的国际竞争力。结果，保守派教育工作者能够对“宽裕教育”政策做出改动，包括在2007年采用一套国家标准测试制度。民主党于2009年执掌大权，承诺会举行新的一轮改革。2011年和2012年新的变化则加大了日语和数学的重要性。

高等教育

相较于中小学教育，高等教育就显得没有那么令人印象深刻。大学和学院的学生一般都把高等教育当作他们在高中刻苦学习的奖励，以及工作之前的休养阶段。大学学生通常在课堂上睡觉，不认真对待考试，所有人几乎都能毕业。主要的修正派学者麦克维认为日本高校根本就没有什么教育："学生在一种仪式化的缺乏教育实质的浮夸现实中扮演着学生的角色"（麦克维，1997：219）。在另一本著作中，他认为日本的高等教育从根本上说是失败的，很多日本学生并不是真正为了获得学位而学习（麦克维，2002：14，239）。麦克维对日本高等教育的批判观点受到了其他学者的质疑，他们认为日本的高等教育相对来说表现得不错，并且的确处于提升之中。麦克维则认为他的观点反映了他自己在"典型的"私立院校执教的经验，而不是那些吸引更多学者注意的精英公立大学。麦克维的观点更注重社会学和人文方面，而不是自然和应用科学方面。

在日本，有一份挺厉害的大专院校排行榜，很多大学生都存在着一种关于自己没有去更好学校学习的"情结"。虽然日本有几家受到高度推崇的私立大学（例如早稻田大学和庆应义塾大学），在二等或三等私立大学读书的学生则普遍希望他们能去更有名望的公立大学学习。甚至那些在诸如名古屋大学或大阪大学等领先的公立大学读书的学生都常常苦于自己没能去更有名的东京大学读书。日本的高等教育体系已经被等级制度深深渗透，导致很多大学毕业生都觉得自己是失败者。由于没有什么针对日本高等教育的实际改革措施，可以猜想人们对院校社会化——而不是院校教育——的普遍关注是一项深谋远虑的政策，受到了公共部门和私营部门的上层决策者的支持（麦克维，1997：219）。

由下降的出生率造成的 18 岁人数的减少意味着日本 500 多所私立大学里会有很多学校——尤其是那些不怎么有名的——面临着在未来的几年可能破产的命运。虽然关于高等教育体系国际化这方面的讨论有很多，选择出国留学的日本学生数量呈自由下落趋势。2003 到 2008 年期间，在英国高校注册登记的日本学生下降了三分之一（菲茨帕特里克，2011）。政府希望吸引更多外国学生在日本高校就读，但是语言及文化障碍和糟糕的教育标准意味着日本主要吸引的国际学生都是那些无法去西方国家的高校就学的学生。

教育和政治

理论上，日本的教育体系是高度重视英才教育的。那些成功通过入学测试的人会进入最好的小学、初中、高中，最后是顶尖的学院或大学。许多卓越的学校都是公立而不是私立的，虽然最近几年人们越来越青睐私立高中。但是，在实践中，日本的社会流动程度跟英国和美国很像（参见石田，1993）。久负盛名的大学如东京大学所接收的学生有一大部分来自于少数“预备”高中，大多数预备高中位于关东（首都圈）地区。这些高中反过来又和少数给它们提供大部分生源的初中保持紧密关系。这些初中的大多数学生都是从一个有限的小学圈子里出来的。的确，甚至连一些幼儿园都有入学考试。许多进入东京大学的新生都曾参加过一个同样有名的补习学校，他们在那里一起为高考奋战。为了进入一个合适的学区，一些家庭把小孩送到亲戚家住，甚至会搬家。因此，进入最好的中小学和大学读书就在很大程度上成为了中产阶级的特权，尤其是那些位高权重的家庭，即父母（通常是父亲）薪水很高的家庭。

罗兰认为日本的中学：

> 其最佳定义是：为一个高科技的英才教育体制筛选受过训练的劳动力，而这个体制需要的是能在一个严峻的、等级鲜明的、经过精密调整的、组织环境中表现可靠的、高度社会化的个体。（罗兰，1983：209）

从政治角度来说，这种关于教育的观点可能具有令人不安的暗示。麦克维认为日本的教育体制旨在为统治阶级服务，其重点在于为了经济增长和社会秩序的利益而创造一群听话的劳动力。换句话说，教育体制是为了压制异议和限制参政范围，“维持一个有秩序的、可预见的、可控制的环境，有助于上层人士的目标以及经济方面的追求”（麦克维，1998：179）。根据麦克维的观点，日本教育体制不教西方国家普遍理解的民主价值、个人权利和基层活动。日本教育并没有“融入”英美模式，而是引申自一套完全不同的关于国家、社会、个人之间的关系的设定。

治安和刑事司法体系

本书讨论了对于日本社会的不同解读，包括一种视日本以集体为基础的观点，认为日本处于和谐与共识的统治之下。另一种观点则认为日本建立在社会控制的原则之上，国家通过一系列机制将秩序强加给人们。以强调集体为特征的日本社会，其本性到底在多大程度上造就了日本政治？或者说，日本政治秩序在多大程度上造就了高度一致的群体规范？整个问题可以通过两种观点来调查。

造就日本社会的一个重要因素是存在于日本的社会控制机制。特别是，我们如何解释日本极低的犯罪率和其他“偏差行为”？日本教育造就了骄人的识字率和高标准的计算能力，而统计证据似乎暗示了一个模型系统。这个指向日本国民性的证据有没有，或者说，是否反映了政府政策造成了个人自由受限的压迫性的一面？

摩尔和杉本（1989：234－7）认为该议题应该按照他们所称的两个“例证性的类比”来考虑，即鸬鹚捕鱼和放鹰捕猎。在日本的鸬鹚捕鱼术中，鸬鹚被长长的皮带牵着，人们训练它们按照指令动作，它们甚至把捉到的每一样东西都交给主人。在西方的猎鹰术中，猎鹰可以自由的飞翔去寻找猎物，但是也被训练把捕获的猎物交给主人。他们把这两种动物跟日本社会的两种形象作比较：有组织的社会，上层强加的纪律很严明；相连的社会，其结构更具流动性，但也维持着一种普遍的凝聚力。这些都是隐喻，并不是明确的描述。摩尔和杉本认为前者符合日本社会，后者符合西方社会。然而，我们可以这样说，这两种形象都暗示了日本公民个体（即鸟）都服从于一种支配性的指导，受到以国家形式存在的主人的控制。群体模式会否认这种权威的存在，将集体活动视作一种固有的，几乎是天生的现象。

不论巩固日本社会的控制机制其本性如何，就犯罪统计而言，其结果令人印象深刻。大卫·贝利是洛杉矶的一名警察，他第一手研究了日本治安状况，将他的著作的第一章命名为“警察的天堂”（贝利，1991：1－10）。根据联合国毒品和犯罪问题办公室（UNODC）1998到2001年的数据，美国的谋杀案是日本的9倍，英国是日本的3倍（UNODC，2001）。日本其他案情较轻的犯罪率也较低。日本严格禁枪，枪支在日本犯罪中占比极小。这么低的犯罪率是怎么达成的？对此的解释集中在两个领域：治安活动和更广泛的社会行为。在实践中，其差别不太明显，因为日本采取的治安活动并不会被西方社会乐意接受。

这些活动包括在每个小区设置小小的“派出所”（交番）（参见图示），使警察可以密切关注小区里发生的事（新加坡警方成功模仿了该举措）。更令人不知不觉的是“住宅调查”，即警察每年会拜访每户住家两次。他们会问一长串问题，包括谁住在房子里，他们是什么关系，他们的年龄，他们工作了没有，在哪里工作，他们有什么交通工具（参见贝利，1991：79－82）。所有的这些资料都记录在特别的表格中。除此之外，还有该住家拥有的贵重物品清单，小区里发生的事件详情，周围有无可疑人员，以及其他类似问题。东京的巡警平均每年要做450次这种类型的拜访。收集到的信息不会保存在中央计算机或中央文件生成系统中，而是放在派出所里，以备当地警察不时之需。这些数据不会被其他政府部门使用，但会被侦探，或者负责监视政治异见者的特殊警察局使用。

通常是经验丰富且社交技巧良好的中年警察来做这些拜访活动，而不是年轻警察。虽然这是必须要做的事，但并不是所有人都会配合。当地不错的聊天主题清单会被贴在每个派出所里，且频繁更新。警察会用这些主题开始和居民的谈话，说服他们填写表格。一些左翼人员会拒绝，从独门独院的住户那里套出社区的信息比从公寓住户那里要容易一些。鉴于此原因，警察局会分配额外资源，或者任命更有经验的警察去公寓进行住户调查，公寓更有可能藏有罪犯和危险分子。但是，不是所有的当地警察都能足够收集他们所在小区的详细信息，尤其是大城市。并且有证据表明这种“交番”

京都的派出所（交番）

系统已经越来越不有效了。2004 年，日本有大约 6500 个派出所（交番）和 7600 个乡村住宅派出所（驻在所）（警察政策研究中心 2005：3－4）。这些小警察局比城市里的“交番”覆盖面更广。

日本体制的一个显著特色是：犯罪预防是一项核心活动，其地位（和资源）可与犯罪调查相提并论。所有的日本小区都有犯罪预防协会（艾姆斯，1981：41－6），志愿者会戴着特殊的袖章巡逻。社区里更具有保守主义的组成部分，尤其是当地的商业，比如小店，常常会为这些协会提供支持，因为它们从低犯罪率的获益最多（帕克，1984：68）。有严重犯罪发生时，就会开始特别巡逻，例如 1997 年神户发生残忍的儿童谋杀案后，父母就组成了巡逻队。

除了警察自身的努力，社会经济因素也为低犯罪率贡献了不少。鉴于失业率相对较低，种族问题很少，贫民窟也很少（但是这三点都在某种程度上受到争议）。尽管日本的在押人员数量只有美国的 20%，最近几年也定期执行了死刑：2009 年 7 起，2008 年 15 起，2007 年 9 起（松谷，2010）。伴随处罚的社会耻辱以及之后的影响是对人们的极大威慑，例如，一个酒驾的日本教师很可能会丢掉工作，被认为不适合担负教育孩子的责任。

更难以解释低暴力犯罪率的是暴力遍及日本流行文化，特别是漫画，或者连环画。这些漫画书很容易获取，通常是孩子阅读，包含了很多恐怖场景和针对女性的暴力，比如轮奸女学生。这种虚构的暴力有没有为他们的危险情绪提供一种释放？否则他们就会做出一些扰乱行为？众所周知的青少年暴力犯罪案件——例如 1997 年一个神户男孩被一名 14 岁的孩子斩首——似乎表明漫画会助长残忍的犯罪行为。其他引人注目的案件进一步加大了对青少年犯罪的忧虑，包括 2008 年一名青少年随意杀害了一名成年男性，他将男人推向铁轨，而一列火车正在驶来（日本时报，2008）。但是，虽然日本的犯罪率确实在 1996 年到 2002 年间有所升高，这几年却又降低了，并在 2010 年降到 23 年来最低（每日新闻，2010）。公众对于犯罪所增多的忧虑并没有反映在实际犯罪数量中。

根据贝利的观点，有三个关键因素可以解释"偏差行为"的控制：礼节、放肆和自尊。关于礼节，他指的是正确行为有着无数的规则，渗透在日本生活的方方面面。贝利提出了具有争议的论点，"日本在诸如犯罪之类的大事上的井然秩序似乎是和小事上的井井有条相互联系的"（1991：177）。这个观点符合一般原则，即如果你把小事做好，大事自然水到渠成；如果你训练人们不要乱丢垃圾，用正确的方式系好睡衣，那么他们就不会犯罪。

古尔德批评贝利呈现了"一幅日本和日本刑事司法体系的蓝图，这个蓝图最终被过于简单化和东方主义破坏"（2004：20）。不足为奇，修正派学者表达了一个针对日本警局的非常不同的观点。加文·麦考马克特别批评了日本刑事司法体系中的招供程序，指出日本有 86% 宗刑事案件的犯人都因为招供被判刑，超过 99% 宗案件的被告都被送审（麦考马克，1986b：187），后者的数据尤其令人不安。尽管日本的检察官和法务省都认为这么高的定罪率反映了疑案并没有被送往法庭受审（帕克，1984：107），这种观点似乎很没有说服力。公诉人的权力相当大，在刑事审判中占尽上风。麦考马克指出二战以前，政治异见是有罪的，刑事司法体系常常被用来压倒或压制政治抗议。他还认为政治案件的嫌疑犯长期在押候审——有一宗案件的嫌疑犯候审长达十年——违反了联合国发布的基本条例。所谓的“替代监禁”体制（总共限于28天以内）被麦考马克称为“日本过去专制的遗留物”（1986b：193）。他明确质疑了贝利对日本警方维持的行为标准的称赞。正如帕克引用的一位日本警察被问到为什么嫌疑犯会如此欣然招供时所回答的：“跟权力对抗是没用的”（1984：110）。然而，大卫·约翰逊用一句值得注意的话总结了自己关于日本检察官的实地比较研究：“日本的司法方式表现出了罕见地公正”，并且在很多方面比美国的体制还要高级。

虽然贝利称替代监禁很少被使用，但他提到近年来，每年都有九到十万人受到替代监禁。1985年，62.5%的人拘留时间不到十天，意味着37.5%（或者某个地方有大约37500人）的人在没有受到任何指控的情况下被拘留超过十天。那些被如此拘留的人自己无法接触律师，也不能被保释，意味着（用贝利的话来说）“招供实际上变成了保释条件”（1991：145）。他还提到：

> 控告前的拘留是对那些犯错的人进行道德劝解的一个机会。招供的压力只是为了获得定罪的一个方面而已。更重要的是，它可以被用到教诲中，让人变得谦恭，让人悔悟。拘捕就相当于定罪……和美国不同，日本刑事司法的主要目标并不是

要求惩罚。定罪的行为是具有象征意义的，预示着社会排挤……就像一个孩子做错事后对父母的忏悔却换来了父母理解的笑容和温暖的拥抱，这正是日本警方希望罪犯所感受到的。（贝利，1991：149）

杉本良夫持不同意见，他就“住宅调查”说明道：

在这种情况下，意识形态的控制——用葛兰西的术语来说，即霸权（hegemony）——正进行得如火如荼。社会管理机构在生活各个方面都推行了一种支持现有秩序的世界观，直到它成为“全世界都认为是理所当然的”一部分。随着这个过程的成功执行，自我监管成为了一个日常现实。（杉本，1986：70）

换句话说，群众共识的出现实际上仅仅是“自我监管”的一个表现形式，是由国家强制施行的社会管制的直接或间接的结果。

犯罪和行为偏差

日本法律和治安一贯的正面形象因为无处不在的黑社会犯罪而受到严重破坏，这些黑社会有的是极道形式，有的就是流氓团伙。这些流氓，穿着特征明显，即品位低下的套装和白色的鞋子，常常开着大型梅赛德斯汽车，控制着毒品和卖淫等非法行业，看起来都享受免罚。许多极道大佬和声名显赫的保守党官员关系亲密，实际上都不会被起诉。20 世纪 80 年代末期，极道的数量在九万左右，组成了约 1400 个黑道团伙，设置在很多大型机构内部。其中最大的是基于东京的山口组，在最近几十年变得有权有势。极道团伙的等级化极其严重，但是正式结构中虚拟的亲属关系也是它的一大特征（希尔，2003：67－8）。

新的反极道法律于20世纪90年代颁布，但是希尔认为这些法律比较象征性，不足以反击黑道活动（2003：176）。极道团伙的存在是对日本警方效力的严重谴责，极道团伙和警方的关系亲密，甚至到了会互相打趣的地步（艾姆斯，1981：105－29）。正如艾姆斯说的，从政治观点到服装取向，警方和极道之间都有很多相同点（艾姆斯，1981：120－1）。

另一个问题是青少年犯罪，特别是汽车犯罪。和极道一样，这种犯罪活动都是集体作案和团体导向。青少年们组成名为“暴走族”的团伙，即鲁莽的开车一族（艾姆斯，1981：84－5）。实际上，他们大部分开车的时候并没有粗鲁得令人恼火。他们一般在晚上组成小队，开着车型大、噪音大的摩托车，慢慢地经过城区和居民区。有时候互相有竞争性质的暴走族会打群架，其成员可能会卷入更严重的犯罪活动，比如偷窃。虽然他们表面上显得反社会，摆出无政府主义的姿态，团伙成员的行为却高度程式化，团体等级鲜明，内部纪律严明，大部分人到20岁的时候就“毕业”或“安顿下来”（参见佐藤，1991，特别是72－104页）。佐藤总结道：“暴走族是具有象征意义的叛逆一代，他们在大众媒体和消费品的影响中出生长大”（1991：101）。正如极道一样，暴走族反映了日本主流社会看起来正在背离的结构和等级。

一些类似特征在“不良”的身上也可以看到，“不良”指的是行为粗鲁败坏的日本年轻人。他们一般都有些行为偏差或从事犯罪活动，包括未成年饮酒，偷窃以及抢劫或勒索老年男性——被称为“親父ガリ”（“猎捕老年男性”）。这些年轻人现象在流行文化中得到了广泛描绘，包括一部长期播放的由漫画改编的电视剧《不良仔和眼镜妹》。

很难确定日本低犯罪率所体现的社会从众性在多大程度上跟通过为自民党投票来推广支持“现行秩序”直接相关。有人认为那些经过社会化的遵守法律的人更可能持有保守派政治态度，因此更可能把票投给例如自民党的保守党派。这表面上看起来符合逻辑，但是难以证实。有证据显示支持扩大警力的日本选民政治上趋向保守，很正常，但是这完全是两码事。我们这里需要确定的是日本人是不是比其他国家（例如英国或美国）的选民——那些没有受制于相同政治和社会管制机制的人——更倾向于把票投给保守派（例如自民党）。我们还要确定投票给保守派的行为是社会管制的直接体现，而不是赞成自民党在经济上表现的行为。总而言之，答案尚未揭晓。

还有一种观点，不管是从集体模式还是杉本的日本是“管制国家”的理论来看，它都具有批判性。该观点可以影射“本音”和“建前”的区别，即日本人行为的外在表现和个人真实感受的不同。有人认为诸如本地派出所官员所实行的具有压迫性的监管技巧之类的管制机制对于修正外在行为（即“建前”）大部分都很有效。同时，“本音”却不遵守习俗，并且继续保持着颠覆性的、叛逆的或者侵略性的想法。换句话说，对于那些表达出来的想法和行动，以及那些没有表达出的或者被抑制的想法和行动，我们要会辨别它们。对体制的外在顺从也许就藏匿着内在的不顺从，这会体现在选举时期。如此就解释了为什么外表端庄的日本主妇和平凡的银行职员有时候却会给反对建设成田机场的抗议者发送匿名捐款，或者把票投给日本共产党，并因此感到非常快乐。许多日本人都很得心应手地过着双重人生，这样的行为延伸至日常生活的美好之外，延伸至政治范围之内。对于所有的社会化过程，个人生活一直藏于表面之下。也许看起来日本人的思考和行为都非常老套常规，但是表面是具有欺骗性的，它并非全部。

社会机构和社会参与的形式

大众媒体的角色

主流派学者认为日本媒体的功能就是作为一个重要的“看门狗”，站在自由民主的一边，监视并批判着政府的活动。修正派学者则相反，认为日本并不算是西方意义上的民主政治，对媒体工作进行批判性的评估对于修正派来说是非常重要的。例如卡莱尔·范·沃尔弗伦将日本媒体刻画成了国家政治机关的“哈巴狗”（范·沃尔弗伦，1989：93－100）。

日本国家级媒体被少数几家机构垄断：NHK（日本放送协会），一家公共广播公司，有点类似 BBC（英国广播公司）；五家附属于私营电视台的大型报社。市场领头羊是读卖集团，和日本电视台相关联，紧随其后的是朝日集团和朝日电视台（表 7.1）。每日集团（TBS）曾经和读卖、朝日集团并驾齐驱，但是在度过一段艰难时期之后逐渐衰落，如今的发行量又重新赶上了它们。两家专业金融报纸和《华尔街时报》和《金融时报》占据着同样的地位，即与东京电视台相关联的《日本经济新闻》（或“日经”），和《产经新闻》（富士电视台）。20 世纪 60 年代，读卖、朝日和每日新闻报纸走的都是左翼政治路线。20 世纪 70 年代，读卖报纸转向更保守的立场，夺取了朝日集团长期以来的霸主地位。尽管“五巨头”日报声名显赫，有很多更有趣、更具批判性的报道出现在了周刊或月刊上，内容从揭发丑闻到严肃的政治分析都有，很多刊物都和主要报纸同属于一家公司。当“五巨头”在为自己超高的发行量数字洋洋得意的时候，有批评家认为这些数字都是通过一些可疑的配送行为而人为增加的（奥福德和麦克尼尔，2010）。虽然如今的报纸发行量在国际水平上仍然很高，但实际上已经在减少了。

表 7.1　　日本主要报纸的发行量（2009 年估计，晨报）

	合计
读卖新闻	10018117
朝日新闻	8031579
每日新闻	大约 3800000
日本经济新闻	3052929
产经新闻	1846591

资料来源：奥福德和麦克尼尔引用的美国广播公司统计数据，2010。

由于新闻自由受宪法保护，继任的自民党政府采取了一些笼络措施，例如为报社提供价位低廉的位于东京市中心的极佳办公地点。政治圈和政府机关里还有一个争议颇多的记者俱乐部系统。大约有来自主要新闻集团、通讯社和 NHK 的 15 位记者拥有极高权利，可以进出政党办公室的记者俱乐部、政治派系办公室、内阁，甚至首相办公室。这些俱乐部提供的设施也许很广泛，包括订餐和睡觉的地方，还有电话和电报线路。实际上，俱乐部会员成为了他们所报道的机构的“局内人”。相反，来自地方、周刊和月刊的记者则无法获得信息，同病相怜的还有外国媒体。

记者俱乐部并不局限于在办公室联系政治官员。一群记者常常一大清早就去拜访诸如内阁大臣等关键新闻线索的住家，并且几乎像值班一样跟踪他们。这些记者还“夜袭”重要人物的家，有时候会跟他们一起打麻将到凌晨。在这些情况下，记者和他们的线索人物不可避免地建立了非常亲密的融洽关系，导致其报道缺乏客观，标准也降低了。俱乐部的内部纪律——普通标准由俱乐部会长决定——让会员不可能报道“独家新闻”，单独抢新闻的人会受到被驱逐出俱乐部的惩罚。政治官员获利于由俱乐部记者发布的正面报道，记者们则小心翼翼地守护着自己的线索，以免被圈外那些虎视眈眈的竞争者们夺去。

一般而言，日本主要的政治丑闻都是被非俱乐部记者爆出来的。例如田中角荣的丑闻是在20世纪70年代由一家周刊发布了揭露其腐败的报道，后来由外媒跟进，最终由美国参议院介入调查。里库路特丑闻实际上是由《朝日新闻》的记者爆出的，但是这些记者其实工作于横滨办事处，而不是东京议会管区（法利，1996：148－9）。实际上，记者俱乐部系统自身并不是问题的根源，但反映了日本新闻机构的内部结构。这些机构并不致力于寻求具有批判性的信息，而是一个有关新闻采集的等级鲜明的卡特尔模式，它并没有对享有特权的掌权者的地位形成挑战（霍尔，1998：46－7；弗里曼，2000：160－79）。尽管如此，作为少数曾工作于日本记者俱乐部的外籍记者之一，杰克·阿德尔斯坦称他在《读卖新闻》的同事坚信他们是“日本脆弱的民主政治的最后卫士”（2009：33）。他总结道：“日本媒体常常被外媒刻画成为一群阿谀奉承的办公室职员，但事实并非如此”（2009：34）。日本民主党于2009年掌权，保证要废除记者俱乐部，但很快就发现说得容易，做起来难（法克勒，2009）。《纽约时报》前记者上杉隆（2008）出版过一本引起争议的日语书，名为《日本新闻行业崩溃》。尽管如此，读卖集团和其他媒体集团对日本民主党采取的反对立场意味着记者和掌权者之间的关系比过去要差得多。

东京街道上正在直播的电视广播

最近几年，很多最积极、最具挑战性的政治报道都是由私营电视台发出的，而非令人尊敬却乏味无聊的 NHK，也不是守旧的一流报纸。传统上，日本电视台的记者采访时都充满敬意，提前准备好问题，也不会强迫官员提供适当答案。结果，电视节目枯燥无味，媒体对政治进程也没有起到监督作用。20 世纪 80 年代中期，朝日电视台启用新节目，采访形式更严谨。最重要的节目就是晚间十点播出的《新闻站》，还有每周播出一次的早间节目《周日企划》，它包含了一段时间较长的采访环节。诸如此类的节目有助于提高公众对政治议题的兴趣，尤其是发生于 1992 至 1993 期间的一系列丑闻，并且也许对 1993 年中期就开始统治日本的自民党的短暂下台也起到了些微作用（麦卡戈，2003：56 –61）。

21 世纪初，一种新型媒体表现形式在政治官员之间颇为流行，集中体现在小泉纯一郎担任首相期间。仪表堂堂的小泉非常擅长“娱乐节目”，通过出演关于名人八卦和耸人听闻的犯罪的低档电视节目在女性选民中赢得了良好口碑。一些评论员认为这表明政治变得更开明、更平易近人，其他人则显得灰心丧气，认为节目过于肤浅，对政治人物的个人崇拜已经取代了真正的议题。小泉设法通过媒体直接和选民保持关系，以此来推行他常常含糊不清的“改革”，从而避开了正规的政治结构。但实际上他对自己的政党根本没有多少权力，更别说他的政府。媒体变得越来越重要，但是严肃的辩论和分析却专注于一些琐事上。小泉在2006年下台，他提高了民众对日本领导人与选民沟通能力方面的期待。他后面的三位自民党领袖都无法像小泉一样跟公众保持密切关系。正如巧舌如簧的托尼·布莱尔让舌头打结的接任者戈登·布朗首相无法被公众忍受一样，支持小泉的日本选民因为继任自民党首相的口拙而与其越来越疏远。

小泉的确开启了更开放的政治交流风格，然而讽刺的是，日本民主党在2009年掌权，没有使用任何令人印象深刻的媒体策略就占据了至少有三家位列“五巨头”报纸的关键版面（麦卡戈和李，2010：240－1）。日本民主党取代自民党的部分原因是运用了主流媒体，尤其是电视。一定程度上是因为长时间乘车上下班和拥挤不堪的公寓，许多年轻选民通过手机来获得技术，而非笔记本和台式电脑。手机新闻网主要报道的都是来自主流新闻机构的信息。报纸仍然是最权威的新闻来源，电视最具普及性。到目前为止，没有哪位政治官员是通过博客来赢得声望和公众接受度的。结果，博客和网络对打败自民党的作用不大。尽管作为一个高科技国家，日本对可靠信息的构成仍然维持着类似的等级森严的看法。

志愿组织和专业协会

日本的协会生活很丰富，拥有着充足的以邻里协会（町内会）、公共安全委员会、警方援助团体、志愿组织、志愿社会工作者、见习干事、父母—老师协会以及各种兴趣小组形式存在的社会资本。日本的集体活动范围广泛，尽管现在已经逐渐减少，一些居民区在周日早上，居民小队仍然会在路上除草、清理水沟、收集垃圾。这种社区网络会非常有助于日本政治官员为自己创造支持者团队以及动员社区进行集体投票（弗拉纳根，1991a：196－7）。柯蒂斯解释了邻里协会是如何在一名成功的自民党候选人的选举机构及策略中起关键作用（柯蒂斯，1971：87－125）。虽然日本社会资本总是为政治官员服务，但是丰富的社区机构也可以在大势所趋的时候在政治上保持独立和自由。

女性在很多社区团体中扮演的重要角色反映了日本女性有限的工作机会。杉本称（1997：152－4）相对于有偿工作或居家作业，许多日本女性都认为做一名“社区交际者”也是一个合情合理的选择。交际者从事广泛活动，从工会或者回收商店的活动到关于环保或其他议题的抗议运动。志愿服务在战后以及现在的日本都是非常重要的现象，但是国家为了自身目的动员了很多志愿者和志愿组织（阿文奈尔，2010：85－91）。正如阿文奈尔认为的那样，日本的志愿组织构成了“一种体制上和概念上都被无处不在的国家愿景塑造的活动，国家希望身在其中的志愿者成为自私且无心政治的民众，为国家规划、认可和鼓励的社会议题而贡献”（2010：91）。

民间团体的模式

平田惠子认为有一些原因导致了20世纪60年代和70年代的公民运动没有产生一个强有力的民间团体。许多运动只专注于单个议题，一旦提出了对某个议题的不满，这个组织就会瓦解。这些团体的领导能力通常很脆弱，但是最重要的是，她认为日本作为一个发展型国家“对公民的行动主义强加了结构上的约束，从而导致公民被动，因此阻碍了运动或联盟的长期发展”（平田，2002：17）。她恳求文化主义者来解释日本人是如何接受官僚施压从而对经济发展过分关注。然而，她认为全球化和获取“成熟”工业地位的目标近年来削弱了发展型国家，而为民间团体和非政府组织的产生（NGO）创造了更多空间。她把1995年的神户地震看作为一个“转折点”，让人们怀疑起以国家为中心来解决问题的态度，鼓励了志愿协会的壮大（2002：33－4）。这场地震有助于激励志愿部门。努力帮助地震受害者的志愿者们在神户建立了新的非营利组织，来管理新兴的“志愿工作潮”。虽然20世纪70年代的“公民运动”没有维持下去，新的类似的政治运动却在继续发生。

日本NGO在游说政府改变海外发展援助政策上承担了非常重要的作用，它们是如何做到的？平田对这一点很感兴趣，这是一个相对窄的研究方向。在关于日本民间团体的最详细、最广泛的英语写成的研究中，编辑法尔和施瓦兹认为战后的日本比较激进主义，其政策定位较谨慎。经济利益集团遍地开花，其他非国有机构也获得了不同程度的成功（法尔和施瓦兹，2003）。达奇认为和其他发达国家的类似机构相比，大部分日本NGO都比较业余，信奉过分简单的唯发展主义思想，表现出非政治性（达奇，2007：42）。阿文奈尔总结道：

> 社团活动者发展了社会资本类型的行动，他们为杰出的公民团体和公民网络提供了定向支持。有影响力的活动者还精心制定了一项提案，这项提议会巩固国家愿景和企业上层，并以更多元化的社会行动概念和更普遍的民间团体为代价。（2009：283）

帕坎南认为“日本的双重民间团体通过生产社会资本和社区建设来支持民主政治，但是严重缺乏能影响公众或决策的大型专业团体”（帕坎南，2006：3）。

2003 年美军侵占伊拉克后，政治抗议者开始采取新的形式。由年轻人领导的城市团体采用流行文化元素举行反战示威游行，包括利用劲爆的音乐和大分贝音响系统（林和麦克奈特，2005）。他们对伊拉克战争的反抗和新自由主义经济政策的失败有很大关系，该政策导致许多年轻人失业，过着“飞特族”（临时合同工）的生活。尽管老一辈活动者批评他们缺乏明确的思路和需求，这种抗议是日本新的、等级化较轻的政治参与形式的证明。随着 2011 年地震、海啸与核危机的来临，类似形式的抗议重新出现。一些抗议活动被拍进了一部名为《放射性与行动主义》的德日纪录片中（www. radioactivists. org）。

关于日本民间团体的争议观点

主流派学者认为日本民间团体和西方民主政治的民间团体有大量相同点。日本的教育体制虽然存在很多缺点，但是对于培育文理兼备的人才很有效。日本的治安和刑事司法体系做出了非常好的预防犯罪模式，值得其他国家学习。媒体为日本人提供了关于政治和当前事件的详细信息，并且在必要时提醒他们注意丑闻和滥用职权。同时，日本城市、乡镇和农村的丰富的社区结构让人们享受高程度的社团生活，这些结构可以形成参与多种社会和政治活动的基础，范围从选举动员到环保抗议。

修正派学者则认为形势惨淡。日本的教育体制追求的是培养不会思考的民众，这些民众勤奋一生，致力于消费主义，很难会挑战现行秩序。沉闷压抑的治安和司法体系同平淡无奇又不具批判态度的媒体加强了这种群众一致性。作为监督者，媒体也起不到什么作用。虽然社区团体可以形成抗议活动和基层抵抗的基础，现有体制却非常擅长拉拢它们，压制它们的异议，以及把它们变为支持保守党的组织。

对于关注文化主义态度的学者而言，教育体制对普及日本的主要价值观起着重要作用，例如和谐与等级。这些价值观受到了其他社会机构的加强，例如媒体和警方。日本社区反映了一种很有特色的团体模式，尽管团体有时可能会采取挑战政治掌权者利益的立场（比如在抗议运动中），通过妥协和利益共享，两方一般都在试图寻找方法解决它们之间的差异。

Contemporary Japan

第八章
日本的外部关系

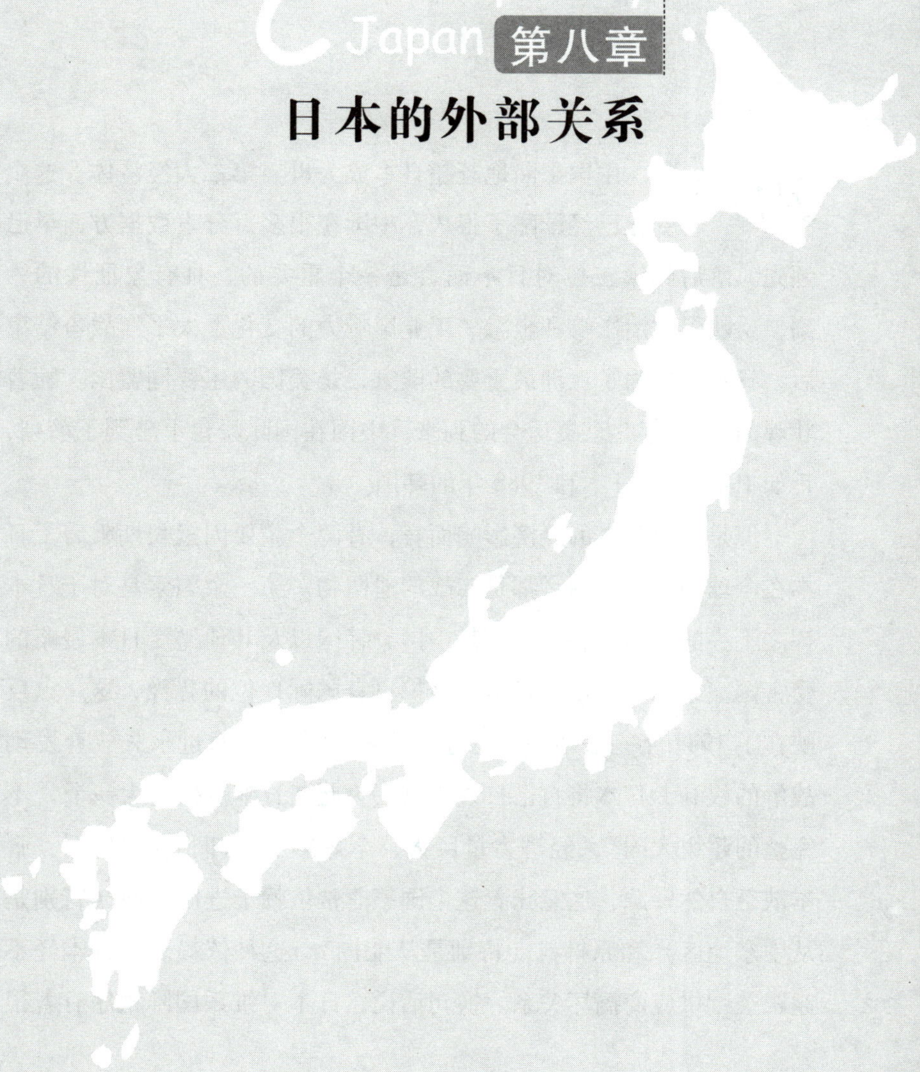

2010年，中国果断地赶超日本成为世界第二大经济体。这个变化已经酝酿了很久，中国在很多百分表数据方面早已领先。落后到第三位对日本而言是一个重要的、具有象征性的一刻，反映了政治影响和金融、工业影响力的变化。太平洋战争结束后，日本就成为了亚洲最重要的国家，是美国的主要同盟国。随着壮观的2008年北京奥运会的到来，中国在国际舞台上坐到了前列，正如1964年的日本和1988年的韩国。

但是，对日本的经济影响而言，有两个主要因素长期阻碍了日本在全球的地位，两者都是二战的遗留物。第一个因素是对于日本挥之不去的不信任感，尤其是中国、韩国以及其他遭受日本侵略的受害国。第二个因素是日本对维护自身国际地位的犹豫，这一点反映在了1947年宪法暗示过的正式自我裁军上。通过永久放弃发动战争的权利，日本将自己打入冷宫。为此，日本被描述为一个“不完整的超级大国”，经济力量巨大，全球影响力却很小。同时，日本缺乏自然资源，这意味着这个国家非常依赖于进口石油（特别是从中东地区）和原材料（特别是从亚洲）。这种依赖表明日本经不起跟关键供应商搞坏关系。换句话说，日本对维系国际秩序有着很大影响，但是缺乏常规机制来维护或确立这个秩序。

这种相对无力的状态的一个明显标志就是联合国安全理事会的组成。日本比英国（或法国）的经济实力都要强很多，在理事会却没有一个永久席位。一定程度上，这样的矛盾反映了二战同盟国在世界顶尖会议中保持自己席位的决心，但是这种矛盾也源于国内民众反对日本宣布其国际地位应该与经济实力相称。日本长期以来在世界工业国家中的地位较高（其在 G8 的成员资格就可以证明），但是其亚洲区域领导者的角色却并不清晰，更别提全球了。修正派对于日本的观点强调了日本和其他国家的关系存在着固有矛盾，主流派的观点则更具同情性，文化主义的观点关注于日本在国际地位上的独特历史原因。

日本自卫队

1947 年宪法禁止日本再次启动军事武装，随着冷战的开始，美国不得不承担起保卫日本和泛亚太地区的主要责任，以免其遭受苏联或中国的攻击。同时，这些责任随着时间的推移依照尼克松主义而逐渐减少，尤其是 1975 年美国从越南撤军。在高峰时期，美国在菲律宾、冲绳，以及韩国和日本大陆都有庞大驻军。

日本的国防定位很独特，不仅是因为日本宪法的特殊性质，还因为国内对该议题在政治和心理上的敏感。日本在太平洋战争中的屈辱败北让整整一代日本人对追求军国主义都感到心神不宁，并且深深怀疑着他们自己的政治领导人和美国的利益与目的。仅仅把宪法第九条当作外界对日本公权的剥夺是不够的，它还引起了许多日本人民的共鸣，特别是那些持左翼或自由主义态度的人。完整的第九条如下：

> ①日本国民衷心谋求基于正义与秩序的国际和平，永远放弃以国权发动的战争、武力威胁或武力行使作为解决国际争端的手段。②为达到前项目的，不保持陆海空军及其他战争力量，不承认国家的交战权。

右翼分子一直对这条宪法规定表示不满，对他们而言，该规定侵犯了日本主权。在许多情况下，保守派（有很多都是统治自民党的资深官员）试图通过多种方式扩大日本的军事角色。很多国家的外交政策都与一般国内政治议程分开，日本则不同，日本的国防形势一直在政治上占据着最大重要性。随着第九条被极具新意地重新解读，日本自卫队（SDF）的地位变得暧昧不清。自卫队“专守防卫”，这意味着他们：

> ①只有在被攻击时才能采取行动；
> ②只能采取最低限度的防卫行动；
> ③他们的力量必须只限于最低程度的防卫——即他们不能持有攻击性或战略性武器。

在国际法中，“自卫”涵盖了个人和集体防卫，但是人们通常认为第九条指的是只有个人防卫才被允许。目前还不清楚这样的解释在军事危机到来的时候会被怎样处理。自卫队受文人统制，对首相和内阁负责。根据宪法，内阁成员必须都是文人。征兵制被废除，自卫队的海外派遣也被废除。最后一项规定并不是由法律禁止的，而是1954年参议院通过的一项决议。

1976年，《防卫计划大纲》（NDPO）阐明了日本的国防政策（参见乔治，1988：239－45）。其中包括让日本自卫队以循序渐进的方式将自身力量提高到特定水平，使其能够开展两项主要任务：和平时期进行全面监督；有能力对付有限的侵略行为。为了使群众放心，NDPO限制了军费支出的最高额度，即不能超过日本国民生产总值的1%（这个额度在1988年和1989年被官方提高，并且针对达到1%这个目标的核算程序的一系列问题也随之而来）。从1976年起，每年的日本国防政策白皮书重点强调了四个方面。

①“专守防卫”（换句话说，受到对方的攻击后才能开始对对方行使军事打击）；

②保证永远不会成为威胁其他国家的军事力量；

③坚持无核三原则，即不拥有、不制造以及不带进核武器；

④承诺军事力量受文人统制。（防卫省，1997：103－4）

讽刺的是，尽管自民党（1955～1993，1994～2009）基于其推动经济发展的政策而不断赢得大选，大部分日本民众却广泛支持反对派和媒体关于国防应采取“和平联盟”的观点。近年来民众越来越希望国防政策能够更加清晰明确，自民党却在日本国防政策上变得守口如瓶。争议的部分包括以下几点：

①何谓“自卫”原则？

②何谓“最低程度的防卫力量”？

③何谓“有限的小规模军事入侵”?

④自卫条款所规定的防卫区域是哪里?

出于这个原因，日本一直不愿意给美国任何明确的承诺来接管特定的防卫功能，也不愿意承担特定的防卫角色。相反，日本已经静悄悄地稳步提升了自卫队的规模和力量。2007 年发生了一个朝着“正常化”方向前进的重要的象征性改变，即防卫厅被官方升格为防卫省，这是由安倍政府强烈推进的一项政策。

1992 年，国会批准了《国际和平合作法》，使自卫队成员原则上可以在国际维和活动中展开部署。自卫队后来为支持联合国维和行动接受了派遣，主要受联合国保护，尤其在柬埔寨、东帝汶、安哥拉、莫桑比克和戈兰高地活动，也从事多种人道主义行动，以及支援选举监督工作。左翼分子和自由派对贴着“和平”标签并且有联合国充当保护伞的自卫队活动表示反对，这是很狡猾的。尽管如此，对保守派而言，这是一场有计划的活动，旨在为自卫队的海外派遣创造先例，并宣称日本如今正在作为一个正常化国家运作。

日本在第一次和第二次海湾战争中对比鲜明的回应很好地阐明了保守派这项策略的成功。1990 年，国内的反对以及自民党的软弱表明日本并不支持由美国领导的将伊拉克驱逐出科威特的战争。相反，日本政府拨款 130 亿美元支援战后重建。美国对日本没有提供任何物质援助表示非常不满。然而，2004 年，作为美国领导的入侵伊拉克战争的“自愿联盟”的一员，日本将 600 名自卫队队员派往伊拉克南部城市萨马拉从事重建工作。因为他们模糊不清的法律地位，荷兰以及后来的英国和美国军队为自卫队提供安全保护，从而避免了他们可能为了自保而被迫开火的危险。这一次，日本仅拨款50亿美元作为重建工作的经济援助，自卫队部署的象征意义比支票外交更加重要。2003年的《伊拉克特别措施法》使得自卫队在伊拉克的部署成为可能，这次部署并没有得到联合国的支持，严格说来，这并不是一次维和行动。实际上，这相当于日本军队自1945年来第一次战时部署。日本没有在阿富汗部署地面部队，但是确实曾一度为美国海军的燃料补给提供海事支持，并且在2011年初派遣了自卫队十人医疗小队到阿富汗。

保守派立法者希望伊拉克的先例可以为宪法改革铺路，尤其是第九条的修订。要求修订宪法——其实就是修改或废除第九条——是20世纪90年代政治争论的主要题目，受到读卖新闻集团和其他参与者的支持（博伊德和塞缪尔斯，2005：27－34）。2007年，由鹰派首相安倍晋三倡议，国会通过了一项法案，允许对宪法改革进行全民公决。但是不久后安倍离职，公众支持衰减，将全民公决延缓三年举行的命令随着时间的流逝也失效了。

美日联盟

美日安全关系从美军占领日本时期就开始演变，美国对日本施加的压力越来越大，要求扩大它们的国防军和防卫能力。关于这段关系的性质的观点不计其数，从美国前驻日大使麦克·曼斯菲尔德的观点："美日关系是最重要的双边关系，这毫无例外"（曼斯菲尔德，1989），到美国人更悲观的观点，即将日本视作一个潜在的危险势力，应当纳入外交政策主动权中。还有日本左翼分子批评安全联盟就是美军占领日本期间的军国主义的延续。

早在20世纪50年代，美国命令日本设立一个由多达七万五千人组成的预备队，来替换被派往韩国的美国军队（乔治，1988：245－6）。1951年，《美日安保条约》签订，声明美国会继续在日本驻军，但附带条件是日本会承担越来越多的责任，达到自我防卫。太平洋战争以来，美日关系最差的一年是1960年，即《美日安保条约》被修订的那年。新的《美日共同合作和安全条约》受到了广泛的反对，数百万抗议者走上街头气愤地示威游行。但是从某种程度上来说，这个条约非常有利于日本：尽管美国承诺会保卫日本，日本却没有许诺要援助美国。这理论上的“美日双边”其实仅仅是“单边”。可这种非常不平等的状态让日本只能从属于美国之下，依赖着与美国持续的良好关系。随着日本经济实力增强，这种政治上从属于美国的关系出现了越来越多的问题。

一定程度上是因为认识到了日本变化的经济地位，美国1969年施行的“尼克松主义”号召美国在亚洲的同盟国为其防御力量承担更多经济方面的责任。越南灾害让美国减少了在亚太地区的军事牵扯；并且，美国越来越期望日本为其分担更多的防御方面的花费。20世纪80年代中期，日本每年为每位美国驻军花费大约21000美元。1990年，日本政府同意支付美国防御设施费用的一半。美国对日本设定的国防花费名义上不能超过国民生产总值1%的限制表示不满，一直强迫他们把标准提高到2%或3%。美国和日本之间不断增长的贸易赤字让美国的不安情绪雪上加霜。随着1979年伊朗革命的爆发，美国终于相信自己回应潜在军事威胁的能力应该大大延伸了，而日本需要对其领海和领空周边的区域安全承担更多的责任。

日本对于美国方面施压的第一次回应是：反驳认为日本在国防上“搭便车”的指控。日本政府强调了“综合性安全”政策，包括清算发展援助，以及为了保证食品和能源供给并将其作为一项综合安全策略所做出的努力（乔治，1988：257－9）。换句话说，虽然日本也许并没有做出实质上的直接军事贡献，他们正在以无数不同的方式支持国际政治和经济稳定。这场争论没有给美国人留下什么印象，但是那些赞成只适度稳健递增国防花费和国防活动的人则一直把日本的说法作为自己的论据之一。

中曾根康弘出任首相期间（1982～1987），日本的外交政策导向有了明显变化。中曾根在国防事务上采取鹰派作风（乔治，1988：261）。在其领导之下，防卫省发布了一项声明，称“自卫”的概念应该不仅仅应用在日本石油、领海或领空上，而可以拓展到日本邻近区域以外。对于自卫概念过去的解释，这是一个很大的变化，更符合美国需要。中曾根还试图打破国民生产总值1%的上限，为了达到这个目的，他还多次尝试直接诉诸公众意见。越来越多的日本人开始适应自卫队的既成事实，但这并不表示他们支持日本政府所提倡的扩大日本的防卫角色。

自卫队如今势力有多大？一方面，日本拥有庞大的军事资产，现在，其国防费用在世界上排名第四，仅次于美国、中国和英国之后，领先于法国、德国、沙特阿拉伯和俄罗斯（ISS 2011：33）。2009年的花费比2001年略低，达到了4.77万亿日元，即511亿美元左右（ISS 2011：245－8）。2009年，国防兵力达到247746，其中，陆军自卫队是151641，海军自卫队是47123，空军自卫队是45600。自卫队拥有374架地面战斗机，95架水上战斗机，49艘战舰和18艘潜水艇。

然而，最近，独立分析员称日本兵力只能抵挡几天的严重攻击，其防卫姿态意味着他们只拥有小范围的能力。花见认为“大量的军事预算不代表就有坚固的战斗力”（花见，1993：595）。罗杰·巴克利称虽然拥有大量的防卫设施，“面对国外紧急情况时，除了营救自己的国民，日本完全不可能部署其所谓的自卫队再做些什么”（2002：223）。

相反，奥里莉亚·乔治称那种认为日本在国防上“搭便车”的传统观点如今需要被重新检查了。从战后初期的一个软弱、依赖性强的美国同盟国，日本已经发展成为一个强大的地区中尉，其军事角色已经渐渐超出自卫界限。尽管还处于美国的保护伞下，日本已经逐渐向集体安全保障型国家转变，并且开始一定程度的区域兵力投送（乔治，1988：237）。猪口孝认为美国和日本之间有一种“功能差异”，阻碍了两国关系（猪口孝，1993：58－60）。两个国家都拥有大量的倾向于贸易保护主义的既得利益，并且都将国内政治置于外交之前优先考虑。猪口孝称：

> 对于另一方来说，一方缺乏透明度，并且过分依赖外国压力（美国对日本政治的看法），或者一方的体制在另一方眼中显得不可预见、独断专行并且沾沾自喜（日本对美国政治的看法），似乎让彼此都非常恼怒。（猪口孝，1993：59）

一项重要的争论涉及一个问题，即日本的政策变化受外界压力驱使的程度，日本仅仅是一个被动国家？日本在外界眼中通常如此，但是猪口孝认为这种看法对于日本政治的复杂性而言却不公正，就连自民党在变化政策之前都要获得一致同意才能使之生效。因此，继任的自民党政府希望追求的安全政策常常和现行政策产生分歧。

1997年9月，日本和美国发布了新的《美日防卫合作指针》（参见片原，1998：70－3）。这并不是1960年安全条约的修订版，也没有直接指出特别的区域冲突，比如朝鲜的处境。然而，新的指针确实包含了几个重要方面，包括分享更多的情报资料（日本现在直接从美国机构接收“实时”国防情报），参加联合国维和行动或国际人权行动时，美国和日本的军队要互相合作，以及更加注重双边国防规划和演习。很重要的一点是，该指针提到了“日本将会尽快拥有采取行动并且击退一次武装攻击的基本责任”。美国主要扮演着支持者的角色，例如在日本遭遇空降袭击的时候提供有力打击。美日安全关系持续受到批评。例如来自《朝日新闻》的分析员田冈俊次认为新指针中的变化完全是“雪上加霜”（田冈，1997）。

2007年，日本和澳大利亚签署了一份安全协议，拉开了与印度进行更广泛合作的序幕，面对着一个“基于价值观”弧度的太平洋联盟，会包含并且超过与美国的核心安全关系。但是关于日本的美军基地的争论很多，时刻提醒着这段关系的集中性。

冲绳和美军基地问题

冷战结束后，位于日本的大量美军基地变得越来越有问题。大约有36000名美国士兵和几十个基地驻扎在日本，包括美国第七舰队和海军陆战队第三远征军的司令部。日本政府为这些基地支付了大部分花费，虽然实际上他们只是扮演着太平洋上“永不沉默的航空母舰”的角色，只保护日本。1992年，美国撤离了在菲律宾的基地，日本的一些人希望这是美国减少在日本的军力的前奏。著名的政治家，例如前首相细川，提倡一项“没有基地的美日联盟”新政策。该观点的一些支持者们提出这些基地应该恢复为日本政府的正式控制之下，但是仍然可以被美军使用。然而，批评家们认为减少美军在日本的势力或地位会造成错误的信号，也许会鼓励中国或朝鲜发动武断的或侵略性的动作。

美国后来计划按比例缩减在日本的军事部署。这些计划将包括把大约 8600 名海军从冲绳调往美国关岛。美国在日本的军队几乎有四分之三驻扎在冲绳。冲绳是位于九州岛和台湾之间的一部分岛屿。美军结束占领日本之后，冲绳仍然被占领了二十多年。1972 年，冲绳才正式被归还于日本。很多冲绳人都直言不讳地批评美军基地，经常举行大规模抗议。一系列的麻烦事，从 1995 年三个美国海军强奸日本女学生到 2004 年一架军用直升机坠毁于一所本地大学校内，已经燃起了公众对美军基地的愤怒，并且在社会上造成了非常不好的影响。1996 年，美国和日本政府原则上同意将冲绳最富争议的空军基地——普天间基地，迁移到东北方向的一处新的沿海场所。然而，在冲绳新建一个大型空军基地在政治上实属不可能，继任的日本管理部门无法实现这项协议（柯蒂斯，2011b：2）。2009 年，日本民主党从自民党手中接过政府管理权后，鸠山由纪夫首相要求关闭普天间基地以及冲绳以外的任何新基地，最好日本什么基地也没有。尽管他后来改变了主意，同意支持原有的迁移计划，鸠山由纪夫的首相位子仍然连屁股都没坐热，有部分原因至少是他居然敢质疑日本从属于美国的国防优先权，因此给自己在华盛顿的履历本抹上了污点（莱特，2010：459）。莱特认为如果可以把普天间基地的海军陆战队迁移到附近的嘉手纳空军基地就最好了，但是这个选择遭到了美国国防部门的既得利益的抵制。

冲绳是《美日安保条约》中所有矛盾的缩影，在很多方面实际上是美国的军事殖民地，本地的观点和民主原则根本起不到什么作用。继任的美国和日本管理部门没有找到有创新意义的解除冲绳军事化以及重新平衡美日安全关系的解决办法。加文·麦考马克认为截止到2011年末，对于在冲绳建立任何新的基地，公众的抵制情绪之高使得没有哪个日本政府可以进行任何类似计划了（麦考马克等人，2012）。

日本和亚洲

日本是亚洲的灵感来源吗？是该地区的经济和政治发展伙伴吗？或者说，日本实际上想利用共享亚洲形象的方式达到掌控和剥削亚洲的目的？这种模糊不清的态度在1931～1945年期间尤为明显。当时，日本侵略并占领了东南亚和东亚的大部分地区，声称他们要为亚洲人民解放亚洲，而实际上则建立傀儡政府在这些地区肆意妄为。

有一个悖论必须要在开始的时候说明一下，即日本对其亚洲身份的矛盾心理。从外部的角度来看，日本明显是一个亚洲国家，可并不是所有日本人都赞同此观点。日本长期以来都自认为是西方工业国家集团的荣誉成员之一。然而，作为一个游离于亚洲大陆之外的岛国，日本倾向于将自己看作为一个独特的分离的存在。1885年，日本知识分子福泽谕吉写了一本书，名字是《脱亚论》，其中他写道：

虽然日本跟亚洲东部靠得很近，日本人的精神已经超越亚洲的保守主义，向西方文明靠拢……日本希望和邻国一起努力让亚洲变得更美好，但已经等不到邻国进行启蒙运动的时候了。日本应该打破队形，和那些西方文明国家一同前行。（引自罗利和罗萨里奥 1991：17）

事实上，这种模仿西方的行径以及凌驾于亚洲之上的优越感让日本在该地区走向了帝国主义，正如日本首先吞并朝鲜，然后是满洲里，最终侵略东南亚。

当日本成功地“前进”至经济上压倒许多西方国家，有一种普遍态度认为，至少在理论上，为了扮演一个和自己的位置相匹配的全球角色，日本需要重新加入亚洲。但是一直以来对于亚洲的负面印象仍然在日本人的思想和行为中普遍存在，一些在日本的外来务工者受到的糟糕待遇就是证据。日本人有一个趋势：虽然因为工业化已经从最初的新兴工业国家传入东南亚，使日本在亚洲的贸易有了本质上的巨大变化，但是日本人还是将其他亚洲国家仅仅视为原材料来源地。

某种程度上，日本人亲近西方是太平洋战争后国际形势下的一个直接结果。日本在东南亚及其他地区的冒险主义给自己留下了长期的不被信任感。美国占领日本标志了日本和美国亲密的政治和经济关系的开端，这段关系优先于日本和任何亚洲国家的牵扯。日本学者涩泽正秀则想得很远，他认为：

实际上，战后的日本简直如丧家之犬一般被驱逐出亚洲大陆，必须靠自身资源生存，毫无加入任何可能形成的地区体系的前景。战争的记忆尚存，东北亚和东南亚没有国家希望日本以任何形式或背景加入其中。（涩泽，1984：158）

他将这种情况和战后的德国做了对比，德国战后被它的西方邻居们并入了新的欧洲秩序。20世纪50年代和60年代，日本忙于经济重建，并且努力保护和资助农业。日本在东南亚地区唯一主要的投资就是确保原材料的供给，主要是来自印度尼西亚的石油供应。20世纪60年代早期，池田首相要求日本通过经济发展建设自身的国际地位，定下了后来的“经济主义”调子。

20世纪60年代末期，日本已经成为大部分东南亚国家的主要贸易伙伴，70年代期间，日本开始在新兴工业地区（韩国、中国台湾、中国香港和新加坡）进行大量投资，以此进入它们的市场并将一些产品的生产转移到这些地区。但是，70年代早期，泰国和印尼都发生过恶意的反日抗议，这表明经济的成功并不一定意味着一个比较正面的国际形象。1974年，日本首相田中对东南亚进行了灾难性的访问，遭到了怀有敌意的民众的广泛诘问。

1967年东南亚国家联盟（ASEAN）组成，日本对此没有太大反应。印尼对东盟的形成起了主要推动作用，但是当时正处于险恶的经济环境中。1975年西贡沦陷后，日本对东盟的态度有所改变。日本人意识到他们不可能再依赖美国来负责与东南亚的联系，日本市场以及原材料来源都需要有新的外交关系作保证。这是日本态度的重要变化，他们为了相互理解和疏通工作（根回し）开始对话，为商业和贸易交流做准备。东盟国家也认识到日本的重要性。现在，美国人已经被越南打败，日本开始寻求成功和发展的新模式。

1977年，日本首相福田访问了东南亚，承诺提供十五亿五千万美元的经济援助，呼吁建立一个日本—东南亚关系的新架构。他保证建立一个基于互相理解的“心连心”的关系，并且发誓日本绝不会再度军事化。这就是“福田主义”，至今仍然充分有效。尽管日本和东盟国家的和睦关系是“福田主义”的中心，但是日本也在尝试和印度支那国家建立良好的贸易关系，尤其是跟缅甸。日本希望促成东盟和共产主义的印度支那之间的合作，目标是利用经济手段保证东南亚的稳定，从而避免使用军事力量。田中1974年访问失败和1977年福田访问获极大成功，两者的对比非常明显。

泰国政治学家查瓦特·卡姆丘引用过一位日本学者的话，称“福田主义”是“一种商人外交：属于经济、通过经济、为了经济”（卡姆丘，1991：8）。“福田主义”本质上没有任何新意，实际上是日本对已有地位的重申。在他眼中，日本政治上跟东南亚套近乎是“开明自利的宣告”（卡姆丘，1991：10），旨在用这种方式伪造日本经济利益和东南亚发展之间的联系，如此便保证了这种发展是依赖于日本的。“福田主义”是“全方位外交”的必要部分，联系到任何潜在冲突的方方面面。理查德·克罗宁是持不同意见的学者之一，他认为“福田主义”是一个转折点，“二战后，日本首次自觉说明了它在东南亚的利益”（克罗宁，1991：60）。这种改变的一个例子是日本对于80年代的柬埔寨冲突这样的麻烦事不再保持公正。虽然在商业上有一些压力，日本在越南侵略柬埔寨后的确暂停了对越南的援助。这种做法表示日本支持东盟的立场。

20世纪80年代，日本人开始对东盟国家进行大量投资，特别是泰国、印尼和马来西亚。尽管日本在亚洲投资巨大，仍比不上在美国和欧洲的投资。日本对于东南亚的投资策略也有一些谨慎。人们认为日本公司在其内部有着不成文的规定，即它们不能在任何当地工业中获得超过30%～40%的市场占有率。尽管如此，这条规定对于某些部门而言很难实现，例如汽车工业，日本的型号在该地区极具优势。必须承认日本产品在东南亚的普及范围和优势地位，不仅是工业制成品，还有文化产品，例如电子游戏和卡通漫画在该地区就非常流行。

日本人不愿意将管理权转移给当地员工，这是人们对日本心生怨恨的源头之一。在这个方面，他们比很多美国和欧洲公司要慢了几十年。许多日本公司的关键职位根本不会用当地人，除了一个象征性的人事部经理。对日本最严苛的东南亚批评家谴责日本的行为是一种新殖民主义，即菲律宾民族主义作家雷纳托·康斯坦丁诺所称的“第二次侵略”（1989）。他提到日本对菲律宾投资的早期重点是“造成污染的、可以萃取的原材料生产和劳动密集型产业”（1989：45）。他举了川崎钢铁公司的一个工厂为例。乍一看，这似乎是菲律宾钢铁行业的开端，但初步印象具有误导性。这个工厂的主要工作是“烧结”，即制铁过程中污染最大的环节，其他所有环节都在日本完成。通过把烧结阶段移出日本，这个公司就可以避免国内关于环保的抗议。

日本对1997年中期困扰该地区的亚洲金融危机没有做出清晰的回应，这是东南亚对日本非常失望的原因之一。一个在该地区表现更明确的领导地位的绝佳机会就这样被浪费，一定程度上是因为日本对独立、对美国发起主动对抗有些犹豫。由日本支持的一项“亚洲”危机基金在1997年9月被提出来进行简单讨论，遭到了华盛顿的否决。美国担心这个倡议会破坏国际货币基金组织（IMF）和世界银行的地位。尽管如此，1998年，金额达三百亿美元的“新宫泽计划”，包括对遭受金融危机的国家进行大量经济支援，有助于巩固日本对于该地区的经济中心地位。重点在于复兴现有的模式，而不是推行实质上的改革（虎克等，2001：205－6）。回顾过去，千禧年之交或许是日本在该地区投资和影响力的全盛时期。韩国已经成为制造业和文化产业的有力对手，中国崛起为该地区的杰出力量是必然趋势。但是日本在亚洲和西方之间难以抉择，尤其是关于一个新的贸易集团的问题，即2011年日本政府表示有兴趣加入的“跨太平洋伙伴关系”（皮林，2011）。

日本和中国

日本和中国的关系极其重要。两个文明之间有着无数的相同点，很多日本文化据称的“独有”特色，例如茶道、筷子的使用以及书写的奇特字体，实际上都是从中国文化进口和改编的。中国和日本都有着提升自己世界地位的想法。日本自认为是现代第一个挑战西方霸权的亚洲国家，而中国则把自己比作“中央王国”，是世界长期以来围绕的古代文明。换句话说，中国和日本都认为自己如果不只是世界上杰出的文明，至少是世界上卓越的非西方国家。虽然大部分西方学者认为二十世纪主要的全球斗争在于美国和苏联之间，中国和日本两国彼此的长期竞争常常更加可怕。

正如卡洛琳·罗斯提到的，中国的领导阶层认为日本在文化上欠了中国很多债，因为日本文明有太多特色都是从中国借来的（罗斯，1998：8－10）。日本一度是中国的朝贡国，但是没过多久，局面扭转。日本让中国在世界秩序中的地位下降，19世纪中国在军事上和政治上的明显下滑证明了这一点。1894年到1945年（让两千年文明黯然失色的五十年），日本对中国进行帝国主义侵略。中国的无能和腐败让日本在1894年的中日战争中轻易获胜，从那时开始，日本就成为中国模仿的对象。随着1931年满洲里事件的爆发，日本试图征服中国，并且在中国开拓殖民地。在此阶段，日本做出了无数暴行（参见罗斯，1998：14－16）。

1949年新中国成立之后，中日政治关系基本上冻结，直到1972年日本首相田中角荣（继美国尼克松访华之后）率先尝试两国外交关系正常化（参见门德尔，1995：80－1）。之后，中国和日本之间的经济关系开始活跃起来，两国于1978年签署了《中日和平友好条约》。但是，一些令人瞩目的议题并没有被解决，例如争议不断的钓鱼岛问题。中日关系在1982年遭到了重大挫折，当时，关于日本教科书对于战时日本在中国的角色的记载引起了激烈矛盾（详情参见罗斯，1998）。中国针对该问题发布了一项官方的外交抗议，从此给两国关系蒙上阴影。门德尔却认为20世纪80年代“两国关系因此更加深厚”（门德尔，1995：83）。

1989年冷战结束后，随着中国投入极权主义政治秩序（“一国两制”）下的市场化经济，日本在中国对企业进行大量投资，两国关系变得更加紧密。考虑到中国对战争的敏感神经，日本一直对公开批评中国的人权问题而犹豫不决。例如，日本的国家公共广播机构NHK就以低调处理争议很大的西藏问题而著名。

20世纪90年代，中国和日本领导人的频繁会面有助于维护两国关系的发展。一次尤其具有象征意义的会面是1992年日本新天皇访问中国。这次访问是日本君主历史首次，他对日本在战争中的行为做了模糊不清的道歉。这个道歉并没有让中国人很满意，但是许多保守派日本政治家却认为道歉太过度。对于过去的争议可能会继续成为两国关系紧张的源头。自民党和官僚结构里那些亲中派“老守卫”的逐渐衰落让上升到双边议题上的两国紧张局势变得更加明显。随着20世纪末日本的经济脚步蹒跚，快速发展的中国得到了一次真正的机会可以在中日关系方面几百年来首次占得上风。

在东京，现在人们的恐惧是“日本已成过去”，而不是“日本遭到痛击”。换句话说，日本重要性下降，美国以及全球都专注于中国（虎克等人，2001：171－2）。日本不得不妥协自身地位下降成为亚太第二大强国。大获成功的2008年北京奥运会预示了日本下滑的地位，这次奥运会类似并且可能超越了“划时代的”东京奥运会（1964）和首尔奥运会（1988）。

最近几十年，中国和日本的经济紧密交织在一起，日本开始将很多工业生产外包给成本低廉的中国工厂。到2011年，中国为大约19%的日本出口产品提供了市场。理查德·塞缪尔斯认为中国和日本的经济关系在新千年兴旺发达，“对于中国区域主导地位的威胁，日本用其特色的模糊态度作回应，同时对自己继续依赖于美国有着慎重的心理矛盾”（2008：166）。日本试图通过参加东盟加三（ASEAN＋3）和东亚共同体（EAC）这样的多边论坛来取得优势，但是始终被中国更加灵活的外交击败。同时，两个国家都在发展其尚属中等水平的军事力量，其采取的方式都会潜在威胁对方。日本防卫省忙着大范围规划三次可能的中国入侵方案（塞缪尔斯，2008：169）。日本还大量提升海上力量，其中对海上保安厅投入巨大。海上保安厅严格说来并不属于自卫队，因此需要“预算外”的花费。中国也许会追赶上来，但是眼下日本军队武装得更好，保持着更强的袭击能力。两国之间的冲突在各种各样的情况下产生。2005年，中国抗议者因为反对小泉纯一郎参拜富有争议的靖国神社，因而袭击了几位来中国游玩的日本游客。靖国神社是极端民族主义态度的焦点。2010年，日本扣留了一艘位于争议海区的中国渔船的船长。作为回应，中国政府暂停了和日本的高层接触，证明了相当程度的潜在矛盾。这些矛盾可能让两国之间的更紧密合作变得更难。为民主党的管理提供了一个重大的外交挑战，民主党对于处理同美国和中国这样棘手的双边关系并不熟练。反中抗议活动在日本时有发生，反映了民族主义情绪和一些日本评论员认为中国日益好斗的立场而引发的民众恐惧心理（参见图示）。

反中游行

日本和朝鲜

日本在地理上非常靠近朝鲜，朝鲜半岛的政治动荡会给日本带来很多损失。1990 年起，日本和朝鲜就开始针对两国关系正常化的可能性展开对话。一位支持对朝鲜施展“温和”政策的重要人物是前自民党权力掮客金丸信，他是发起朝鲜对话的领导人物之一。日本社会党和朝鲜也有着比较亲密的关系。1993 年，有人称朝鲜在日本海测试了一枚中程导弹，导致双边关系的紧张局势。自从

1994 年斯大林主义的独裁者金日成去世之后，朝鲜的未来就布满疑云。他那暮气沉沉的儿子金正日没有为极权主义的“神秘之国”设立明确的方向，古里古怪的整天忙着磨刀霍霍，拒绝国际社会对其做出的无数努力。一直有报道称朝鲜政权内部局势紧张，这个国家的核计划也令人惊慌，并且朝鲜还面临着食品短缺和饥荒。在日本的朝鲜族群体，有证据表明忠诚于朝鲜的人和赞成平壤政权的组织“在日本朝鲜人总联合会”（Chongryun）的会员已经逐渐减少，因为朝鲜政权越来越受孤立且冥顽不化。

2002 年，日本首相小泉纯一郎对朝鲜展开了一次具有历史意义的访问，并且和金正日进行最高级会晤，旨在双边关系正常化。这个举措遭到了一个事件的阻碍，即 13 名日本人，包括学生，在 20 世纪 70 年代被朝鲜神秘绑架，明显是为了获得关于日本社会的情报，并且训练他们成为间谍。更糟糕的是，不久后就爆出 8 名被绑架的受害者在原因不明的情况下死亡。这段离奇的事件引起了人们对平壤政权真实面目及其对日本的企图的广泛焦虑。日本的“温和”外交态度，即将领导人送到朝鲜，同意发表具有安慰意义的联合声明，忽略所有关于绑架、间谍船和核问题检查的重要议题等等，是一项引起日本民众不满的危险策略。

在很大程度上，日本对朝鲜采取了一种观望政策，让美国做领导，在 2003 年到 2007 年间举办的六方会谈（包括朝鲜、韩国、美国、中国、日本和俄罗斯）上也非常低调。难以捉摸的平壤政权并不友好，对日本造成了最直接的军事威胁。2010 年 3 月朝鲜用鱼雷袭击了一艘韩国渔船，造成 46 人死亡，还有同年 11 月对延坪岛发动致命炮击，都证明了日本所受的军事威胁。然而，评论员称日本国防部门过分夸大了朝鲜的威胁，用这种方式为不断增长的军事花费辩护，并且削弱剩下的和平主义呼声，而和平主义正是日本公众舆论的主要关注点（参见博科夫斯基 2010 和休斯 2009）。休斯将朝鲜描述为一个“捕获一切的代理威胁”（2009：303），是一个耐力很强的可怕对手，可以为更广泛的军事化开释。朝鲜的好战突出了日本安全态势以及同美国关系的紧张与矛盾。

简而言之，来自朝鲜的所谓的威胁为日本提供了有用的“掩护”，使其可以提升国防力量，而不用公然提及因为中国崛起而产生的越来越多的安全挑战（休斯，2009：304）。金正日于 2011 年末去世，指挥棒被及时交给了初出茅庐的快 29 岁的继承人金正恩。继任所导致的政治动荡让朝鲜继续成为日本安全问题的焦点。

援助政策

许多其他国际援助项目都是对贫穷国家（欠发达国家中条件最差的，或者最不发达国家）进行最大支援，日本却为那些相对生活水平较高的国家输送大量发展援助，这些国家碰巧也是日本商品和劳务的主要目标或实际市场。20 世纪 60 年代，日本成为重要的援助国。从 1977 年福田开启的一连串“双倍援助”计划让日本在 1989 年成为世界最大的海外发展援助（ODA）供应国，这个纪录被日本连续保持了十年。然而，到 2009 年，日本在全球的位置却跌至第五位（落后于美国、法国、德国和英国），反映了这个国家艰难的经济处境（统计局，2011）。早期的高数据一定程度上表明了日元升值。索德伯格称如果用国民生产总值来衡量日本，日本在援助国中只能排到第 17 名（索德伯格，1996：35）。人们对日本援助的质量也有疑问，日本的援助包含了比其他任何一个援助国都要高比例的贷款补助。日本的援助大约有一半都来自于政府管理的投资项目，例如日本邮政储蓄账户，这些投资都需要获得收益（索德伯格，1996：40）。

日本政府过去用的是一个7：1：1：1的非官方公式来分配给亚洲、非洲、拉丁美洲和中东的发展援助（索德伯格，1996：34），但是截至1997年亚洲金融危机，日本给予亚洲的援助已经降至总援助预算的50%以下。危机爆发后，日本对亚洲的援助又超过了海外发展援助总额的50%，反映了日本对邻国的稳定性和生命力的重新考虑。

历史上，日本海外发展援助约有40%直接投给了经济基础建设（尤其是运输和能源部门），比大多数其他援助国的比例都要高。援助常常被当作“软实力”手段来反击关于日本的批评——例如20世纪70年代石油危机时期的阿拉伯世界——以及在亚洲和其他地区减少“日本遭受痛击”的论调。和其他援助国相比，日本更倾向于将海外发展援助视为扩大贸易和经济政策的工具。当然，日本援助圈有一种感觉——基于日本和新兴工业经济体（NIE）的经历——工业化和更好的基础设施建设是有效发展经济的根本关键。索德伯格认为“海外发展援助不仅对于向接受国促进出口，而且对于调整日本工业，都是一个工具”（1996：72）。商业团体对援助资金的支付发挥了很大影响。正如克罗宁写道：

> 这个概念的本质就是协调海外发展援助、商业贷款和私人投资，从而促成一个经济劳务区。日本曾经对自己、亚洲新兴工业经济体和亚洲发展中国家的各自角色做过“一群大雁”的比喻，其中就预想了这个部门。（克罗宁，1991：54－5）

这个计划预想了一个针对劳动分工的三层结构，日本在最上面，下面一层是新兴国家经济体，再下面是东盟和中国。援助不仅被用到特定的基础建设项目中，而且还用来帮助建立“同日本经济的结构互补”（派尔，1996b：135）。然而，卡罗尔·兰卡斯特认为日本的海外发展援助不应该被单纯的模式化为国家经济利益的忠实伙伴。海外发展援助政策在最近几十年的变化特别多，受到了来自国内和国际的双重打压，其方向也根据流行趋势而频繁变动（兰卡斯特，2009）。

1992 年，日本通过了一项海外发展援助纲领，强调了将维护和平、民主化、人权和环境等议题作为分配援助的标准，这些规定尚未被统一应用。海外发展援助纲领的混杂记录说明了援助并不是单向街，而是一个复杂过程，包含了日本机构和接收政府之间的协商和交易。最近几年，日本对援助的态度越来越“双轨化”。一方面，对于基础建设项目的长期关注仍然继续；另一方面，“以人为中心的”软援助增加，通常注重于社会和环境议题，常常包含跟日本人、国际和本地 NGO 相关的工作（片田，2002：321）。这种双重态度反映了支持高额海外发展援助开销的两类政治拥护者：以通产省为代表的商业部门，和由外务省为代表的广大公众。片田认为这种基于人道主义原则的海外发展援助“双轨化”如今已经扎根，表明了日本海外发展援助政策的真正变化（片田，2002：341－2）。

贸易和投资

日本拥有大量海外投资，从 20 世纪 70 年代开始将很多制造力转移到亚洲、欧洲和北美，范围从汽车制造到电子、计算机相关的技术和国际金融，日本获得了强大的国际地位。同时，日本受到了来自贸易伙伴的很多批评，尤其是美国，原因是日本为进口投资和贸易制造了阻碍（关于日本进出口的总结参见图8.1和图8.2）。

其他国家指责日本的贸易保护主义，以及制造“看不见的关税壁垒”来阻碍进口。日本贸易谈判者频繁诉诸可笑的诡辩术。其中最臭名远扬的是拒绝进口美国制造的滑雪橇，理由是不适合于日本的雪。前美国贸易谈判员克莱德·普雷斯托维茨称“在一定程度上，日本的成功源于日本能够利用国际体系，而不用遵照它，或接受它的施压”（普雷斯托维茨，1988：313）。尽管如此，他坚称，认为日本贸易惯例“不公平”的看法没有抓住要领，美国不能一直试图将日本经济改变为自由市场体制。同时，通过“外压”来改变贸易和商业惯例的现象在20世纪80年代尤为流行。当时，贸易纠纷正在恶化美日关系。一些美国的政治家——他们的家乡正面临着工厂歇业和工人失业——用一种对日本更批判的态度紧紧抓着“修正派”学者的作品不放（包括查莫斯·约翰逊，卡罗尔·范·沃尔弗伦和克莱德·普雷斯托维茨），呼吁更严苛的对待日本商业。修正派和他们自封的拥护者被支持日本的分析员贴上了“日本破坏者”的标签。

御巫认为全球政治经济的三个变化迫使日本从20世纪80年代开始改变其外交经济政策。这三个变化如下：美国对那些剥削美国开放市场却关闭本国市场的国家越来越无法容忍；为了维系经济发展而面临的解除管制的压力，并且不再复制过去通货膨胀的恶性循环；区域经济一体化的速度加快，例如北美自由贸易区（NAFTA）和欧盟（EU）的发展（御巫，1996：9－12）。

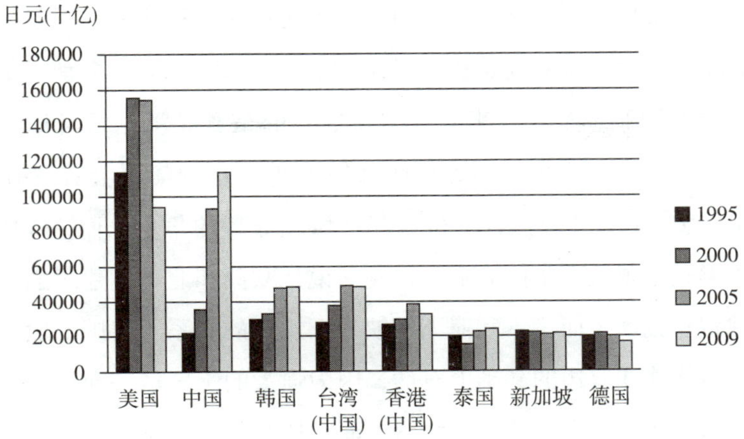

图 8.1　日本的主要出口地区

资料来源：财务省，日本的十大出口地区，http：//www. customs. go. jp/toukei/suii/html/data/fy4. pdf。

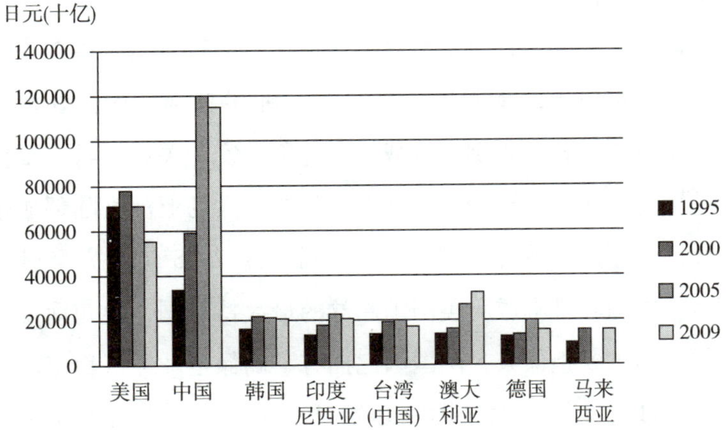

图 8.2　日本的主要进口地区

资料来源：财务省，日本的十大进口地区，http：//www. customs. go. jp/toukei/suii/html/data/y5. pdf。

1991 年成立的亚太经合组织（APEC）将日本、美国、加拿大、澳大利亚、韩国、中国和东盟国家联合在一起，组成了拥有 21

个国家成员的团体。虽然它的目标是促进成员国家之间的贸易，但它并不是一个区域贸易保护主义集团。成立APEC的一个动机是美国和澳大利亚想抢在马来西亚支持成立的东亚经济论坛（EAEC）前面，因为EAEC会把西方国家排除在外。这个集团会对NAFTA产生威胁。EAEC会让日本扮演起区域领导者的角色，而APEC的多边形式会限制日本的影响。换句话说，欧洲和北美创建了强大的区域贸易集团，而日本和亚洲却缺乏正规化的联系。美国一般喜欢和贸易伙伴在双边的基础上对话，因为强大的美国经济允许美国可以占据优势地位和单独国家协商。面对持续的外部压力，选择不作为是站不住脚的，而且亚洲集团没有成型（部分原因是日本服从了美国的反对），日本被推向越来越开放的趋势，一定程度上处于APEC框架之中。

然而，最近几年，日本贸易关系最突出的特点是中国取代美国成为最大的进口来源地和出口目的地。到2009年，中国在两方面都超越了美国。日本告别了冷战时期，美日安全关系不再需要搭配并行的贸易从属性。至少在经济上，日本强大的亚洲大陆邻居带来的阴霾已经超越了太平洋那边的前征服者。2008年西方金融危机爆发后，中国和日本成为美国国库券的最大持有国，换句话说就是美国债务的主要担保人，两国因此拥有了确保全球经济稳定的共享利益。2011年末，这两个国家开始讨论成立一个自由贸易协定的可能性，该协定包括韩国，而美国则试图促成新出炉的跨太平洋伙伴关系（即TPP，也称“跨太平洋战略经济伙伴协定”），这样就能把美国纳入一个区域经济联盟中。TPP已经包括了文莱、智利、新西兰和新加坡，但是在其他有希望成为TPP一员的美国、澳大利亚、马来西亚和越南加入之前，TPP的竞争力并不大，日本的加入对于稳固该联盟有着关键作用（皮林，2011）。华盛顿一直担心迟早有一天，亚洲的超强经济体会联合起来建立一个把美国排除在外的贸易集团。在美国的噩梦成形之前，这似乎只是时间问题，日本签署 TPP 与否，会标志着美日联盟中心力量的继续，以及妨碍排除美国的东亚贸易集团的成立。

国际化

20 世纪 80 年代起，日本就一直公开追求着“国际化”政策，通过各种各样的努力和外界加强接触。国际化战略（也许在1982 ~ 1987 年中曾根就任期间表达的最为明显）委婉地表明了缺乏“相互理解”是日本秩序的弱点，可能会破坏日本的国际身份和竞争力。因此，日本开发了无数项目，让日本人更具有国际化意识，让非日本人对日本更了解。

这些项目包括由日本基金会、友好城市计划等机构组织的文化和研究活动，以及建立“国际中心”，并且在日本所有城市建立国际学生住宿，还有设立“日本外籍语言教师交流计划”（JET），让大量语言助教（主要是西方的年轻人）到日本学校工作。许多项目都非常值得赞赏，但是也有一些只是象征性的。国际化政策背后的政府推动可以说是具有民族主义性质的，延续了明治时期通过向西方学习来加强日本的目的。许多国际化项目，尤其是在它们的初期阶段，都关注于美国和其他西方国家，而不是日本的亚洲邻居。日本追求国际化的民族主义者试图抢走左翼反战国际主义者的风头，但是并没有完全成功。如今，国际化政策很大程度上已经走到尽头。想出国留学或旅游的日本年轻人大幅减少（参见图示），其他亚洲经济体都在快速引进外国人才来保持竞争力，日本龙头企业的高层却依然几乎全部由那些只接受过国内教育的中年日本男性构成。

留学教育展

其他重要关系

亚欧峰会（ASEM）于1996年在曼谷成立，代表了在欧盟和东亚及东南亚国家之间第一次建立一个正规化框架的尝试。尽管ASEM目前只是一个光说不练的清谈会，尚有待发展，但是日本有理由和欧洲打造更有力的关系，从而弥补它在军事、政治和心理上对美国的巨大依赖。纳托尔认为日本已经变得“更像我们”，即更像欧洲（纳托尔，1998：76），并且欧盟理当巩固和日本的有力双边关系，从而维持美国试图破坏的多边体系。然而，因为美国从中作梗，日本难以专心跟别的国家搞好关系。同时，日本在欧洲的大量投资让日本更有理由追求更紧密的经济关系，并且欧盟这个保护伞促进了这种发展（虎克等人，2001：274－5）。和欧洲贸易联系更多的缺点是日本面临被卷入2011～2012年欧洲债务危机的更大危险，日本政府本身负债累累，并没有准备好对付其他发达国家的经济崩溃。

一定程度上为了和美国的影响抗衡，日本民主党2009年上台后开始兜售“英国模式”的想法（哈里斯，2009：82－3），提议对行政部门和内阁制政府进行改变。这反映了英国劳工党领导人的影响力，他们帮日本民主党制定了议程。但是，民主党早期的草率决定——对日本联盟应该多样化并且要淡化跟美国的关系——并没有维持多久。

俄罗斯跟日本的关系也很重要。这两国的关系被一层阴影长期笼罩，即关于“北方领土”的争议，包括北海道岛沿海的岛屿，这些岛屿在战争结束后曾被苏联占据。日本人一直坚持要收回这些领土，并且冷战结束后通过对俄罗斯进行经济援助来作为谈判工具。但是直到现在，这个议题——在两国都引起了强烈的民族主义情绪——仍然悬而未决。

小结

在很大程度上，日本仍然处于反应模式。就像20世纪80年代的中曾根首相，著名的保守主义政治家们在新千年号召日本应该扮演更加独断的国际角色。用小泽一郎的话来说，他们催着日本成为一个“正常化国家”，拥有更常规的军事力量，并且在联合国安理会有一席之地，愿意在必要的时候站起来勇敢地面对美国（该观点在异见政治家石原慎太郎于1991年出版的《会说“不”的日本》一书中得到了最明确的阐述），在亚洲取得领导地位。冷战结束后（自民党的霸权随后结束），战后宪法引起了更加广泛的争论（参见麦考马克，1996：202－19）。例如1994年，日本著名的日报《读卖新闻》针对修订宪法提出了详细又具有煽动意味的建议，包括调整武装力量的地位（完整文本和其他提案参见虎克和麦考马克，2001：53－176）。卡罗尔·范·沃尔弗伦站出来强烈支持该提案。同时，政治两方的不同团体都提倡麦考马克所称的“创造性的重新解释”，坚持宪法的原本形式，但是赋予其新的意义（麦考马克，1996：205）。但是对于很多日本人来说，“和平宪法”以及它所暗示的被动的国际立场，都是对可能复活的军国主义的专门防备。为什么要在战后胡乱摆弄一个已经带来安定和繁荣的准则？正如虎克和麦考马克所观察到的：“对新宪法呼声最高的那些人有许多恰恰是最应该负责颠覆旧宪法的，这一点很惊人”（2001：41）。

很多日本的同盟国对这场争论持有矛盾的观点。美国希望日本扩大其国防地位，成为一个在联系两国的“共同”安全联盟中平等而非居于从属地位的伙伴。一些亚洲国家（例如马来西亚）希望看到日本可以挑战美国在太平洋的霸权地位，可是被动的日本对西方也非常有利，因为日本的被动处境不会挑战或威胁西方利益。中国和韩国这样的亚洲国家因为历史原因对日本一直小心谨慎。自20世纪90年代开始的日本经济衰退，混合着1997年爆发的更广泛的亚洲危机，让人们对一些早期观点所认为的必胜信念产生质疑。由于北美和欧洲都经历了走到末路的衰败，有假设认为日本必定会“崛起”，但这个假设并没有被后续事件证实。日本施行国家干涉主义，官僚机构大权在握，还有高程度的管理和无处不在的等级，这一切都表明日本已经不再是其他亚洲国家所效仿的理想对象。

中国的崛起给日本带来了新的挑战。日本曾经的非凡崛起一定程度上是因为中国已经几十年处于阴云的笼罩下，国内纷争不断。当阴云散去，中国经济自由化的快速前进，日本就面临着一个命运，即取得区域领导权的任何想法都会被中国破坏的消失殆尽。第一次海湾战争和亚洲货币危机等事件都让日本有足够机会在世界舞台上一展身手，而日本最终都没有利用好这些机会。某种程度上，日本没有脱离被动地位反映了日本的软弱，面临着经济的衰退和国内政治的动荡。“9·11”事件后更复杂的国际关系局势对于日本来说并不好操控，因为它包含了转移联盟、快速反应和持续的不确定性。面对越来越多的国内难题，日本不得不把眼光放到国内。日本面对的三个最大挑战如下：一是如何处理和美国的关系，集中体现在普天间基地问题上；二是如何处理和中国的关系，比如因为领海的争议而引发的紧张局势；三是如何掌控区域领导权，其中具有象征意义的问题是要不要加入跨太平洋伙伴关系。

很久以前，保罗·肯尼迪认为如果没有能提供明确的未来前景的持久政治领导力，日本作为主要大国的地位就会存在很多问题（肯尼迪，1994：199）。这中间的几十年，持久的政治领导力基本上没有产生。除了小泉纯一郎这个特例，日本经历了漫长的低迷期，首相频繁更替。尽管如此，理查德·塞缪尔斯预言了一位务实的“金发”领导人即将产生，会确保日本获得“满意的”重要双边关系，“稳重的战略态势让经济和军事前沿都能留有余地。不论是跟美国还是中国，日本都不会走得太近或太远”（塞缪尔斯，2008：ix）。然而现在，日本民主党并没有产生这样的领导者，而且鸠山由纪夫短暂的首相生涯清晰地表明了美国仍然在推动着亲密联盟的政权更替。

中国也许正在崛起，并已经取代美国成为日本的最大贸易伙伴，但是当一个日本首相对冲绳基地问题采取强势立场时，做主的却仍然是美国人。美国和中国之间到底谁能塑造日本的未来，在很大程度定义了未来几十年的太平洋局势。

Contemporary Japan

第九章

结 语

衡量、概括和评价当代日本是一个非常有争议的工作。新千年伊始，日本似乎失去了曾经塑造其战后早期历史的目标和方向。从美国轰炸、战争失败和被美军占领的屈辱中爬起来，日本成功地把自己重建为一个主要国家。到20世纪80年代，日本在众人瞩目下挑战了美国的地位，并且似乎准备成为世界“第一”经济巨人。随着日本在亚太地区获得了经济主导地位，并且开始向欧洲和北美出口生产力，其他国家都心存敬畏。但是日本不仅仅是一个经济大国，日本社会的许多特色，从全球寿命最长到高度普及的教育，以及特别低的犯罪率，都吸引了四面八方的大量注意。“向日本学习”的主题涌现，人们试图探索从日本的经历中可以找到什么“教训”，还有日本的社会和经济上的成功有多少可以被复制到别的国家。

关于日本所获的卓越成就的分析有很多不同观点。考虑到这个国家困难的局势和自然资源的缺乏，日本几乎算不上经济超级大国的有力候选者。答案无疑主要跟日本人有关，而非日本这片土地。回顾现代日本历史，可以发现这个民族对于危机并不大惊小怪。也许日本人比其他任何地方的人都擅于将灾难转变为机遇，懂得充分利用糟糕的处境。1853～1945年期间，日本似乎面对着灾难性的困境，然而日本人一路披荆斩棘，获得了强大地位。这些可以从文化方面解释，但是也包含了很多政治方面的元素。中央政治机构能够塑造国家目标，操纵民族象征（例如1931～1945年的天皇），制定可以把公众和私营部门联合起来的政策（例如20世纪50年代的通产省），并且策划社会契约用来保证核心议程的执行（例如20世纪60年代早期池田首相的收入倍增政策）。日本的发展受到了国际方面的很多有利因素的帮助，包括冷战的爆发，原材料的可得性，以及工业出口的目标市场的存在。

一个人是否接受把战后早期的日本描述为一个“发展型国家”的说法，这无所谓，但是有一点无须怀疑，即在此期间，日本见证了上层人士的高度协调，横跨了官僚、政党和企业。这种精英协调是由长期一党统治日本的自民党推行的，1955～1993年。许多自民党资深人物都是结束官僚生涯后步入政坛的，而政党基本上由大型企业捐款资助。从20世纪50年代到60年代这飞速发展的十年间，这些联盟对任何一方都有利可图。自民党及其联盟非常擅于笼络人心、镇压反对和抵制力量，比如打破或收买工会，用强硬态度压制1960年的安保斗争等抗议活动，用新的环保相关法律平定迅速发展的市民运动。

日本的飞速发展期随着20世纪70年代的石油危机而终止，80年代末的“泡沫经济”所引起的经济高度增长在很大程度上是基于日本货币、股票和房产的增值，而不是生产力的飙升。当“赶上”西方工业国家的长期目标被超越的时候，日本经济变得蹒跚而行。既然已经赶上了大多数欧美国家的工业效率，日本下一步要做什么？日本已经成为出类拔萃的世界工业经济体，但随着知识和信息服务业登上舞台中央，全球经济已经从制造业转向别处。与其制造计算机不如设计它们运行所依靠的软件。第一次和第二次工业时代期间，在日本操作良好的工作实践——例如按资历付薪水、对内部培训的依赖，以及从机构内部雇佣经理而不是引进专业人员——已经不适合快速变化的“第三次浪潮”工业革命。日本缺乏受过独立思考和解决问题的训练的工人，还缺乏一种企业结构，即机智灵活的员工可以迅速升到重要职位。大多数日本机构的企业文化都关注于等级制度，尊重资深者，与新的知识型社会和信息经济的精神气质格格不入。

结构性腐败不是什么新鲜玩意儿，也并不是只存在于日本。尽管如此，成为泡沫时代特征的经济活力导致了对基金和资源的极大滥用。银行坏账（包括极道控制的幌子公司持有的大量坏账）、对官员进行约定俗成的行贿，以及对金融监管机构系统化的颠覆，都造成了经济的明显衰弱。自从 1997 年开始，东南亚经济经历了一系列危机，这都反映了上述经济衰弱的程度。尽管有人认为腐败对于“赶上”西方的那段时期的日本经济和政治秩序有一些积极作用，但是越来越多的证据表明到 20 世纪 80 年代，司空见惯的腐败已经严重破坏了日本所获得的巨大成就。90 年代末爆发的银行业危机的全面影响开始显现，营利性商业开始遭受巨大损失，破产随处可见。虽然日本在 2002 到 2008 年间有过一段经济复苏期，但是这场复苏没有维持多久，新千年的第二个十年到来的时候，日本的公债比任何发达国家都要多。

日本社会显然有很多重要优势，有助于在战后维持和鼓励经济发展与转型，许多观察员也评论了日本人牺牲小我成全大我的精神。这种精神究竟是源于固有的文化素质（有些人如此认为），还是实际上是国家为了控制社会而捏造和培养了“集体观念”这种意识形态（其他人如此认为）？最终结果让人印象非常深刻，即离婚率极低，人们的寿命比世界上其他任何地方都要长，大众满意度居高不下，大多数人都认为自己属于中产阶级。

战后期间，日本经历了无数积极的社会发展，例如女人获得了更多独立性和就业机会，少数民族的地位有所提高，人们的视野更加国际化，生活水平大幅提高。同时，日本社会还有着阴暗的一面，即出生率降低，许多人的家庭生活质量低，人们专注于无效消费，一些年轻人明显自我疏离，特别是那些教育程度低的人。社会流动性依然受限，关东和关西地区贫富差距大，农村地区相对贫困，各种各样的歧视遍地开花。1994 和 1995 年奥姆真理教发动的谋杀性毒气袭击等令人不安的事件似乎暗示了在社会表面之下暗流涌动的黑暗力量。“飞特族”，即那些没有明显职业道路或前景的年轻人，这个族群的发展体现了一些令人头疼的趋势。社会学家对于从传统角度描绘和归类日本社会的方式越来越不满，这个社会既非常成功，也包含了极大的功能障碍元素。

日本的政治秩序也难以归类。一方面，日本拥有一个现代自由民主政权所需的一切正式的制度上的必要条件，但同时有一点无须怀疑，即官僚在日本体制中享有的正式和非正式权力比大多数其他民主政权都要多得多。日本政党官员扮演着重要角色，但是内阁没什么权威，首相对于政府的机制享有的中央管理权非常有限。日本的上层管理模式使得大家为了共同利益互相利用，而且程度极高，包括内阁大臣、达官显贵、高层公务员和企业领导人之间。尽管这种上层人士的友善合作也许在日本飞速发展时期运作得很好，但是到了 20 世纪 70 年代田中任首相期间，相互勾结、任人唯亲的恶行已经渗透了这个体系，并且达到了危险地步。虽然就政治上层人士而言，他们明显需要更大的透明度和自我批评，但是对笨拙呆板的1955年体系的残留物进行改革在目前仍是一场艰苦的历程。

日本政治近来最重要的发展是2009年民主党对自民党的决定性选举胜利，是自民党在1993到1994年短暂下台之后的首次明显的政治转型的高潮。民主党的崛起反映了公众对于自鸣得意的自民党统治的失望，以及政客、官僚和商业领导人之间互相串通的关系。民主党以一种改革者的姿态进行选举，呼吁改变美日安全关系，并且对有利于特权阶级的预算内资金进行更紧密的监察。然而新政府很快就表现得令人失望，接着便是理想的破灭。很多日本选民，尤其是年轻人和那些居住在城区的人们，不再忠于任何政党，很容易被短暂的共同政治取向所动摇。竞选宣言和选举模式变得更加重要，政党面临着提供比过去更多样化的候选人的压力。随着政治上层人士世袭制的出现，即许多国会议席现在都是由父亲传给儿子，这样他们就变得非常富有，和普通人的真实生活相距甚远，公众对此相当失望。日本新的政治动荡意味着未来的选举结果会难以预测。

日本的政治上层人士并不是在真空中运行，而是必须回应来自民间社会各种成分的压力。然而，日本社会的很多特色有助于将上层人士和喧嚣的公众批评与压力隔离开来。日本的教育体系倾向于鼓励服从和顺应，而不是批判的质疑态度。治安方式和刑事司法体系虽然严苛，但是很宽泛地把国家利益置于个人权利之上。到20世纪90年代，工会运动既软弱又分裂，甚至曾经强大的像教师工会这样的公共部门也变得不太合作。媒体尽管时而（也许只是仪式上的）会曝光一些司法丑闻，但是它们继续和享有大权的政客保持着暧昧关系。五大日本报业集团很少会像东南亚或西方国家的媒体一样扮演敌对角色。20 世纪 60 年代和 70 年代，激进的抗议和温和一点的“市民”抗议活动在日本广泛流行，但是这些抗议的重要性在 20 世纪最后二十年间大大降低。飞速发展时期和后来的“泡沫”时期的经济利益让日本有足够的资源去收买和笼络那些异见者。面对持续的经济衰退，公众抗议会否重现，我们拭目以待。尽管如此，“赶上”西方那段时期之后，相对平淡温顺的公民社会助长了上层人士对经济和政治秩序的错误管理。

日本现在最主要的关注点在于国内事务，国内的经济和政治问题让舆论制造者难以提出有关日本国际地位的长期问题。日本依旧是一个不完整的超级大国，因为宪法的限制而不能再度军事化，还有那令人不快的战争记忆，这些都阻碍了日本。最近几十年，随着中曾根、小泽和小泉对日本国家“正常化”的推动，日本在国际上又恢复了自信。针对修订宪法第九条有了越来越多的谈话，人们迫切要求日本在联合国安理会获得永久席位。然而这种自信很大程度上都来自于新的财富。随着这种财富的减少，可能“下降”的竞争对手的经济——例如美国和欧洲的经济——表现出来的恢复力比日本民族主义者所指望的要多，必须要修订关于日本的规划，即一个新的更加坦率的世界角色。日本到现在为止还没有在亚洲获得明确的领导地位，更别提世界了。

由于日本在 2010 年被中国赶超，丢掉了世界第二大经济体的位子，日本不得不重新思考它早期的地区雄心。2011 年 3 月发生于日本东北的海啸、地震和核危机这三大灾害体现了日本物理上的脆弱，明显无能的东京无法聚集把灾害变为重组和改革机遇所必要的视野和政治领导力。

解析日本

本书提出了理解日本的三个广泛的（并且过于简化的）方法：主流派、修正派和文化主义方法。这些方法对于回答有关当代日本的本性的核心问题有多少帮助？

主流派方法认为日本是一个现代自由民主政权，拥有基本自由的市场经济，足以与其他工业化国家相匹敌，尤其是日本的老导师——美国。主流派学者认为到20世纪70年代，日本在很多领域都胜过了美国和许多其他西方国家，包括工业生产、中等教育、健康营养、福利和犯罪预防等等。随着西方的社会问题成倍增长，“旧式”工业国家的传统制造业大幅下滑，主流派学者把这些趋势都作为自己核心论点的证据。自民党在2009年下台的时候，主流派政治学家可以高兴了。过去有人谴责日本无法作为一个民主政权运行，因为权力从没有从一个政党换到另一个手里，现在的事实有力反驳了这个观点。主流派分析员认为日本如今表现出了和西方榜样趋于一体的所有迹象，因为市场变得更加开放，女性和少数民族的地位正在提高，老旧的等级制度也正在崩溃。

尽管如此，修正派过去做出的嘲弄依然存在。修正派认为日本是一个半独裁主义国家，并且有很强的中央集权趋势。日本自2009年以来失去的政治方向似乎证实了修正派的怀疑，即代议机构的质量和责任心如何？顶级政治官员对于政策议程的决策能力如何？这些大大的问号似乎证明了修正派所认为的日本国内有什么东西正在腐化的观点。日本的经济衰退，和制造业的“空心化”，还有日本企业在信息技术时代遇到的困难，都支持了修正派的观点，即日本的经济优势并不是什么奇迹，而是纯属意外。日本没有巩固自己在国际上的主要地位，诸如此类的社会问题日益增多，表明日本并不是一个永不会倒的巨人，不一定会无法阻挡地发展壮大到统治全球。

主流派和修正派学者还可以从当代日本近来的发展找到一些支撑自己观点的论据，而文化主义者现在则面临着严峻的挑战。文化主义者针对日本的观点在20世纪70年代达到了鼎盛时期，当时文化主义观点被频繁用来“解释”日本何以从战时被摧毁的状态恢复得如此之好。诸如集体观念、共识和等级制度之类的日本文化和社会特色都被用来解释日本人战后重建经济和社会所付出的巨大的共同努力。换句话说，大部分文化主义解释都是片面的，仅仅描述和说明了日本的正面特色。当日本获得巨大成功的时候，文化主义解释显得非常有说服力。但是，最近的发展似乎说明日本的社会、经济和政治秩序有着严重缺陷。文化主义的解读可以像说明日本优势那样说明日本的弱点吗？或许等级制和共识态度实际上并没有起积极作用，而是阻碍了经济成功？或者，我们要不要首先怀疑日本文化是否天生就具有群体认同感这个特征？很明显，采用文化主义方法来说明日本社会的学者如今需要提出一些新的问题，可能还要从事一些新的研究。这类研究的一个佳例就是罗宾·勒布朗的著作《勇气的艺术：日本政治的人性、权力和道德》(2010)。这本书立足于一场抵制在日本北部某城市建立核电站的活动，那是福岛事件以来最引人瞩目的话题。著作的背景是日本的性别文化和男子汉的概念。勒布朗展示了善用文化的分析可以超越对“日本性”过分简单拙劣的模仿，其对政治行为的洞见也令人叹服。我们迫切需要更多这样的作品。

小结

当代日本建立于20世纪的巨大成功之上。这个国家在战后的复苏改变了国际资本主义的本性，在这个过程中颠覆了人们对经济发展的认识。日本在无数的社会和经济领域挑战了西方霸权，树立了世界第一的标准。不仅是亚洲，整个世界都对日本充满羡慕、称赞、嫉妒和恐惧。全球大众都被精致巧妙的日本产品和奇妙的文化手工艺品迷住了。20世纪80年代的一段时间，日本似乎成为“第一”，要把美国从很多世界领导地位上拉下来。然而，三十年后，日本变成了一个生病体衰的武士，“孤独的、无力的虚度人生”，患有经济和政治双重硬化症。由日本领导的“太平洋世纪”的幻影很快飞逝消失。日本正在努力重新改造自己，想要恢复过去雄心勃勃的国家目标。

理解日本是如何达到现在的地位是很难的，想象日本要如何脱离目前的僵局则更难。关于日本的英语文献很丰富，并且在不断增多，但是许多资料都比较盲目。要想理解它们的意思就必须去熟悉一些作者提出的主要争议和分歧。本书尽力将那些争议减少为三个核心态度：主流派、修正派和文化主义。但实际上，许多日本专家并不接受这些标签。像“修正派”这样的术语实际描述的是文献资料中的趋势和倾向，并非是对特定作者的立场的准确描述。总之，研究日本的人在迈入当代日本研究这片充满争议的领域之前，应该了解一些知识上的雷区。

推荐阅读

第一章　引言：主体和争论

关于主流派观点的概述参见赖肖尔（1977）。中和赖肖尔观点的修正派思想可以阅读卡罗尔·范·沃尔弗伦的打破传统的经典著作（1989），以及约翰逊的文集（1995）。关于文化主义观点的优秀入门图书参见本尼迪克（1989），戴尔（1986）则细查了有关日本独特性的议题。着重于政治的有用入门图书参见斯托克温（2008）和尼亚里（2002）。关于日本文化，参见加西亚（2010）。

第二章　历史背景

派尔（1996b）和艾林森（1997）的两份综合调查提供了对于现代日本历史的明确介绍。华斯沃的作品也很有用。关于德川时代，参见中根和慎三郎（1990）；关于明治时代，参见格鲁克（1985），关于明治本人，参见基恩（2002）。关于19世纪日本历史的更多详情，参见詹森（1989）。中村（1998）的著作解析了昭和时代，颇受好评。关于昭和时代的不错的概述参见格鲁克（1992），以及同一卷书的其他文章。关于宪政的起源，参见坂野（1992）。关于战争的讨论，参见家永（1978）和道尔（1992）。关于原子弹的决议，请阅读伯恩斯坦（1995），以及《外交史》中该议题的其他文章。关于裕仁天皇，比克斯（2000）的著作是必读书。关于美军占领日本，参见道尔（1999）。

第三章　变化中的政治经济

关于日本的经济发展，参见弗兰克斯（1999）。关于经济的概述，伊藤（1992）的著作非常好，阿尔吉和斯坦（1997）的作品提供了更多的近期数据。关于“发展型国家”模式的讨论，还有日本资本主义的本性，请从约翰逊（1982）的作品开始阅读。关于“经济主义”，参见麦考马克（1986a）。哈切尔（1997）的作品提供了关于财务省的纪实资料，扣人心弦。卡茨（1998）提供了打破传统的批判观点，高（2001）则更温和平衡一些。麦肯锡和康帕尼（2001）的文章提供了许多关于日本变化的政治经济的近期洞见。

第四章　社会结构和社会政策

亨德利（1995，2003 年修订）的著作是很不错的概论。用更批判的角度观察日本的修正派态度请参见杉本（2010）。中根（1970）的著作用文化主义态度解析了日本社会，很有影响力。有一份图文并茂的旅游手册（日本国家旅游局，1986）从日本人的角度提供了非常实在的说明，正如宫本（1994）的著作一样。关于日本消费主义的最佳说明参见克莱默（1997）。史密斯（1997）擅长解析城乡差距，凯利（2002）关于主流派观念的文章是必读的。赫托格（2009）关于私生子的著作为有关性别和等级的问题提供了大量洞见。戴维斯（1991）把宗教分析的淋漓尽致。

第五章　治理结构

关于日本政治机构的不错的概论参见斯托克温（2008）。关于地方和地区政府，参见里德（1986）。关于政治上层人士，参见罗赛切（1993）（其作品一定程度上是对范·沃尔弗伦的回应，1989）。关于官僚上层人士，参见高（1989）。关于政策进程的最好说明参见中野（1997）。罗森布鲁斯和蒂斯（2010）把近来的改革和日本的经济、政治变化联系起来，提供了最新的分析，令人叹服。

第六章　政治社会：政党和反对派

2009年自民党统治的结束意味着所有关于日本政治的早期作品都已经过时。斯托克温（2008）的作品是一部非常好的概论。关于政治党派，最好的说明参见赫瑞博纳等人（2000）。关于选举的经典论述仍然是柯蒂斯（1971）的著作。要想“感受”日本政治——秘密交易不断——参见真澄（1995），其叙事大量引用了著名政治人物的回忆录。更多近来的发展参见罗森布鲁斯和蒂斯（2010），还有里德、迈克尔维恩和清水（2009）。想快速了解2009年大选的概况，参见麦卡戈（2010）。

第七章　社会化和公民社会

关于教育体系的讨论，参见斯莱特（2010）、古德曼（1989）

和麦克维（1997 和 2002）。关于日本媒体的讨论，参见法利（1996）和同一卷书的其他文章，以及麦卡戈（2003）。关于社会控制议题的讨论参见摩尔和杉本（1989），贝利（1991）和麦考马克（1986b）关于治安和刑事司法体系的观点形成了鲜明对比。安德斯坦（2009）提供了一些关于媒体和治安的见地，非常好，并且不都是很学术。佐藤（1991）的著作是对反社会亚文化的极好研究。阿文奈尔（2009，2010）提供了一些关于市民运动的有趣想法。阿普特和萨瓦（1984）的著作是一部关于山林佐贺激进抗议活动的经典论述。关于公民社会的最佳文献参见法尔和施瓦兹（2003）。勒布朗（2010）的著作记录了发生于日本北部城镇的一场抵制建设核电站的选举，是这些年出版的有关日本社会和政治的最好的书。

第八章　日本的外部关系

关于日本国际关系的非常好的概论，参见猪口孝（1993），较新的资料参见虎克等人（2001）。乔治（1988）非常彻底的讨论了美日关系，派尔（1996a）将日本在国际舞台上面临的选择和窘境描述的出神入化。然而，塞缪尔斯（2008）的著作是目前关于日本国防窘境的最好研究。关于日本和亚洲其他国家的关系，参见克罗宁（1991）、卡姆丘（1991）和罗斯（1998）。关于变化的国防地位的讨论，参见片原（1998）。休斯有一篇关于日本和朝鲜关系的必读文章（2009）。兰卡斯特（2009）关于日本发展援助政策的著作非常宝贵。

第九章 结语

想知道日本发展的最新信息，可以参考三本主要的相关杂志，分别是“Journal of Japanese Studies”，“Japan Forum”和“Social Science Japan Journal”。这三本杂志都定期发表关于当代社会、政治和经济议题的文章。“Japan Echo”多年来一直发表一些概括当今争议问题的短篇译文，但是如今没有再出版。大部分英国和美国的日报都很少报道日本的新闻，但是《金融时报》和《经济学人》会好一点。

参考文献

[1] ABC Radio (2009) 'Bell Tolls for Japan's Hereditary Politics', 3 September, www. radioaustralia. net. au/asiapac/stories/200909/s2676097. htm, accessed 1 April 2010.

[2] Abe, H. , M. Shindo and S. Kawato (1994) The Government and Politics of Japan, Tokyo: University of Tokyo Press.

[3] Abegglen, J. (1958) The Japanese Factory, Glencoe, Illinois: The Free Press. Allinson, G. D. (1997) Japan's Postwar History, Ithaca: Cornell University Press.

[4] Adelstein, J. (2009) Tokyo Vice: An American Reporter on the Police Beat in Japan, New York: Pantheon Books.

[5] Alexy, A. (2007) 'Deferred Benefits, Romance, and the Specter of Later-Life Divorce,' in P. Backhaus (ed.) Familienangelegenheiten, Munich: Verlag, 169-88.

[6] Alford, P. and D. McNeill (2010) 'Stop The Press? The Sankei and the State of Japan's Newspaper Industry,' The Asia-Pacific Journal: Japan Focus, March. .

[7] Allinson, G. D. (1997) Japan's Postwar History, Ithaca: Cornell University Press.

[8] Alvarez-Rivera, M. (2009) 'Swept Away: Japan's LDP Suffers Crushing Parliamentary Defeat', 2 September, Global Economy Matters, http: //globaleconomydoesmatter. blogspot. com /2009/09/swept-away-japans-ldpsuffers-crushing. html, accessed 1 April 2010.

[8] Ames, W. L. (1981) Police and Community in Japan, Berkeley: University of California Press.

[9] Angel, R. C. (1989) 'Prime Ministerial Leadership in Japan: Recent Changes in Personal Style and Administrative Organization', Pacific Affairs, 61 (4), winter, 583-602.

[10] Apter, D. E. and N. Sawa (1984) Against the State: Politics and Social Protest in Japan, Cambridge: Harvard University Press.

[11] Argy, V. and L. Stein (1997) The Japanese Economy, Basingstoke: Macmillan-now Palgrave Macmillan.

[12] Asher, D. (1996) 'What Became of the Japanese "Miracle"', Orbis, Spring, 215-34.

[13] Avenell, S. A. (2009) 'Civil Society and the New Civic Movements in Contemporary Japan: Convergence, Collaboration, and Transformation', Journal of Japanese Studies 35 (2), 247-83.

[14] Avenell, S. A. (2010) 'Facilitating Spontaneity: The State and Independent Volunteering in Contemporary Japan' Social Science Japan Journal 13 (1), 69-93.

[15] Banno, J. (1992) The Establishment of the Japanese Constitutional System, London: Routledge.

[16] Bayley, D. H. (1991) Forces of Order: Policing Modern Japan, Berkeley: University of California Press.

[17] BBC News (2007) 'How to fund Japan's ageing society', 22 November 2007, http://news.bbc.co.uk/2/hi/asia-pacific/7101663.stm.

[18] Befu, H. (1980) 'A Critique of the Group Model of Japanese Society', Social Analysis, 5/6, 29-43.

[19] Benedict, R. (1989) The Chrysanthemum and the Sword, Boston: Houghton Mifflin.

[20] Berkofsky, A. (2010) Japan-North Korea Relations, Bad and Not Getting Better, ISPI Policy Brief No 193, July, ISPI: Milan.

[21] Bernstein, B. J. (1995) 'Understanding the Atomic Bomb and the Japanese Surrender: Missed Opportunities, Little-known Near Disasters and Modern Memory', Diplomatic History, 19 (2), Spring, 227-73.

[22] Bingham, C. F. (1989) Japanese Government Leadership and Management, Basingstoke: Macmillan-now Palgrave Macmillan.

[23] Bix, H. P. (1995) 'Japan's Delayed Surrender: A Reinterpretation', Diplomatic History, 19 (2), Spring, 197-225.

[24] Bix, H. P. (2000) Hirohito and the Making of Modern Japan, London: Duckworth.

[25] Boyd, J. P. and R. Samuels (2005) Nine Lives: The Politics of Constitutional Reform in Japan, Washington, DC: East-West Center.

[26] Brenner, R. (2002) The Boom and the Bubble: The US in the World Economy, London: Verso Press.

[27] Brody, B. (2002) Opening the Door: Immigration, Ethnicity and Globalization in Japan, New York: Routledge.

[28] Buckley, R. (2002) The United States in the Asia-Pacific since 1945, Cambridge: Cambridge University Press.

[29] Butler, D. and D. Stokes (1974) Political Change in Britain: The Evolution of Electoral Choice. London: Macmillan.

[30] Cabinet Office (2010) Statistics pages, http://www.esri.cao.go.jp/indexe.html, accessed 14 February 2012.

[31] Calder, K. E. (1993) Strategic Capitalism, Princeton: Princeton University Press.

[32] Callon, S. (1995) Divided Sun: MITI and the Breakdown of Japanese Hightech Industrial Policy 1975-93, Stanford: Stanford University Press.

[33] Campbell, A. et al. (1960) The American Voter. Chicago: University of Chicago Press.

[34] Chaplin, S (2007) Japanese Love Hotels: A Cultural History, Abingdon: Routledge.

[35] Ching, L. (1996) 'Imagining in the Empires of the Sun: Japanese Mass Culture in Asia', in Contemporary Japan and Popular Culture, ed. John W. Treat. London: Curzon.

[36] Christensen, R. (2000) Ending the LDP Hegemony: Party Cooperation in Japan, Honolulu: University of Hawaii Press.

[37] Clammer, J. (1997) Contemporary Urban Japan: A Sociology of Consumption, Oxford: Blackwell.

[38] Constantino, R. (1989) The Second Invasion: Japan in the Philippines, Quezon City: Karrel.

[39] Craig, T. (ed.) (2000) Japan Pop! Inside the World of Japanese Popular Culture, New York: M. E. Sharpe.

[40] Cronin, R. P. (1991) 'Changing Dynamics of Japan's Interaction with Southeast Asia', in Southeast Asian Affairs 1991, Singapore: Institute of Southeast Asian Studies, 49-68.

[41] Curtis, G. (1971) Election Campaigning Japanese Style, New York: Columbia University Press.

[42] Curtis, G. (1988) The Japanese Way of Politics, New York: Columbia University Press.

[43] Curtis, G. (1999) The Logic of Japanese Politics, New York: Columbia University Press.

[44] Curtis, G. (2001) 'The LDP in Decline: A Second JSP', Japan Echo, April, 25-8.

[45] Curtis, G. (2011a), 'Creative Destruction In Japanese Politics', in McKinsey and Company, Reimagining Japan: The Quest for a Future that Works, San Francisco: VIZ Media, 127-32.

[46] Curtis, G. (2011b) 'Future Directions in US-Japan Relations', paper presented at New Shimoda Conference, Revitalizing Japan-US Strategic Partnership for a Changing World, February, Tokyo JCIE, at http://www.jcie.org/researchpdfs/newshimoda/CurtisFinalE.pdf, accessed 14 February 2012.

[47] Daily Yomiuri (2009) 'Budget Screeners Duck Thorny Problems', 13 November.

[48] Dale, P. (1986) The Myth of Japanese Uniqueness, London: Groom Helm.

[49] Davis, W. (1991) 'Fundamentalism in Japan: Religious and Political', in M. E. Marty and R. S. Appleby (eds), Fundamentalisms Observed, Chicago: University of Chicago Press, 782-813.

[50] Defence Agency, Japan (1997), 'Defence of Japan 1997', Tokyo: Japan Times.

[51] Dower, J. W. (1992) 'The Useful War', in C. Gluck and S. R. Graubard (eds), Showa: The Japan of Hirohito, New York: Norton, 49-70.

[52] Dower, J. W. (1995) 'The Bombed: Hiroshimas and Nagasakis in Japanese Memory', Diplomatic History, 19 (2), Spring, 275-95.

[53] Dower, J. W. (1999) Embracing Defeat: Japan in the Aftermath of World War II, Harmondsworth: Allen Lane.

[54] DPJ (2011) Official Website of the Democratic Party of Japan, http://www.dpj.or.jp/english/about_us/philosophy.html

[55] Ducke, I. (2007) Civil Society and the Internet in Japan, Abingdon: Routledge.

[56] Earthquake Report (2011) Japan Tohoku Earthquake and Tsunami: CATDAT 41 Report (October 2, 2011), http://earthquake-report.com/2011/10/02/japan-tohoku-earthquake-and-tsunami-catdat-41-report-october-2-2011/, accessed 14 February 2012.

[57] Egami, T. (1994) ‘Politics in Okinawa since the Reversion of Sovereignty’, Asian Survey, 34 (9), 828-40.

[58] Emmott, B. (2011) ‘Shake Out of Stagnation’ in J. Kingston (ed.) Tsunami: Japan’s Post-Fukushima Future, Washington: Foreign Policy, 139-46.

[59] Fackler, M. (2009) ‘New Leaders in Japan Seek to End Cosy Ties to Press Clubs,’ New York Times, 21 November.

[60] Farley, M. (1996) ‘Japan’s Press and the Politics of Scandal’, in E. Krauss and S. Pharr (eds), Politics and Media in Japan, Honolulu: University of Hawaii Press, 133-63.

[61] Feldman, O. (1993) Politics and the News Media in Japan, Ann Arbor: University of Michigan Press.

[62] Fitzpatrick, M. (2011) ‘Galapagos Syndrome: Japan’s Gaze Turns Inward’, Times Higher, 27 January.

[63] Flanagan, S. C. (1991a) ‘Mechanisms of Social Network Influence in Japanese Voting Behavior’, in S. C. Flanagan et al., The Japanese Voter, New Haven: Yale University Press, 143-97.

[64] Flanagan, S. C. (1991b) ‘The Changing Japanese Voter and the 1989 and 1990 Elections’, in S. C. Flanagan et al., The Japanese Voter, New Haven: Yale University Press, 431-68.

[65] Foreign Press Center (1995) The Diet, Elections and Political Parties, Tokyo: Foreign Press Center (supplement, 1997).

[66] Francks, P. (1999) Japanese Economic Development: Theory and Practice, 2nd edn, London: Routledge.

[67] Freeman, L. (2000) Closing the Shop: Information Cartels and Japan’s Mass Media, Princeton: Princeton University Press.

[68] Friman, H. R. (1996) ‘Gaijinhanzai: Immigrants and Drugs in Contemporary Japan’, Asian Survey, 36 (10), 964-77.

[69] Fukatsu, M. (1995) ‘Whither Goes the 1955 System?’ Japan Quarterly, April-June, 163-9.

[70] Funabashi, Y. (2011) ‘March 11-Japan’s Zero Hour’, in McKinsey and Company, Reimagining Japan: The Quest for a Future that Works, San Francisco: VIZ Media, 8-14.

[71] Furnham, A. and K. Saito (2009) 'Cross-cultural Study of Attitudes Toward and Beliefs About, Male Homosexuality,' Journal of Homosexuality, 56 (3), 299-318.

[72] Gao, Bai (2001) Japan's Economic Dilemma, New York: Cambridge University Press.

[73] Garcia, H. (2010) A Geek in Japan: Discovering the Land of Manga, Anime, Zen, and the Tea Ceremony, Tokyo: Tuttle.

[74] Garon, S. (1997) Molding Japanese Minds: The State in Everyday Life, Princeton: Princeton University Press.

[75] George, A. (1988) 'Japan and the United States: Dependent Ally or Equal Partner?' in J. A. A. Stockwin et al., Dynamic and Immobilist Politics in Japan, Basingstoke: Macmillan-now Palgrave Macmillan, 237-98.

[76] Gibney, F. (1998) 'Politics and Governance in Japan', in R. Maidment, D. Goldblatt and J. Mitchell (eds), Governance in the Asia-Pacific, London: Routledge, 51-78.

[77] Gluck, C. (1985) Japan's Modern Myths, Princeton: Princeton University Press.

[78] Gluck, C. (1992) 'The Idea of Showa', in C. Gluck and S. R. Graubard (eds), Showa: The Japan of Hirohito, New York: Norton, 1-26.

[79] Gluck, C. (2009) 'Seninkin/Responsibility in Modern Japan', in C. Gluck and A. Lowenhaupt Tsing (eds), Words in Motion: Towards a Global Lexicon, Durham, NC: Duke University Press, 83-106.

[80] Goodman, R. (1989) 'Japanese Education: A Model to Emulate?', The Pacific Review, 2 (1), 24-37.

[81] Goodman, R. (1998) 'The "Japanese-Style Welfare State" and the Delivery of Personal Social Services', in R. Goodman et al. (eds), The East Asian Welfare Model, London: Routledge, 139-58.

[82] Goold, B. (2004) 'Idealizing The Other? Western Images of the Japanese Criminal Justice System,' Criminal Justice Ethics, 23 (2) 14-24.

[83] Haley, J. O. (1987) 'Governance by Negotiation: A Reappraisal of Bureaucratic Power in Japan', Journal of Japanese Studies, 13, Summer, 343-57.

[84] Haley, J. O. (2006) The Spirit of Japanese Law, Athens, GA: University of Georgia Press, 90-122.

[85] Hall, I. (1998) Cartels of the Mind: Japan's Intellectual Closed Shop, New York: Norton.

[86] Hanami, A. K. (1993) 'The Emerging Military-Industrial Relationship in Japan and the US Connection', Asian Survey, 33 (6), 592-609.

[87] Hane, Mikiso (1996) Eastern Phoenix: Japan Since 1945, Boulder, CO: Westview Press.

[88] Harada, M. (2002) 'Japanese Male Gay and Bisexual Identity', Journal of Homosexuality, 42 (2), 77-100

[89] Harris, T. (2009) 'How Will the DPJ Change Japan?' Naval War College Review, (63), 1.

[90] Hartcher, P. (1997) The Ministry: The Inside Story of Japan's Ministry of Finance, London: HarperCollins.

[91] Hastings, M. (2007) Nemesis: The Battle for Japan, 1944-45, London: HarperPress.

[92] Hatoyama, Y. (2002) 'My Scenario for Defeating the Liberal Democrats', Japan Echo, 37-40.

[93] Hatoyama, Y. (2009) Press Conference, 16 September, available at www.kantei.go.jp/foreign/hatoyama/statement/200909/16kaiken_e.html, accessed 1 April 2010.

[94] Hayashi, S. and A. McKnight (2005) 'Good-bye Kitty, Hello War: The Tactics of Spectacle and New Youth Movements in Urban Japan' Positions: East Asia Cultures Critique, 13 (1), 87-113.

[95] Hayes, L. (1995) Introduction to Japanese Politics, 2nd edn, New York: Marlowe.

[96] Helton, W. (1966) 'Political Prospects of Soka Gakkai', Pacific Affairs, 37: 231-44.

[97] Hendry. J. (1995) Understanding Japanese Society, London: Routledge.

[98] Hertog, E. (2009) Tough Choices: Bearing an Illegitimate Child in Japan, Stanford, CA: Stanford University Press.

[99] Herzog, P. J. (1993) Japan's Pseudo-democracy, Folkestone: Japan Library.

[100] Hester, J. T. (2008), 'Datsu Zainichi-ron: An Emerging Discourse on Belonging Among Ethnic Koreans in Japan,' in Graburn, N. H. H., Ertl, J. and Tierney, R. K. (eds) Multiculturalism in The New Japan: Crossing The Boundaries Within, New York: Berghahn Books.

[101] Higuchi, Y. (1997) 'Trends in Japanese Labour Markets', in Mari Sako and Hiroki Sato (eds), Japanese Labour and Management in Transition: Diversity, Flexibility and Participation, London: Routledge, 27-52.

[102] Hill, P. B. E. (2003) The Japanese Mafia: Yakuza, Law, and the State, Oxford: Oxford University Press.

[103] Hirata, K. (2002) Civil Society in Japan, New York: Palgrave.

[104] Hoffman, D. M. (1992) 'Changing Faces, Changing Places: The New Koreans in Japan', Japan Quarterly, October-December, 479-89.

[105] Hondro, M. (2010) 'Smoking Rates Falls in Japan as Tobacco Companies Seek New Markets', Suite101. com (online).

[106] Hook, G. and G. McCormack (2001) Japan's Contested Constitution: Documents and Analysis, London: Routledge.

[107] Hook, G. et al. (2001) Japan's International Relations: Politics, Economics and Security, London: Routledge.

[108] Horiuchi, A. (2000) 'Japan's Bank Crisis and the Issue of Governance' in P. Drysdale (ed.), Reform and Recovery in East Asia, London: Routledge, 28-58.

[109] Horsley, W. and R. Buckley (1990) Nippon, New Superpower: Japan Since 1945, London: BBC Books.

[110] Hoshi, T. and A. Kashyap (2001) Corporate Financing and Governance in Japan, Cambridge, MA: MIT Press.

[111] Hrebenar, R. and A. Nakamura (2000) The Liberal Democratic Party', in R. Hrebenar et al., Japan's New Party System, Boulder, CO: Westview Press, 85-147.

[112] Hrebenar, R. et al. (2000), Japan's New Party System, Boulder, CO: Westview Press.

[113] Hughes, C. W. (2009) ' "Super-Sizing" the DPRK Threat: Japan's Evolving Military Posture and North Korea,' Asian Survey, 49 (2), 291-311.

[114] Hunziker, S. and I. Kamimura (1996) Kakuei Tanaka: A Political Biography of Modern Japan, Singapore: Times.

[115] Ienaga, S. (1978) The Pacific War, 1931-1945: A Critical Perspective on Japan's Role in World War II, New York: Random House.

[116] Iida, Y. (2005) 'Beyond the 'Feminization of Masculinity': Transforming Patriarchy With the "Feminine" in Contemporary Japanese Youth Culture', Inter-Asia Cultural Studies, 6 (1), 56-74.

[117] Ijiri, H. (1996) 'Sino-Japanese Controversy since the 1972 Diplomatic Normalization', in C. Howe (ed.), China and Japan: History, Trends, and Prospects, Oxford: Oxford University Press.

[118] Ikeda, K. et al. (2007) A Comparative Survey of Democracy and Development. Japan Country Report, Second Wave of Asian Barometer Survey, Working Paper No. 32, Taipei, Asian Barometer Project Office, National Taiwan University and Academia Sinica, available at www. asianbarometer. org/newenglish/publications/workingpapers/no. 32. pdf.

[119] Inoguchi, T. (1993) Japan's International Relations, London: Pinter.

[120] Ishida, H. (1993) Social Mobility in Contemporary Japan, Basingstoke: Macmillan-now Palgrave Macmillan.

[121] Ishihara, S. (1991) The Japan That Can Say No, New York: Simon & Schuster.

[122] Ishii-Kuntz, M. (2008) 'Sharing of Housework and Childcare in Contemporary Japan', Paper for UN Division for the Advancement of Women, available at http://www. un. org/womenwatch/daw/egm/equalsharing/ EGM-ESOR-2008- EP4Masako%20Ishii%20Kuntz. pdf.

[123] ISS (2011) The Military Balance, London: Institute of Strategic Studies.

[124] Ito, T. (1992) The Japanese Economy, Cambridge, MA: MIT Press.

[125] Ito, M. (2009) 'Tying The Knot: Marriage Ever Changing Institution', Japan Times, 3 November.

[126] Iwao N. (1998) 'Reforming the Catch-up Economy', in F. Gibney (ed.), Unlocking the Bureaucrat's Kingdom: Deregulation and the Japanese Economy, Washington, DC: Brookings Institution, 30 10.

[127] Jain, P. C. (1991) 'Green Politics and Citizen Power in Japan: the Zushi Movement', Asian Survey, 31 (6), 559-75.

[128] Jansen, M. B. (ed.) (1989) The Cambridge History of Japan, Vol. 5, The Nineteenth Century, Cambridge: Cambridge University Press.

[129] Japan Institute of Labour (1997), Japanese Working Life Profile 1996-97: Labor Statistics, Tokyo: JIL.

[130] Japan National Tourist Organization (1986) Salaryman in Japan, Tokyo: JNTO.

[131] Japan Times (2008) ‘Random Attack Claims Okayama Official: Teen Held In Deadly Train Platform Push,’ 27 March.

[132] Johnson, C. (1982) MITI and the Japanese Miracle: The Growth of Industrial Policy, 1925-1975, Stanford: Stanford University Press.

[133] Johnson, C. (1986) ‘Tanaka Kakuei, Structural Corruption and the Advent of Machine Politics in Japan’, Journal of Japanese Studies, 12 (1), 1-28.

[134] Johnson, C. (1987) ‘Political Institutions and Economic Performance: The Government-Business Relationship in Japan, South Korea and Taiwan’, in F. C. Deyo (ed.), The Political Economy of the New Asian Industrialism, Ithaca: Cornell University Press.

[135] Johnson, C. (1995) Japan: Who Governs? The Rise of the Developmental State, New York: Norton.

[136] Johnson, C. (1998) ‘Economic Crisis in East Asia: the Clash of Capitalisms’, Cambridge Journal of Economics, 22, 653-61.

[137] Johnson, D. M. (2009), ‘Early Returns from Japan’s New Criminal Trials’, The Asia-Pacific Journal: Japan Focus, September.

[138] Johnson, D. T. (2002) The Japanese Way of Justice: Prosecuting Crime in Japan, New York: Oxford University Press.

[139] Johnson, S. (1994) ‘Continuity and Change in Japanese Electoral Patterns: the 1993 General Election in Yamanashi’, Japan Forum, 6 (1), 8-20.

[140] Jolivet, M. (1997) Japan: The Childless Society? London: Routledge.

[141] Jones, R. S. (1988), ‘The Economic Implications of Japan’s Aging Population’, Asian Survey, 28 (9), 958-69.

[142] Kabashima, I. (2000) ‘The LDP’s “Kingdom of the Regions” and the Revolt of the Cities’, Japan Echo, October, 22-8.

[143] Kabashima, I. (2001) ‘The Rise of the Anti-LDP Independents’, Japan Echo, June, 9-15.

[144] Kakehashi, K. (2007) Letters from Iwo Jima, London: Weidenfeld and Nicolson.

[145] Kamata, S. (1982) Japan in the Passing Lane: An Insider's Account of Life in a Japanese Auto Factory, London: Counterpoint.

[146] Kaplan, D. E. and A. Marshall (1996) The Cult at the End of the World: The Incredible Story of Aum, London: Hutchinson.

[147] Katada. S. (2002) 'Japan's Two-Track Aid Approach', Asian Survey, 42 (2), 320-42.

[148] Katahara, E. (1998) 'Japan', in C. E. Morrison (ed.), Asia Pacific Security Outlook 1998, Tokyo: Japan Center for International Exchange, 65-76.

[149] Katz, R. (1998) Japan: The System That Soured, New York: M. E. Sharpe.

[150] Kawai, K. (1960) Japan's American Interlude, Chicago: University of Chicago Press.

[151] Kawanishi, H. (1986) 'The Reality of Enterprise Unionism', in G. McCormack and Y. Sugimoto (eds), Democracy in Contemporary Japan, New York: M. E. Sharpe, 138-56.

[152] Keehn, E. B. (1990) 'Managing Interests in the Japanese Bureaucracy: Informality and Discretion', Asian Survey, 30 (11), 1021-37.

[153] Keene, D. (2002) Emperor of Japan: Meiji and His World 1852-1912, New York: Columbia University Press.

[154] Kelly, B. (1998) 'Japan's Empty Orchestras: Echoes of Japanese Culture in the Performance of Karaoke', in D. Martines (ed.), The Worlds of Japanese Popular Culture, Melbourne: Cambridge University Press, 75-87.

[155] Kelly, W. (2002) 'At the Limits of New Middle Class Japan: Beyond Mainstream Consciousness,' in L. S. O. Zunz and N. Hiwatari (eds), Social Contracts Under Stress: The Middle Classes of America, Europe and Japan at the Turn of the Century, New York: Russell Sage Foundation.

[156] Kennedy, P. (1994) 'Conclusion - Japan: A Twenty-First-Century Power?', in C. C. Garby and M. Brown Bullock (eds), Japan: A New Kind of Superpower? Washington, DC: Woodrow Wilson Center Press, 193-9.

[157] Khamchoo, C. (1991) 'Japan's Role in Southeast Asian Security: Plus ca Change...', Pacific Affairs, 64 (1), 7-22.

[158] Knight, J. (1994) 'Rural Revitalization in Japan: Spirit of the Village and Taste of the

Country', Asian Survey, 34 (7), 34-46.

[159] Kobayashi, Y. (2000) 'Reading the Election Results', Japan Echo, October, 29-32.

[160] Koh, B. C. (1989) Japan's Administrative Elite, Berkeley: University of California Press.

[161] Kohno, M. (1997) Japan's Postwar Party Politics, Princeton: Princeton University Press.

[162] Koll, J. (2011) 'Poised for Prosperity' in McKinsey & Company (eds), Reimagining Japan: The Quest for a Future that Works, San Francisco, CA: VIZ Media, 114-20.

[163] Kosugi, R. (2006) 'Youth Employment in Japan's Economic Recovery: "Freeters" and "NEETs", The Asia Pacific Journal: Japan Focus.

[164] Krauss, E. S. (1988) 'The 1960's Japanese Student Movement in Retrospect', in G. Bernstein and H. Fukui (eds), Japan and the World, London: Macmillan-now Palgrave Macmillan, 95-115.

[165] Krauss, E. S. and B. L. Simcock (1980) 'Citizens' Movements: The Growth and Impact of Environmental Protests in Japan', in K. Steiner, E. S. Krauss and S. C. Flanagan (eds), Political Opposition and Local Politics in Japan, Princeton: Princeton University Press, 187-227.

[166] Krauss, E. S. and M. Muramatsu (1988) 'The Japanese Political Economy Today: The Patterned Pluralist Model', in D. I. Okimoto and T. P. Rohlen (eds), Inside the Japanese System, Stanford: Stanford University Press, 208-10.

[167] Krugman, P. (1999) 'The Return of Depression Economics', Foreign Affairs, 78 (1), 56-74.

[168] Kume, I. (1998) Disparaged Success: Labor Politics in Postwar Japan, Ithaca: Cornell University Press.

[169] Lancaster, C. (2009) 'Japan's ODA: Naiatsu and Gaiatsu, ' in D. Leheny and K. Warren (eds), Japanese Aid and The Construction of Global Development: Inescapable Solutions, New York: Routledge, 29-53.

[170] Large, S. S. (1992) Emperor Hirohito and Showa Japan: A Political Biography, London: Routledge.

[171] LeBlanc, R. (2010) The Art of the Gut: Manhood, Power, and Ethics in Japanese Politics, Berkeley, CA: University of California Press.

[172] Liddle, J. and S. Nakajima (2000) Rising Suns, Rising Daughters: Gender, Class and Power in Japan, London: Zed.

[173] Liddy, J. (2002) 'Brandname Beauties On Sale', Freezerbox. com, 14 March, http://www. freezerbox. com/archive/article. php? id = 188, accessed 14 February 2012.

[174] Lincoln, E. J. (1988) Japan: Facing Economic Maturity, Washington, DC: Brookings Institution.

[175] Lincoln, E. J. (2001) Arthritic Japan: The Slow Pace of Economic Reform, Washington, DC: Brookings Institution.

[176] Liu, X. (2005) 'The Hip Hop Impact on Japanese Youth Culture', Southeast Review of Asian Studies, 27.

[177] Lock, M. (1996) 'Centering the Household: The Remaking of Female Maturity in Japan', in A. E. Imamura (ed.), Re-imaging Japanese Women, Berkeley: University of California Press, 73-103.

[178] MacDougall, T. (1988) 'The Lockheed Scandal and the High Cost of Politics in Japan', in A. Markovits and M. Silverstein (eds), The Politics of Scandal, New York: Holmes & Meier, 193-229.

[179] Maclachlan, P. (2006) 'Storming the Castle: The Battle for Postal Reform in Japan.' Social Science Japan Journal, 9 (1), 1-18.

[180] Mainichi Daily News (2010) 'No. of Crime Cases in Japan in 2010 Likely To Hit 23-Yr Low', 17 December.

[181] Mansfield, M. (1989) 'Japan and the US: Sharing the Destinies', Foreign Affairs, 38 (2), 3-15.

[182] Martin, S. L. (2011) Popular Democracy in Japan: How Gender and Community are Changing Modern Electoral Politics, Ithaca, NY: Cornell University Press.

[183] Masumi, J. (1995) Contemporary Politics in Japan, Berkeley: University of California Press.

[184] Matsui, S. (2011) The Constitution of Japan: A Contextual Analysis, Oxford: Hart.

[185] Matsumoto, K. and J. Shoji (2002) 'Critiquing HerbertBix' s "Hirohito"', Japan Echo, December: 64-8.

[186] Matsutani, M. (2010) 'Shedding Light On Death Penalty: Japan Part of a Shrinking Roster of Nations With Capital Punishment,' Japan Times, 28 August.

[187] McCargo, D. (1998) 'Elite Governance: Business, Bureaucrats and the Military', in R. Maidment, D. Goldblatt and J. Mitchell (eds), Governance in the Asia-Pacific, London: Routledge, 126-49.

[188] McCargo, D. (2003) Media and Politics in Pacific Asia, London: Routledge.

[189] McCargo, D. (2010) 'An Incomplete Change of Course: Japan' s Landmark 2009 Lower-House Elections and Their Aftermath', Representation, 46 (4), 471-9.

[190] McCargo, D. and Lee Hyon-suk (2010) 'Japan' s Political Tsunami: What' s Media Got To Do With It?' International Journal of Press/Politics 15 (2), 236-45.

[191] McCormack, G. (1986a) 'Beyond Economism: Japan in a State of Transition', in G. McCormack and Y. Sugimoto (eds), Democracy in Contemporary Japan, New York: M. E. Sharpe, 39-64.

[192] McCormack, G. (1986b) 'Crime, Confession and Control in Contemporary Japan', in G. McCormack and Y. Sugimoto (eds), Democracy in Contemporary Japan, New York: M. E. Sharpe, 186-94.

[193] McCormack, G. (1996) The Emptiness of Japanese Affluence, Armonk, New York: M. E. Sharpe.

[194] McCormack, G., S. Kunitoshi and U. Etsuko (2012) 'Okinawa, New Year 2012: Tokyo' s Year End Surprise Attack', The Asia-Pacific Journal 10 (2), January.

[195] McCurry, J. (2010) 'Japan' s Women Toast Their Own Health As Life Expectancy Rises Again'. The Guardian, 1 August, available: http://www.guardian.co.uk/world/2010/aug/01/japan-women-life-expectancy-rises, accessed 14 February 2012.

[196] McCurry, J. (2007) 'Japan enters the age of silver divorces', The Guardian, 18 October, available: http://www.guardian.co.uk/news/2007/oct/18/internationalnews, accessed 17 November 2010.

[197] McCurry, J. (2010) 'Centenarians "missing" ahead of Japanese day honouring elderly',

The Guardian, 12 August 2010, http: //www. guardian. co. uk/ world/2010/aug/12/ japan-missing-elderly-centenarians.

[198] McGregor, R. (1996) Japan Swings, St Leonards: Allen & Unwin.

[199] McKean, M. A. (1980) 'Political Socialization Through Citizens' Movements', in K. Steiner, E. S. Krauss and S. C. Flanagan (eds), Political Opposition and Local Politics in Japan, Princeton: Princeton University Press, 228-73.

[200] McKean, M. A. (1981) Environmental Protest and Citizen Politics in Japan, Berkeley: University of California Press.

[201] McKinsey and Company (2011) Reimagining Japan: The Quest for a Future that Works, San Francisco: VIZ Media.

[202] McLelland, M. (2000) Male Homosexuality in Japan, Richmond: Curzon.

[203] McVeigh, B. J. (1997) Life in a Japanese Women's College: Learning to be Ladylike, London: Routledge.

[204] McVeigh, B. J. (1998) The Nature of the Japanese State: Rationality and Rituality, London: Routledge.

[205] McVeigh, B. J. (2002) Japanese Higher Education as Myth, New York: M. E. Sharpe.

[206] Mendl, W. (1995) Japan's Asia Policy, London: Routledge.

[207] Messmer, P. (2010) 'Drop in Number of Japan's Foreign Workers Amid Economic Crisis,' The Guardian, 3 August.

[208] Metraux, D. A. (1995), 'Religious Terrorism in Japan: The Fatal Appeal of Aum Shinrikyo', Asian Survey, 35 (12), 1, 140-54.

[209] Midford, P. (2003) 'Japan's Response to Terror', Asian Survey, 43 (2), 329-51.

[210] Mikanagi, Y. (1996) Japan's Trade Policy: Action or Reaction? London: Routledge.

[211] Miyamoto, M. (1994) Straightjacket Society: An Insider's Irreverent View of Bureaucratic Japan, Tokyo: Kodansha.

[212] Mouer, R. and Y. Sugimoto (1989) Images of Japanese Society, London: Kegan Paul International.

[213] Murakami, H. (2001) Underground: The Tokyo Gas Attack and the Japanese Psyche, London: Panther.

[214] Murphy, R. T. (1996) The Weight of the Yen, New York: Norton.

[215] Nagata, K. (2009) 'Hereditary Politicians A Fact of Life: Some in LDP Call for Curbs on Bluebloods', The Japan Times, 27 April.

[216] Nakamura, T. (1998) A History of Showa Japan, 1926-1989, Tokyo: University of Tokyo Press.

[217] Nakane, C. (1970) Japanese Society, Berkeley: University of California Press.

[218] Nakane, C. and O. Shinzaburo (eds) (1990) Tokugawa Japan, Tokyo: University of Tokyo Press.

[219] Nakano, M. (1997) The Policy-making Process in Contemporary Japan, Basingstoke: Macmillan-now Palgrave Macmillan.

[220] Neary, I. (1997) 'Burakumin in Contemporary Japan', in M. Weiner (ed.), Japan's Minorities: The Illusion of Homogeneity, London: Routledge: 50-78.

[221] Neary, I. (2002) The State and Politics in Japan, Cambridge: Polity Press.

[222] Neill, M. (2009) 'Japan's "Herbivore Men" -Less Interested in Sex, Money,' CNN World, 5 June, available at http://articles.cnn.com/2009-06-05/world/japan.herbivore.men_1_japanese-men-men-and-women-girlfriend?_s=PM:WORLD, accessed 14 February 2012.

[223] Noguchi, H. and Takahashi, K. (2012) 'Hurdles still high for foreign caregivers/ Govt measures help, but exam success rates still lag far behind those for Japanese', Yomiuri Online 30 March 2012, http://www.yomiuri.co.jp/dy/national/T120329005997.htm.

[224] Nuttall, S. (1998) 'Europe and Northeast Asia', in H. Maull, G. Segal and J. Wanandi (eds), Europe and the Asia Pacific, London: Routledge, 174-83.

[225] O'Brien, D. M. and Y. Ohkoshi (2001) 'Stifling Judicial Independence From Within: The Japanese Judiciary', in P. H. Russell and D. M. O'Brien (eds) Judicial Independence in the Age of Democracy: Critical Perspectives From Around the World, University Press of Virginia, 37-61.

[226] OECD (Organisation for Economic Co-operation and Development) (2010) 'Share of Births Outside of Marriage and Teenage Births', OECD Family Database [Online] available: www.oecd.org/els/social/family/database, accessed 17 November, 2010.

[227] Oka, T. (1994) Prying Open the Door: Foreign Workers in Japan, Washington, DC: Carnegie Endowment for International Peace.

[228] Okabe, M. (2001) Cross Shareholdings in Japan, Cheltenham: Edward Elgar.

[229] Okano, K. and M. Tsuchiya (1999) Education in Contemporary Japan, Melbourne: Cambridge University Press.

[230] Okimoto, D. I. (1989) Between MITI and the Market, Stanford: Stanford University Press.

[231] Osaki, T. (2011) 'Japanese Teens Not Interested in Sex', CNN GO, http://www.cnngo.com/tokyo/life/no-sex-japanese-teens-boys-increasingly-show-no-interest-521163, accessed 14 February 2012.

[232] Ozawa, I. (1994) Blueprint for a New Japan: The Rethinking of a Nation, New York: Kodansha.

[233] Parker Jr, L. C. (1984) The Japanese Police System Today: An American Perspective, Tokyo: Kodansha.

[234] Passin, H. (1982) Society and Education in Japan, Tokyo: Kodansha.

[235] Pekkanen, R. (2006) Japan's Dual Civil Society: Members Without Advocates, Stanford: Stanford University Press.

[236] Pempel, T. J. (1987) 'The Tar Baby Target: "Reform" of the Japanese Bureaucracy', in R. E. Ward and S. Yoshikazu (eds), Democratizing Japan: The Allied Occupation, Honolulu: University of Hawaii Press.

[237] Pempel, T. J. (1998) Regime Shift: Comparative Dynamics of the Japanese Political Economy, Ithaca: Cornell University Press.

[238] Pharr, S. J. (1990) Losing Face: Status Politics in Japan, Berkeley: University of California Press.

[239] Pharr, S. J. and F. Schwartz (2003) The State of Civil Society in Japan, Cambridge: Cambridge University Press.

[240] Pilling, D. (2011) 'Trans-Pacific Partnership: far-reaching agreement could form powerful new trade bloc, Financial Times, 8 November.

[241] Police Policy Research Center (ed.) (2005) 'Japanese Community Police and Police Box

System', National Police Agency (NPA) [Online] Available: http: //www. npa. go. jp/english/index. htm, accessed 14 February 2012.

[242] Posen, A. (1998) Restoring Japan's Economic Growth, Washington, DC: Institute for International Economics.

[243] Posen, A. (2011) 'Send in the Samurai' in McKinsey and Company (eds), Reimagining Japan: The Quest for a Future that Works, San Francisco, CA: VIZ Media, 102-7.

[244] Potter, D. M. (1996), Japan's Foreign Aid to Thailand and the Philippines, Basingstoke: Macmillan-now Palgrave Macmillan.

[245] Prestowitz, C. V. (1988) Trading Places: How America Allowed Japan to Take the Lead, Tokyo: Tuttle.

[246] Pyle, K. B. (1996a) The Japanese Question: Purpose and Power in a New Era, 2nd edn, Washington, DC: AEI Press.

[247] Pyle, K. B. (1996b) The Making of Modern Japan, 2nd edn, Lexington, MA: D. C. Heath.

[248] Ramseyer, J. M. and N. Nakazato (1999), Japanese Law: An Economic Approach, Chicago: University of Chicago Press.

[249] Raymo, J. et al. (2009) 'Cohabitation and Family Formation in Japan', Demography, 46 (4), 785-803.

[250] Reed, S. R. (1981) 'Environmental Politics: Some Reflections Based on the Japanese Case', Comparative Politics, April, 235-70.

[251] Reed, S. R. (1986) Japanese Prefectures and Policymaking, Pittsburgh: University of Pittsburgh Press.

[252] Reed, S. R., K. M. McElwain and K. Shimizu (eds) (2009) Political Change in Japan: Electoral Behavior, Party Realignment and the Koizumi Reforms, Stanford, CA: The Walter H. Shorenstein Asia-Pacific Research Center

[253] Reed, S. R., and K. Shimizu (2009) 'Avoiding a Two-Party System: The Liberal Democratic Party versus Duverger's Law' in S. R. Reed, K. M. McElwain and K. Shimizu, Political Change in Japan: Electoral Behavior, Party Realignment and the Koizumi Reforms, Stanford CA: The Walter H. Shorenstein Asia-Pacific Research Center, 29-46.

[254] Reischauer, E. O. (1977) The Japanese, Cambridge, MA: Harvard University Press.

[255] Religion in Japan Today (1992) Tokyo: Foreign Press Center, Japan.

[256] Rohlen, T. (1983) Japan's High Schools, Berkeley, CA: University of California Press.

[257] Rose, C. (1998) Interpreting History in Sino-Japanese Relations: A Case Study in Political Decision-making, London: Routledge.

[258] Rosenberger, N. (2001) Gambling with Virtue: Japanese Women and the Search for Self in a Changing Nation, Honolulu: University of Hawaii Press.

[259] Rosenbluth, F. M. and M. F. Thies (2010) Japan Transformed: Political Change and Economic Restructuring, Princeton, NJ: Princeton University Press.

[260] Rothacher, A. (1993) The Japanese Power Elite, Basingstoke: Macmillan-now Palgrave Macmillan.

[261] Rowley, A. and L. do Rosario (1991) 'Japan's View of Asia: Empire of the Sun', in N. Holloway (ed.), Japan in Asia, Hong Kong: Far Eastern Economic Review, 7-20.

[262] Ruoff, K. J. (1993) 'Mr Tomino goes to City Hall: Grassroots Democracy in Zushi City, Japan', Bulletin of Concerned Asian Scholars, 25 (3), July September, 22-32.

[263] Ryang, S. (1997) North Koreans in Japan: Language, Ideology and Identity, Boulder, CO: Westview Press.

[264] Sako, M. (1997) 'Introduction', in M. Sako and H. Sato (eds), Japanese Labour and Management in Transition: Diversity, Flexibility and Participation, London: Routledge, 1-24.

[265] Samuels, R. J. (2008) Securing Japan: Tokyo's Grand Strategy and the Future of East Asia, Ithaca, NY: Cornell University Press.

[266] Samuels, R. J. (2011) 'Japan After Kan: Implications For The DPJ's Political Future', Interview with Chris Acheson, National Bureau for Asian Research, 19 August, http://www.nbr.org/research/activity.aspx? id=168, accessed 14 February 2012.

[267] Sato, I. (1991) Kamikaze Biker: Parody and Anomy in Affluent Japan, Chicago: University of Chicago Press.

[268] Sato, T. (1990) 'Tokugawa Villages and Agriculture', in Chie Nakane and Shinzaburo Oishi (eds), Tokugawa Japan, Tokyo: University of Tokyo Press, 37-80.

[269] Scalise, P. (2011) 'Can TEPCO Survive?' in Jeff Kingston (ed.) Tsunami: Japan's Post-Fukushima Future, Washington: Foreign Policy, 204-10.

[270] Schaller, M. (1989) Douglas MacArthur: The Far Eastern General, New York: Oxford University Press.

[271] Schlesinger, J. M. (1997) Shadow Shoguns: The Rise of Fall of Japan's Postwar Political Machine, New York: Simon & Schuster.

[272] Schoppa, L. J. (1991) Education Reform in Japan: Case of Immobilist Politics, London: Routledge.

[273] Schwab, K. (2011) 'Is Japan Past Its Creative Prime?' in McKinsey and Company (eds), Reimagining Japan: The Quest for a Future that Works, San Francisco, CA: VIZ Media, 121-6.

[274] Shibusawa, M. (1984) Japan and the Asian Pacific Region, London: Croom Helm and Royal Institute of International Affairs.

[275] Shigenori M. (2011) The Constitution of Japan: A Contextual Analysis, London: Hart.

[276] Siddle, R. (1996) Race, Resistance and the Ainu of Japan, London: Routledge.

[277] Skov, L. (1996) 'Fashion Trends, Japonisme and Postmodernism, or "What is so Japanese about Comme des Garçons?"', Theory, Culture and Society, 13: 3, 129-51.

[278] Slater, D. H. (2010) 'The Making of Japan's New Working Class: "Freeters" and the Progression From Middle School to the Labor Market,' The Asia-Pacific Journal, January.

[279] Slove, L. (1996) 'Fashion Trends, Japonisme and Postmodernism' in J. W. Treat (ed.), Contemporary Japan and Popular Culture, Richmond: Curzon, 137-68.

[280] Smith, B. (1986) 'Democracy Derailed: Citizens' Movements in Historical Perspective', in G. McCormack and Y. Sugimoto (eds), Democracy in Contemporary Japan, New York: M. E. Sharpe, 157-72.

[281] Smith, P. (1997) Japan: A Reinterpretation, New York: Random House.

[282] Smith, R. J. (1987) 'Gender Inequality in Contemporary Japan', Journal of Japanese Studies, 13 (1), 1-25.

[283] Söderberg, M. (ed.) (1996) The Business of Japanese Foreign Aid, London: Routledge.

[284] Son, M. (2011) 'Beyond Nuts and Bolts', in McKinsey & Company (eds), Reimag-

ining Japan: The Quest for a Future that Works, San Francisco, CA: VIZ Media, 57-8.

[285] Statistics Bureau, Ministry of Internal Affairs and Communication (2011), http://www.stat.go.jp/english/data/handbook/c11cont.htm, chapter 11, accessed 14 February 2012.

[286] Steiner, K. (1965) Local Government in Japan, Stanford: Stanford University Press.

[287] Steinhoff, P. G. (1989) 'Protest and Democracy', in Takeshi Ishida and Ellis S. Krauss (eds), Democracy in Japan, Pittsburgh: University of Pittsburgh Press, 171-98.

[288] Stockwin, J. A. A. (1992) 'The Japan Socialist Party: Resurgence After Long Decline', in R. Hrebenar et al., The Japanese Party System, Boulder, CO: Westview Press, 81-115.

[289] Stockwin, J. A. A. (1996) 'New Directions in Japanese Politics', in I. Neary (ed.), Leaders and Leadership in Japan, Richmond: Japan Library, 265-75.

[290] Stockwin, J. A. A. (2008) Governing Japan: Divided Politics in a Resurgent Economy, Oxford: Blackwell.

[291] Sugimoto, Y. (1986) 'The Manipulative Basis of "Consensus" in Contemporary Japan', in G. McCormack and Y. Sugimoto (eds), Democracy in Contemporary Japan, New York: M. E. Sharpe, 65-75.

[292] Sugimoto, Y. (1997) An Introduction to Japanese Society, Cambridge: Cambridge University Press.

[293] Sugimoto, Y. (2010a) An Introduction to Japanese Society, Melbourne: Cambridge University Press.

[294] Sugimoto, Y. (2010b) 'Class and Work in Cultural Capitalism: Japanese Trends' The Asia-Pacific Journal: Japan Focus 2010, http://japanfocus.org/-Yoshio-Sugimoto/3419.

[295] Suzuki, K. (1995) 'Women Rebuff the Call for More Babies', Japan Quarterly, January-March, 14-20.

[296] Suzuki, T. (2002) 'Koizumi vs Hatoyama', Japan Echo, December, 31-6.

[297] Taira, K. (1997) 'Troubled National Identity: The Ryukuans/Okinawans', in M. Weiner (ed.), Japan's Minorities: The Illusion of Homogeneity, London: Routledge, 140-77.

[298] Takagi, M. (1991) 'A Living Legacy of Discrimination', Japan Quarterly, July-September, 283-90.

[299] Takayama, K. (2008) 'The Politics of International League Tables: PISA in Japan's Achievement Crisis Debate, ' Comparative Education, 44 (4), 387-407.

[300] Takenaka, H. (2002) 'Introducing Junior Ministers and Reforming the Diet in Japan', Asian Survey, 42 (6), 928-39.

[301] Tanaka. N. (2000) 'Does the LDP Have a Future', Japan Echo, December, 20-5.

[302] Tanaka, Y. (1996) Hidden Horrors: Japanese War Crimes in World War II, Boulder, CO: Westview Press.

[303] Taoka. S. (1997) The Japanese-American Security Treaty without a US Military Presence, Japan Policy Research Institute, Working Paper no. 31, March.

[304] Taro, Y. (1990) 'The Recruit Scandal: Learning from the Causes of Corruption', Journal of Japanese Studies, 93-114.

[305] The Guardian (2010) 'Centenarians "Missing" Ahead of Japanese Day Honouring Elderly', 12 August.

[306] Thurston, D. (1973) Teachers and Politics in Japan, Princeton, NJ: Princeton University Press.

[307] Thurston, D. R. (1989) 'The Decline of the Japan Teachers Union', Journal of Contemporary Asia, 19 (2), 186-205.

[308] Tomita, N. et al. (1992) 'The Liberal Democratic Party: The Ruling Party of Japan', in R. Hrebenar et al., The Japanese Party System, Boulder, CO: Westview Press, 237-84.

[309] Totani, Y. (2009) Tokyo War Crimes: the Pursuit of Justice in the Wake of World War II, Cambridge, MA: Harvard University Asia Center.

[310] Treat, J. W. (ed.) (1996) Contemporary Japan and Popular Culture, Richmond: Curzon Press.

[311] Tsunoda, T. (1985) The Japanese Brain: Uniqueness and Universality, Tokyo: Taishukan.

[312] Tsutsui, W. M. (2010) Japanese Popular Culture and Globalization, Ann Arbor: Association for Asian Studies.

[313] Uesugi, T. (2008) Journalism hokai [The collapse of journalism], Tokyo: Gentosha.

[314] Ui, J. (1992) 'Minamata Disease', in Jun Ui (ed.), Industrial Pollution in Japan, Tokyo: United Nations University Press.

[315] UNODC (United Nations Office on Drugs and Crime) (2001) 'The Seventh United Nations Survey of Crime Trends and Operations of Criminal Justice Systems' [Online] Available: http://www.unodc.org/pdf/crime/seventh_survey/7sc.pdf, accessed 14 February 2012.

[316] Upham, F. K. (1987) Law and Social Change in Postwar Japan, Cambridge, MA: Harvard University Press.

[317] van Wolferen, K. (1989) The Enigma of Japanese Power, London: Papermac.

[318] van Wolferen, K. (1993) 'Japan's Non-revolution', Foreign Affairs, 72 (4), 54-65.

[319] Vogel, E. F. (1979) Japan as Number One: Lessons for America, Cambridge, MA: Harvard University Press.

[320] Wade, R. (1999) 'The Coming Fight Over Capital Flows', Foreign Policy, 113, 41-54.

[321] Waswo, A. (1996) Modern Japanese Society, 1868-1994, Oxford: Oxford University Press.

[322] Watanuki, J. (1991) 'Social Structure and Voting Behavior', in S. C. Flanagan et al., The Japanese Voter, New Haven: Yale University Press, 49-83.

[323] Weiner, M. (1997) 'Introduction', in M. Weiner (ed.), Japan's Minorities: The Illusion of Homogeneity, London: Routledge, x-xviii.

[324] Westney, D. E. (1996) 'Mass Media as Business Organisations: A U. S. -Japanese Comparison', in S. J. Pharr and E. S. Krauss (eds), Media and Politics in Japan, Honolulu: University of Hawaii Press, 47-88.

[325] Whittaker, D. H. (1997) Small Firms in the Japanese Economy, Cambridge: Cambridge University Press.

[326] Whittaker, D. H. and Y. Kurosawa (1998) 'Japan's Crisis: Evolution and Implications', Cambridge Journal of Economics, 22, 761-71.

[327] Williams, D. (1996) 'Ozawa Ichiro: The Making of a Japanese Kingmaker', in I. Neary (ed.), Leaders and Leadership in Japan, Richmond: Japan Library, 276-97.

[328] Woodall, B. (1996) Japan Under Construction: Corruption, Politics and Public Works, Berkeley, CA: University of California Press.

[329] World Bank (1993) The East Asian Miracle: Economic Growth and Public Policy, New York: Oxford University Press.

[330] Wright, D. (2010) 'Impasse at MCAS Futenma,' Critical Asian Studies, 42 (3), 457-68.

[331] Wright, M. (2002) Japan's Fiscal Crisis, Oxford: Oxford University Press.

[332] Yamamoto, H. (1993) 'The Lifetime Employment System Unravels', Japan Quarterly, October-December, 381-94.

[333] Yayama, T. (1998) 'Who Has Obstructed Reform?', in F. Gibney (ed.), Unlocking the Bureaucrat's Kingdom: Deregulation and the Japanese Economy, Washington, DC: Brookings Institution, 91-115.

[334] Yoneyama, S. (1999) The Japanese High School: Silence and Resistance, London: Routledge.

[335] Young, L. (1998) Japan's Total Empire: Manchuria and the Culture of Wartime Imperialism, Berkeley, CA: University of California Press.

[336] Zielenziger, M. (2006) Shutting Out the Sun: How Japan Created Its Lost Generation, New York: Nan. A. Talese.

附　录

中英文名一览（按出现先后顺序排列）：

埃德温·赖肖尔 Edwin O. Reischauer

傅高义 Ezra Vogel

埃利斯·克劳斯 Ellis Krauss

布莱德利·理查得森 Bradley Richardson

斯科特·弗拉纳根 Scott Flanagan

杰拉德·柯蒂斯 Gerald Curtis

约翰·克莱顿·坎贝尔 John Creighton Campbell

猪口孝 Takashi Inoguchi

查莫斯·约翰逊 Chalmers Johnson

范·沃尔弗伦 Karel van Wolferen

克莱德·普雷斯托维茨 Clyde Prestowitz

詹姆斯·法洛斯 James Fallows

加文·麦考马克 Gavan McCormack

杉本良夫 Yoshio Sugimoto

斯托克温 Stockwin

哈特利 L. P. Hartley

鲁思·本尼迪克特 Ruth Benedict

约翰·恩布里 John Embree

戴尔 Dale

角田忠信 Tadanobu Tsunoda

别府春海 Harumi Befu

爱德华·萨义德 Edward Said

特里特 Treat

斯科夫 Skov

钦 Ching

加西亚 Garcia

饭田 Iida

刘 Liu

道格拉斯·麦克格雷 Douglas McGray

筒井 Tsutsui

克莱格 Craig

马修·佩里 Matthew Perry

派尔 Pyle

瓦斯沃 Waswo

佐藤 Sato

基恩 Keene

格鲁克 Gluck

坂野 Banno

中村 Nakamura

家永 Ienaga

梯 Kakehashi

阿林森 Allinson

道尔 Dower

伯恩斯坦 Bernstein
户谷 Totani
田中 Tanaka
杨 Young
马克思·黑斯廷斯 Max Hastings
拉吉 Large
赫伯特·比克斯 Herbert Bix
松本 Matsumoto
庄司 Shoji
松井 Matsui
沙勒 Schaller
虎克 Hook
彭佩尔 T. J. Pempel
河合 Kawai
林肯 Lincoln
阿尔吉 Argy
斯坦 Stein
矢山 Yayama
霍斯利 Horsley
巴克利 Buckley
真澄 Masumi
伊藤 Ito
加隆 Garon
吉布尼 Gibney
考尔德 Calder
理查德·卡茨 Richard Katz
冈出 Okabe
弗兰克斯 Francks
惠特克 Whittaker
清成 Kiyonari
佐古 Sako
詹姆斯·阿贝格伦 James Abegglen
宫本政於 Masao Miyamoto
鎌田 Kamata
川西 Kawanishi
久米 Kume
樋口 Higuchi
黑泽 Kurosawa
哈切尔 Hartcher
莱特 Wright
星 Hoshi
卡什雅普 Kashyap
高 Gao
罗伯特·布伦那 Robert Brenner
保罗·克鲁格曼 Paul Krugman
大卫·阿谢尔 David Asher
堀内昭義 Aikyoshi Horiuchi
塔加特·墨菲 R. Taggart Murphy
亚当·柏森 Adam Posen
大卫·斯莱特 David Slater
小杉 Kosugi
杰斯伯·科尔 Jesper Koll
孙 Sun
比尔·艾默特 Bill Emmott
保罗·斯卡利塞 Paul Scalise
岩男 Iwao
中前正 Tadashi Nakamae
普森 Posen

施瓦布 Schwab
凯利 Kelly
朱莉维 Jolivet
亚历克西 Alexy
麦格雷戈 McGregor
利迪 Liddy
卓别林 Chaplin
尼尔 Neill
大崎 Osaki
吉伦吉格 Zielenziger
原田 Harada
麦克利兰 McLelland
弗恩海姆 Furnham
齐藤 Saito
雷莫 Raymo
伊泽 Isawa
津谷 Tsuya
霍伊维兰 Heuveline
汀布莱克 Timberlake
赫托格 Hertog
帕特里克·史密斯 Patrick Smith
克莱默 Clammer
麦考马克 McCormack
奈特 Knight
洛克 Lock
南希·罗森伯格 Nancy Rosenberger
温纳 Weiner
法尔 Pharr
尼亚里 Neary
高木 Takagi
海斯特 Hester
西德尔 Siddle
平 Taira
冈 Oka
弗莱曼 Friman
梅斯默 Messmer
布罗迪 Brody
亨德利 Hendry
戴维斯 Davis
开普兰 Kaplan
马歇尔 Marshall
梅托 Metraux
麦柯里 McCurry
洪德罗 Hondro
铃木 Suzuki
宾厄姆 Bingham
弗朗西斯·麦考尔·罗森布鲁斯 Frances McCall Rosenbluth
迈克尔·蒂斯 Michael Thies
安杰尔 Angel
竹中 Takenaka
安倍 Abe
斯坦纳 Steiner
里德 Reed
船桥洋一 Yoichi Funabashi
厄珀姆 Upham
兰姆塞耶 Ramseyer
中里 Nakazato

约翰·海利 John Haley
大卫·奥布莱恩 David O' Brien
大越康夫 Yasuo Ohkoshi
艾尔布莱特·罗赛切 Albrecht Rothacher
许 Koh
克劳斯 Krauss
村松 Muramatsu
中野 Nakano
麦克拉克伦 Maclachlan
雪莉·马丁 Sherry Martin
曼纽尔·阿尔瓦雷斯·里维拉 Manuel Alvarez – Rivera
杰拉德·柯蒂斯 Gerald Curtis
斯科特·弗拉纳根 Scott Flanagan
巴特勒 Butler
斯托克斯 Stokes
坎贝尔 Campbell
绵贯 Watanuki
乔瓦尼·萨托利 Giovanni Sartori
史蒂芬·里德 Steven Reed
凯·清水 Kay Shimizu
莫里斯·迪韦尔热 Maurice Duverger
理查德·塞缪尔斯 Richard Samuels
帕辛 Passin
萧邦 Schoppa
赫尔佐克 Herzog
井尻 Ijiri
米山 Yoneyama
冈野 Okano
土屋 Tsuchiya
瑟斯顿 Thurston
高山 Takayama
麦克维 McVeigh
菲茨帕特里克 Fitzpatrick
石田 Ishida
摩尔 Mouer
大卫·贝利 David Bayley
艾姆斯 Ames
帕克 Parker
松谷 Matsutani
希尔 Hill
奥福德 Alford
麦克尼尔 McNeill
法利 Farley
霍尔 Hall
弗里曼 Freeman
杰克·阿德尔斯坦
法克勒 Fackler
阿文奈尔 Avenell
平田惠子 Keiko Hirata
达奇 Ducke
帕坎南 Pekkanen
林 Hayashi
麦克奈特 McKnight
博伊德 Boyd
麦克·曼斯菲尔德 Mike Mansfield
花见 Hanami
罗杰·巴克利 Roger Buckley

奥里莉亚·乔治 Aurelia George

片原 Katahara

田冈俊次 Shunji Taoka

罗利 Rowley

罗萨里奥 do Rosario

涩泽正秀 Masahide Shibusawa

查瓦特·卡姆丘 Chaiwat Khamchoo

理查德·克罗宁 Richard Cronin

雷纳托·康斯坦丁诺 Renato Constantino

皮林 Pilling

卡洛琳·罗斯 Caroline Rose

门德尔 Mendl

博科夫斯基 Berkofsky

休斯 Hughes

索德伯格 Soderberg

卡罗尔·兰卡斯特 Carol Lancaster

片田 Katada

克莱德·普雷斯托维茨 Clyde Prestowitz

御巫 Mikanagi

纳托尔 Nuttall

保罗·肯尼迪 Paul Kennedy

罗宾·勒布朗 Robin LeBlanc

中根 Nakane

慎三郎 Shinzaburo

詹森 Jansen

麦肯锡 McKinsey

康帕尼 Company

迈克尔维恩 McElwain

安德斯坦 Adelstein

阿普特 Apter

萨瓦 Sawa